os homens no meu divã

Dra. Brandy Engler
com David Rensin

os homens no meu divã

histórias reais de sexo, amor e psicoterapia

Tradução de
Cristina Cavalcanti

1ª edição

EDITORA RECORD
RIO DE JANEIRO • SÃO PAULO
2022

CIP-BRASIL. CATALOGAÇÃO NA PUBLICAÇÃO
SINDICATO NACIONAL DOS EDITORES DE LIVROS, RJ

E48h   Engler, Brandy
Os homens no meu divã: histórias reais de sexo, amor e psicoterapia /
Brandy Engler, David Rensin; tradução Cristina Cavalcanti. – 1. ed. –
Rio de Janeiro: Record, 2022.

Tradução de: The men on my couch: true stories of sex, love and
psychotherapy
ISBN 978-85-01-40415-2

1. Psicoterapia. 2. Psicoterapia - Pacientes - Estudo de casos.
3. Psicoterapia - Estudo de casos. I. Rensin, David. II. Cavalcanti,
Cristina. III. Título.

CDD: 616.8914

21-73724   CDU: 615.851

Leandra Felix da Cruz Candido - Bibliotecária - CRB-7/6135

Copyright © Dra. Brandy Dunn e Rensin, Inc., 2012

Título original em inglês:
The men on my couch: true stories of sex, love and psychotherapy

Todos os direitos reservados. Proibida a reprodução, armazenamento ou
transmissão de partes deste livro, através de quaisquer meios, sem prévia
autorização por escrito.

Texto revisado segundo o novo Acordo Ortográfico da Língua Portuguesa.

Direitos exclusivos de publicação em língua portuguesa para o Brasil
adquiridos pela
EDITORA RECORD LTDA.
Rua Argentina, 171 – 20921-380 – Rio de Janeiro, RJ – Tel.: (21) 2585-2000,
que se reserva a propriedade literária desta tradução.

Impresso no Brasil

ISBN 978-85-01-40415-2

Seja um leitor preferencial Record.
Cadastre-se em www.record.com.br
e receba informações sobre nossos
lançamentos e nossas promoções.

Atendimento e venda direta ao leitor:
sac@record.com.br

Os nomes e quaisquer informações que identifiquem os pacientes foram trocados e, em muitos casos, misturados para proteger o direito deles ao sigilo. Todos os diálogos e acontecimentos se baseiam em conversas e experiências reais, embora alguns tenham sido embaralhados para criar um caso singular. Troquei também os nomes dos meus amigos e objetos amorosos.

Sumário

Introdução	9
David	15
Rami	37
Alex	51
Paul	75
Charles	105
O grupo de homens: euforia	125
Minha caderneta de terapeuta: o que os homens querem, duas conversas com Michael	139
O grupo de homens: raiva	145
Casey	159
Mark	187
Bill	215
A última sessão	235
Post-scriptum	245
Agradecimentos	247

Introdução

Os homens no meu divã é a história da minha jornada inesperada pela mente erótica masculina. O que aprendi a respeito dos desejos e comportamentos dos pacientes no cruzamento entre sexo e amor não só me surpreendeu como desafiou as minhas convicções sobre os homens e sobre mim mesma. As mulheres têm diversos meios para explorar a verdade sobre o amor e sobre si mesmas. Algumas frequentam centros de meditação ou empreendem passeios solitários na natureza. Umas compram pilhas de livros de autoajuda, aventuram-se em encontros online ou treinam para maratonas. Outras passam um fim de semana agitado em Las Vegas.

Eu só precisei ir ao meu consultório.

Há alguns anos, recém-formada em psicologia clínica, empenhei-me em realizar o sonho de ter um consultório particular em Manhattan. Havia apenas um pequeno obstáculo: eu ainda não era conhecida. Qualquer um na minha profissão diria que formar uma clientela leva tempo. Vários colegas me sugeriram seguir o caminho mais convencional e lento: juntar-me a um grupo existente, envolver-me com a comunidade e criar relações com médicos, departamentos universitários de psicologia e outros profissionais que pudessem vir a servir de referência. Levei em conta os conselhos e os benefícios financeiros de me engajar em um emprego, mas tinha acabado de terminar uma especialização em terapia sexual com um profissional reconhecido e estava cheia de entusiasmo. Meu supervisor no hospital do Brooklyn, onde eu fizera a residência, me alertou contra a ideia: "Terapia sexual? Você está de brincadeira?", perguntou. "Isso está fora de moda. Hoje em dia todo mundo toma Viagra. Ninguém mais consegue clientes para terapia sexual."

Ele me ofereceu um posto no hospital, mas eu estava decidida. Pendurei a minha placa no coração da Times Square. Não me preocupei com o Viagra. Tinha feito uma dissertação sobre o baixo desejo sexual nas mulheres e queria me especializar em sexualidade feminina.

Pensei que a clientela se formaria aos poucos. Na minha pesquisa, eu aprendera que as mulheres procuravam terapia com mais frequência que os homens quando sofriam de ansiedade, depressão, tristeza etc., mas raramente procuravam ajuda quando tinham a libido baixa porque, infelizmente, supunham que o arrefecimento da paixão era normal. Então, para mim, a lentidão estava bem, desde que eu fizesse o que queria. E, tratando-se de uma questão tão difundida, pensei que, se anunciasse os meus serviços, as mulheres aos poucos viriam.

Eu estava enganada.

As ligações começaram imediatamente.

Eram quase todas de homens.

Homens? Não era bem o que eu esperava. Em alguns meses, eles eram em maior número do que eu conseguia administrar. Ligavam com todo tipo de preocupação: mulherengos crônicos, dependência de pornografia e de prostitutas, questões de identidade sexual, ciúmes, disfunção erétil, medo da intimidade, perda do desejo, indagações sobre o significado do amor e muito mais. No caso de muitas doenças emocionais, é provável que os homens procurem menos a psicoterapia do que as mulheres, mas, quando o pênis não funciona, eles vão à luta.

Ainda que tratar de questões sexuais masculinas não fosse o tipo de terapia que eu tinha me proposto a fazer — embora, evidentemente, a minha especialização as incluísse —, pensei que poderia ser de alguma ajuda e me dispus a aceitar o desafio. Supus que ouviria histórias perturbadoras e, tal como a heroína ousada e ingênua das histórias de suspense que é impelida a entender o que está acontecendo embora suspeite de que o assassino esteja à espreita na escuridão, eu estava curiosa. Então, pensei "vamos lá", abri a porta do consultório e comecei a marcar consultas, pronta para qualquer aventura.

Não me decepcionei.

INTRODUÇÃO   11

Os homens no meu divã levará você às minhas sessões confidenciais de terapia e a testemunhar diálogos provocantes e fortes que revelam as principais questões subjacentes ao comportamento sexual masculino. Como uma mosca pousada na parede, você observará as emoções cruas e os motivos reais por trás das doenças sexuais modernas que levaram os meus pacientes a buscar ajuda. À diferença da maioria dos outros livros sobre o comportamento sexual masculino, neste você também ficará a par das minhas reações profissionais *e* pessoais, tanto as que compartilhei nas sessões quanto aquelas que não expressei verbalmente.

Em pouco tempo descobri uma verdade constante: raramente o sexo é só sexo. O sexo é uma experiência carregada de outros sentidos. A princípio pensei que trataria de sintomas sexuais, mas rapidamente quase tudo ficou reduzido à psicologia que motivava o comportamento dos pacientes. Comecei a descobrir diferentes significados ligados aos seus hábitos sexuais. Alguns usavam o sexo para reprimir ou mitigar emoções incontroláveis. Às vezes buscavam reviver e controlar traumas antigos profundamente ancorados nas suas fantasias. Muitos usavam o sexo para satisfazer necessidades frustradas de poder, aprovação, autoestima, consolo e afeto. Em geral, os pacientes tinham pouco conhecimento das motivações que os impulsionavam. Instintivamente, buscavam a cura no campo do jogo sexual, e muitas vezes os resultados eram a disfunção e a desconexão.

Não pretendo ter todas as respostas sobre os homens nem dizer às mulheres como mudar seus companheiros para terem uma relação maravilhosa. Este livro tampouco é polêmico nem pretende sugerir que os homens cujos comportamentos e atitudes não se conformam aos nossos supostos costumes sociossexuais sejam ruins. Contudo, aqui eu os encaro, às vezes desafiando-os a ponto de fazê-los sentir raiva e chorar. Mas faço isso por uma preocupação profunda com eles e com a minha posição privilegiada de confessora. Portanto, é importante evitar o retrato pejorativo e fácil dos homens como vilões superficiais e moralmente falhos — os chamados cafajestes, galinhas, safados incorrigíveis —, embora às vezes eu tenha pensado assim. Não tento desculpá-los nem justificar seu comportamento.

OS HOMENS NO MEU DIVÃ

Não peço que você tenha pena deles, nem que perdoe os danos que possam ter causado; peço-lhe, em vez disso, que testemunhe uma jornada de descoberta das motivações psicossexuais dos homens — e o que eles descobrem neste processo.

Em vez de eu dizer o que os homens pensam ou querem, você vai ler o que eles me disseram. Apresento as minhas análises e reações pessoais a eles não só como psicóloga, mas como mulher. *Os homens no meu divã* não é apenas uma série de estudos de caso, mas também a minha jornada pessoal de desenvolvimento e descobertas, um diário das lições apreendidas no consultório e de como elas influenciaram a minha relação amorosa. Quando abri o consultório, eu estava envolvida em um tumultuado relacionamento de longa distância e, assim como os meus pacientes, estava presa entre o desejo de amar e não saber realmente o que era amar. No que se referia ao amor e ao sexo, por muito tempo eu tinha sido refém de uma fantasia maravilhosa que criara, em que o meu amor e eu, de mãos dadas, passearíamos eternamente pelos campos ensolarados do encantamento. Quando me apaixonei pelo meu namorado Rami (este não é seu nome verdadeiro), o "amor" adquiriu outras qualidades. De repente era cru, volátil e imprevisível. Tínhamos problemas de confiança. Pertencíamos a mundos muito distintos. Seguiu-se um cabo de guerra acalorado, e muitas vezes eu ficava do lado perdedor — e a culpa era minha.

Enquanto seguia naquela relação, as lições que aprendia eram alimentadas e intensificadas pelo meu trabalho. Afinal, quantas mulheres podem sondar as profundezas e platitudes do amor e do sexo da perspectiva dos homens nas suas vidas profissionais? Quantas ouvem verdades *sobre os homens ditas por eles*, verdades às quais nunca foram expostas e que nunca tinham imaginado?

A princípio, parecia que aquele coquetel inflamável de informações explodiria diante de mim. Algumas sessões me deixavam transtornada com revelações que logo se convertiam em questionamentos e suspeitas que, inevitavelmente, eu aplicava à minha relação com Rami.

Por sorte, com o tempo entendi que podia fazer o trabalho com os homens *funcionar a meu favor*, e comecei a desenvolver uma nova com-

INTRODUÇÃO

preensão do amor. Como parte desse processo, tive de confrontar muitas certezas que, assim como outras mulheres, eu tinha sobre os homens, e descobrir que às vezes elas estavam longe de ser reais. Tais certezas incluíam: "Se ele me ama, não vai me trair" e "Se eu for magra, bonita e sedutora ou seguir certas regras, ele sempre me desejará".

Por exemplo, uma amiga íntima certa vez me disse: "Acho que o meu namorado não me trairia. Ele parece tão ligado em mim. Faz tudo por mim. Lava o meu carro, prepara o meu jantar. Ele não tem um tesão muito grande nem parece ser sexualmente ousado. Simplesmente parece muito feliz em estar comigo."

Espero que ela esteja certa. Porém, como alguns pacientes demonstram neste livro, estar apaixonado não garante fidelidade sexual. A infidelidade tampouco implica que o amor do homem não seja autêntico ou que ele não o leve a sério.

Uma suposição comum é que os homens só querem sexo — e talvez uma pizza e uma cerveja depois. E depois querem mais sexo. Não sei quantas vezes ouvi uma amiga reclamar: "Ele só quer sexo." Sim, os homens vinham ao meu consultório apenas para falar de sexo. "Não tenho o suficiente" ou "Não consigo ter uma ereção" ou "Gosto de sexo oral, mas ela não".

Porém, inevitavelmente, terminavam falando de amor.

Aprendi que a verdade é que sim, os homens *querem* sexo, mas não *só isso*. Ao ouvir os pacientes, percebi que, subjacente ao seu comportamento sexual, havia a *necessidade de uma ligação mais forte* — uma necessidade que eles frequentemente não conseguiam transmitir às mulheres com quem se envolviam. A partir daí, foi mais fácil atender os pacientes e explorar o coração deles, em vez de condenar o que o pênis tinha feito.

Os homens no meu divã não é um livro clínico. Não é autoajuda. Não há listas, exercícios nem afirmações. Acredito que, ao ler as histórias e aprender o que lhe aprouver, você vai tirar as próprias conclusões. Sabemos perfeitamente que não há respostas fáceis para o amor. Portanto, este livro é exploratório. O meu propósito é conduzir os leitores em uma jornada ao vivo enquanto eu mesma ia aprendendo. Espero que o livro forneça uma nova perspectiva da dinâmica das relações sexuais e afetivas, uma alternativa para os leitores — e principalmente para as leitoras —, pois quando converso com minhas amigas sobre esses assuntos *sempre* queremos saber o que os homens realmente querem e entender por que se comportam de uma maneira ou de outra e o que podemos fazer a respeito.

Por fim, embora os homens neste livro sejam diferentes entre si, eles compartilham uma senda comum: não são pervertidos nem anormais; são caras comuns, de toda parte do país e de diversos estratos sociais, e poderiam ser o namorado, marido, irmão ou amigo de qualquer pessoa.

São os homens que conhecemos e sobre os quais as mulheres querem saber mais.

David

David era um jovem em ascensão no mundo financeiro. Namorava uma modelo profissional e tinha um apartamento em Tribeca, um bairro descolado. Comportava-se com o desembaraço confiante, o decoro elegante e o charme do jovem educado para ser um cavalheiro na alta sociedade da Nova Inglaterra. Alto e magro, o corpo sólido de um jogador de futebol americano, vestia um terno caro e adentrou o meu consultório com a atitude sobranceira de quem está acostumado a conseguir o que quer e sabe disso. Seus olhos varreram a sala suavemente iluminada e inspecionaram os quadros na parede com uma mirada de aprovação antes de, despreocupados, se fixarem em mim apreciativamente.

"Puxa, doutora, você é muito atraente", disse. "Acho que vou gostar de conversar com você."

Ruborizei. Senti-me um tanto lisonjeada com o elogio de um homem bonito, mas também um pouco intimidada, o que me alertou para o que provavelmente estaria ocorrendo: ele queria me sexualizar para estabelecer uma posição de poder. Era um dos meus primeiros pacientes, mas o comentário me deixou confiante. Durante a minha especialização eu fora preparada para lidar com as projeções dos pacientes, e me concentrei em ir além daquela persona refinada. Sua frase inicial me fez ver que ele ocultava certo desconforto com a posição naturalmente vulnerável de paciente, principalmente para falar de questões sexuais com uma mulher da sua idade.

Respondi com um sorriso amigável, mas profissional. "Bom saber que você se sente à vontade com mulheres *atraentes*", respondi repetindo a palavra. Apontei para o divã. "Sente-se."

David sentou-se e passou a mão pelo couro preto lustroso do divã. A pélvis projetada para a frente, pernas abertas, braços estendidos, ele passeou o olhar pelas minhas pernas e pelo meu corpo. Encarei-o quando seus olhos se fixaram nos meus. Obviamente, aquilo ia ser um jogo de xadrez. Ele tinha começado com uma ofensiva sutil, e fui instigada pelo desafio de romper as suas defesas.

Apesar das provocações, na verdade não o achei atraente. Seus olhos tinham uma expressão embotada e desenxabida que denunciava a ausência de um carisma genuíno. O charme parecia ensaiado e o rosto de capa de revista era quase desanimador, pois estava próximo demais da perfeição. Sim, a beleza chama a atenção da mulher, mas no final ela quer ser a bela na história.

David se acomodou e perguntei sobre o que ele queria falar. De certo modo, eu esperava outro flerte como resposta. Em vez disso, ele foi na direção oposta. "Não sei se sou capaz de amar", disse ele suavemente. "Acho que nem mesmo sei o que é o amor. O que é o amor, na verdade? Você pode me ajudar?"

A pergunta parecia séria e sincera, e o seu olhar era de expectativa. Fiquei em silêncio, pega de surpresa, e percebi que não tinha uma resposta pronta para aquela pergunta simples, porém difícil. O que é o amor?

Às vezes penso que os pacientes supõem que os psicólogos são guardiães dos segredos para os dilemas existenciais: o que acontece quando morremos? Almas gêmeas existem? Deus existe? Mas não é bem assim. Observamos o comportamento humano, incitamos, ouvimos, refletimos e tentamos guiar os pacientes para que cheguem a conclusões que funcionem para eles. Explicar o sentido da vida e, nesse caso, do amor, é tarefa para mestres espirituais, biólogos e filósofos, os quais, de boa vontade, apresentam as suas teorias e preceitos.

Então, respondi com outra pergunta. Simplesmente lhe pedi que explicasse o seu interesse pela descoberta do amor.

"A minha namorada é absolutamente deslumbrante", respondeu. "É alta e loira, linda e sarada. Não sei por que, mas eu a traio. Não consigo evitar. Ela trabalha à noite, eu saio com amigos para tomar uns drinques e de cara já começo a colecionar números de telefone."

Na condição de mulher jovem e terapeuta neófita, tive uma reação forte e visceral que sacudiu o meu estômago e subiu até o peito. Sentado diante de mim, pedindo ajuda, estava a encarnação do maior medo de qualquer mulher: o sedutor orgulhoso e namorador experiente, o conquistador insaciável totalmente indiferente ao seu relacionamento firme. Senti um desprezo imediato que tive de ocultar por trás da fachada terapêutica bem ensaiada de neutralidade acrítica.

"Colecionar?"

"É. É todo um processo", disse ele, readquirindo o charme petulante, "e sou considerado o melhor. Primeiro, radiografo o bar à procura da garota mais gostosa e jogo uma conversa fiada. Faço um elogio específico à sua beleza, ao mesmo tempo que permaneço inexpressivo. Sei ser agressivo sem parecer ansioso. Quero parecer estar realmente interessado nela, então faço perguntas sem falar muito de mim — exceto por referências ocasionais à minha situação financeira. Deixo que ela fale de si, ouço-a para saber o que quer e faço com que, aparentemente, isto seja justamente o que tenho a oferecer."

Não sei o que era mais repugnante na sua atitude: que ele não se satis fizesse embora tivesse a mulher perfeita, ou que os homens tivessem um conhecimento secreto sobre como manipular as mulheres e fizessem disso um esporte em grupo.

David se reacomodou no divã enquanto eu imaginava o cenário. "Então, dou uma de 'desinteressado'. Viro de lado como se tivesse perdido o interesse ou demonstro estar a fim de outra garota — mas jamais uma amiga dela, isto é um erro de amador. Deixo que ela se esforce para atrair a minha atenção novamente. Se ela não fizer nada, continuo conversando, mas já estou em outra. De qualquer modo, a minha atitude é vaga, mas interessada. Sempre funciona."

"Sei. E com que frequência você faz isto?"

"Várias mulheres por noite, talvez."

"E o seu propósito é...?"

"Colecionar números de telefone. Talvez mais do que isso. É excitante, é como ganhar uma partida", disse ele.

Rabisquei uma anotação para explorar a sua natureza competitiva. "Então, você vai adiante e faz sexo com estas mulheres?" "Às vezes. Mas nunca mais de uma vez."

Eu o vi se retesar levemente esperando uma possível aprovação. Assumi um tom encorajador e até aprobatório. Sorri e assenti com a cabeça, como se não reagisse ao que ele dizia, como se a sua história fosse outra qualquer, em mais um dia rotineiro no consultório. Esta tática às vezes me parece útil para conseguir que o paciente me conte tudo. "Como é o sexo?"

"Bastante bom", disse ele, relaxando um pouco. "Mas gosto principalmente do processo de ir ao bar com os amigos e conseguir os números. Estou mais interessado em caçar do que em fazer sexo."

A descrição de David indicou a fase do processo de conquista que era mais importante para ele. O ápice deste tipo de interação pode diferir entre os homens. Supus que explorar a parte mais favorável da experiência dele com a sedução daria uma pista das questões que realmente o motivavam. Por exemplo, alguns homens contentam-se em olhar as mulheres. Alguns se deliciam conhecendo-as. Outros querem sexo, ou que as mulheres se apaixonem por eles. David se excitava obtendo números de telefone. Embora às vezes se deitasse com aquelas mulheres, ele só precisava de um convite para ir em frente se quisesse.

A história dele me lembrou da queixa de uma amiga sobre um cara com quem estava saindo que nunca a elogiava e às vezes flertava com as amigas dela. "Não consigo saber se ele está mesmo a fim de mim ou não", disse ela. Um dia, ela encontrou um livro no quarto dele intitulado *O jogo*. Folheou-o horrorizada, comprou um exemplar e me mostrou o livro. Tratava-se de uma coleção de técnicas para seduzir mulheres explicadas por um suposto artista da pegação, e aparentemente havia até uma comunidade virtual para os leitores trocarem conselhos.

Sentimo-nos como se tivéssemos descoberto o submundo místico — e malévolo — das maquinações masculinas. Tudo o que David e o cara com

DAVID

quem a minha amiga saía faziam seguia estritamente aquele protocolo nefasto da sedução: ignore-a, não faça elogios, ou elogie e depois negue, como... "Gosto que você seja bonita, mas não como uma modelo". Basicamente, o esquema mostrava aos homens como ocupar a posição de controle na interação criando insegurança e, ao questionar o que ela tinha a oferecer, colocar a mulher no papel de quem se oferece ao homem.

A parte racional do meu cérebro entendia que estas técnicas podiam funcionar no curto prazo, mas no longo prazo só atingiriam o ego da mulher e, com o tempo, a estratégia seria um tiro pela culatra. De qualquer modo, era desalentador saber que alguns homens tratavam os "relacionamentos" como um mero jogo. Minha amiga decidiu fuxicar a "comunidade" online e ficou tão ofendida com o que leu que resolveu postar o seguinte: "Oi, nerds, o Dungeons & Dragons ligou, ele quer os jogadores de volta!" Rimos da sua alfinetada, mas ela terminou com o namorado? Não.

Senti desprezo por David e manipuladores iguais a ele. Porém, não podia reagir àquele sentimento com um comentário sarcástico e dar as costas, como teria feito se o tivesse conhecido num bar. Sou terapeuta. Supõe-se que estou ali para ajudar. Eu sabia que uma boa terapia deve empregar a empatia, mas não sentia nenhuma.

Percebi que precisava controlar a minha contratransferência — o jargão para aludir à minha reação pessoal. Um terapeuta deve evitar que seus problemas pessoais venham à tona no consultório, para não reagir aos problemas dos pacientes como se fossem seus. Isso significa que, nas sessões, devo separar o que é assunto deles do que é assunto meu, pois todo terapeuta tem problemas que os pacientes podem trazer à tona. Preciso saber diferenciá-los e monitorar isso o tempo todo.

Usei o resto da sessão para fazer o teste de status sexual com David, a ferramenta de avaliação padrão da primeira sessão que é como uma fotografia instantânea ou um filme do encontro sexual mais recente do paciente. Eu queria saber quem o iniciou, o tipo de preliminares, as posições, a quantidade de contato olhos nos olhos e os pensamentos e emoções que teve. Perguntei também sobre as suas práticas masturbatórias e o conteúdo específico de suas fantasias.

Descobri que era possível extrapolar essas informações sobre a personalidade e as necessidades emocionais do homem a partir do seu comportamento sexual. Podia perceber a sua capacidade de amar, a autoestima, o nível de assertividade, de poder pessoal e até questões oriundas da infância. O sexo é um microcosmo do eu.

A princípio, ficava um pouco constrangida ao fazer tais perguntas. Ficava até um pouco incomodada ao ser chamada de "terapeuta sexual", título que sempre me fazia pensar em velhinhas fascinadas com brinquedos eróticos. Eu tinha escolhido estudar a sexualidade de uma perspectiva muito analítica e, graças à minha educação conservadora, me ruborizava facilmente ante o candor gráfico que a discussão sobre o sexo exigia. Por exemplo, eu evitava a palavra "foder" e, em vez disso, dizia "fazer amor". Não porque me incomodasse com a minha própria sexualidade; na verdade, simplesmente tinha sido criada com o decoro e a etiqueta sulistas. Usamos eufemismos educados. Minha mãe sempre me fez recordar que era importante ser "elegante" e que eu provinha de uma linhagem de mulheres muito corretas e pias, do tipo que usava vestidos longos e pérolas no jantar.

Quando David foi embora, a minha primeira avaliação foi que, apesar das bravatas, suas respostas denotavam constrangimento, medos e tendências competitivas. O obstáculo para tratar a forma como ele se relacionava consistia no fato de que aquilo era parte da sua identidade, e, quando a patologia do paciente é parte importante da sua identidade, é difícil para ele fazer mudanças genuínas. Considerei baixas as possibilidades de levá-lo a um *insight*, mas havia uma abertura possível. As conquistas, que em geral são motivo de orgulho, já não eram suficientes. Ele estava ciente de que queria viver o amor, só não sabia o que era aquilo. Eu queria guiá-lo até lá, então precisei parar e refletir sobre a minha própria relação com o amor.

À época, eu pensava que conhecia bem o amor. O amor significava romance, claro. Na verdade, eu vivia um grande caso de amor com o amor. Tinha amado alguns homens, claro, mas *a minha verdadeira lealdade era ao amor.* Ao longo dos anos eu cultivara a euforia do romance. Aprimorei essa capacidade e atraía os homens não pela aparência ou inteligência, mas porque eles também queriam se embriagar com ela. Eu era capaz de criar a sensação de amor a qualquer momento e com quase qualquer um. Uma vez naquele estado, para mim era fácil crer que o homem não teria intenções malévolas a meu respeito, porque de modo semiconsciente eu projetava certa inocência que tendia a atrair o instinto protetor e de cuidado neles. No consultório, David e eu éramos como Don Juan diante de Poliana.

Na sessão seguinte voltei à sua pergunta sem resposta.

"Então, você se pergunta se é capaz de amar...?", perguntei.

"Acho que sim."

"Você voltou a pensar no porquê disso?"

"Talvez eu sabote os meus relacionamentos pulando a cerca com mulheres com quem não pretendo me envolver e pelas quais nunca me apaixonaria. Isso é estranho?"

"Você acha estranho?"

"O que é estranho é que, embora não ligue para elas, eu as comparo com a minha namorada."

"Sexualmente?"

"Não é bem assim. Eu imagino a vida com cada uma delas."

Não esperava esta resposta e ele antecipou a minha pergunta seguinte.

"Na verdade, eu quero sossegar e me casar. Agora tenho estabilidade financeira e todos os meus amigos estão se casando e construindo casas grandes em Westchester e em Jersey... Eu só quero a garota mais gostosa e a casa maior."

Entre uma sessão e outra eu tinha pensado na natureza competitiva de David. Como ele disse que não ficava necessariamente excitado com as mulheres cujos números de telefone colecionava — nem sempre os caras se excitam com as mulheres que paqueram e podem até brochar com elas —, suspeitei de que as suas saídas noturnas, comparando os números de telefone com os amigos, tinham menos a ver com mulheres e mais com competição. Ou seja, suas conquistas eram impulsionadas socialmente por suas relações com outros homens.

David confirmou minha intuição ao dizer que vinha de uma família de vários irmãos, bem-sucedida e orientada para o sucesso, o tipo de ambiente que cria perfeccionistas ansiosos e gente que, em algum momento, entra em depressão devido à pressão. David era compulsivo. Fora capitão do time de futebol no ensino médio. Agora administrava um fundo hedge bem-sucedido com a mesma mente estratégica agressiva. Trabalhava oitenta horas por semana, no estilo maratonista de Wall Street. Eu conhecia homens naquela área. Alguns relaxavam consumindo cocaína e contratando prostitutas russas. Não parecia ser o caso de David, mas eu precisava saber.

"Não gosto de pagar por sexo", disse ele. "Só caço mulheres difíceis." Porém, quando elas despertavam o seu interesse, ele não tinha empatia nem inteligência social para perceber o que a sua "presa" podia estar sentindo: a empolgação de conhecer um cara bonito e bem-sucedido; a atração por um bom partido e talvez até um sujeito digno de casamento; a esperança de que ele se interessasse e, talvez, certa ansiedade causada pela consciência aguda da proporção inversa de mulheres para homens na cidade. Queria dar a David um vislumbre de como as mulheres caçadas poderiam se sentir. Puxei a cadeira para perto dele e me inclinei, para dar ênfase à nossa ligação. "E se a mulher com quem você está conversando estiver fingindo ter interesse em você?", sugeri.

Ele esboçou um sorriso afetado, claramente cético.

"E se ela só enxergar em você um enorme cifrão e estiver pensando em manipulá-lo para levá-la às compras ou em uma viagem? E se toda a interação no bar for fingida de *ambas* as partes?"

Ele considerou as minhas sugestões em silêncio, e vi a resposta surgir lentamente na sua fisionomia.

Insegurança.

Ele nunca pensara que uma mulher que demonstrasse interesse pudesse não querê-lo de verdade. Precisava ser desejado e, quando percebia o desejo em uma mulher, este *não podia* ser falso. O seu ego contava com isso.

DAVID

"Para você é importante que a mulher *realmente* o deseje", disse eu, explicando delicadamente o que ele não havia pensado e agora parecia entender.

A linguagem corporal de David começou a mudar. Ele ruborizou quando a ansiedade e o constrangimento vieram à tona. Cruzou o braço sobre o peito e levou a mão ao queixo. Enrugou o cenho, o pé martelou o piso em *staccato*. Em câmera lenta, vi seu ego murchar. Subitamente, as escapadas noturnas cujo valor era tão poderoso para ele foram contaminadas pela dúvida. Eu criara uma brecha no seu ego e, por um momento, esperei que a partir dali ele realmente pudesse começar a fazer terapia.

Mudei a posição da cadeira e fitei o piso brevemente para diminuir a pressão. Quando olhei para ele novamente, vi um lampejo de derrota cruzar seu rosto. Ah! Xeque-mate. Contudo, não me sentia vitoriosa. O ar no consultório estava carregado com uma presença nova: a emoção — minha e dele. Senti uma onda morna de compaixão crescer em mim. Ficamos em silêncio por um bom tempo. Foi a primeira vez que senti empatia por David.

"O que está sentindo agora?", perguntei de mansinho, sentindo-me vulnerável também.

"Nada", replicou. "Preciso ir. Tenho reunião daqui a meia hora." Levantou-se abruptamente. O cômodo esfriou. Eu o vi sair do consultório. Sabia que devia ter tentado retê-lo, mas tudo ocorrera muito rapidamente e fiquei magoada. Tinha cometido um erro. Tinha sido treinada para saber que, quando o paciente quer ir embora cedo, é sinal de que está fugindo de algo e é crucial lidar com isso naquele momento. Eu não sabia se ele voltaria.

Por sorte, David voltou na semana seguinte. Mas chegou vinte minutos atrasado, sem explicações — outro sinal clássico de resistência. Fiquei contente em vê-lo, mas provavelmente o atraso significava que ele queria truncar a sessão para que eu não o enxergasse em um plano mais profundo.

Além disso, a sua audácia inicial se manifestou com força total. Afundando no divã, ele disse: "Está bonita hoje, doutora. Sabe, você é *mesmo muito* sexy. Se eu a visse fora daqui tentaria falar com você."

Dessa vez não fiquei lisonjeada nem ofendida. Estava evidente que ele voltara ao comportamento sexualizado. Ele tinha erotizado a ansiedade e regressara à zona de conforto da objetificação na busca de poder. Isso não era incomum: obviamente, sentia-se exposto, o que explicava a meia-volta. Eu tinha voltado ao ponto de partida com ele.

Eu não queria ser sexualizada. O que sempre quis foi apenas o respeito dos pacientes. E sua aprovação. Queria que as minhas interpretações e técnicas fossem consideradas inteligentes e perspicazes, sagazes e úteis. Na verdade, sentia uma onda de confiança cada vez que um paciente dizia: "É isso mesmo!", ou "Minha vida mudou para melhor!"

No entanto, sabia que certos aspectos da minha aparência física podiam ser considerados sedutores. As saias justas, os saltos altos, o cruzar de pernas, o olhar atento ou a voz suave de terapeuta. Uma vez, na faculdade, um supervisor me chamou a sua sala e me advertiu para não usar botas de cano alto com saia no trabalho para não distrair os pacientes do sexo masculino. (Quer dizer que eu o distraía?) Por mais que eu desfrutasse da atenção em um nível subconsciente, não segui o conselho. Minhas roupas eram perfeitamente corretas. Eu me vestia como outras profissionais jovens de Manhattan que via nas ruas diariamente. Não usaria vestidos sem forma nem tailleurs quadrados. Não estava tentando provocar, só queria estar na moda.

Minha aparência física só foi sexualizada quando entrei no consultório com os pacientes. Decidi que se os homens no meu divã reagissem à minha aparência — supondo que o meu supervisor na faculdade estivesse correto — isso seria uma oportunidade. Seus problemas sexuais e emocionais viriam à tona e teríamos de lidar com eles oportunamente. Em outras palavras, suas reações seriam uma ferramenta para ajudá-los a entender como se relacionavam com as mulheres.

O modo como o paciente age na sessão costuma ser um reflexo de como interage socialmente. Chamamos de *transferência* quando ele projeta seus padrões habituais de relacionamento no terapeuta, que os espelha de volta para ajudá-lo. Embora não seja incomum que exista uma corrente sexual por uma série de razões, das inocentes às químicas, a atenção de David ao meu corpo e a sua lisonja fácil sugeriam que a transferência erótica era um padrão nele. Não tinha nada a ver com as minhas botas.

Muitas vezes simbolizei as mulheres na vida dos meus pacientes; mais precisamente, as crenças que eles elaboraram sobre as mulheres. Eles podem projetar questões com as amantes: a mulher distante, a que rejeita, a mãe que alimenta, a que critica, a sedutora. Alguns me idealizam, outros me desvalorizam; suas reações revelam os desejos profundos e os motivos mais ocultos quando me atribuem um papel no seu drama pessoal. Eu estava sempre alerta para quem meus pacientes pensavam que eu era ou como precisavam que fosse. Eu representava a mulher que os havia abandonado? As mulheres que eles não conseguiam? Seria um ideal para eles? No caso de David, será que ele me via como uma conquista em potencial?

Em geral, lido de imediato com as transferências eróticas, mas naquele momento decidi deixar de lado o flerte e ir direto ao que pensava que havia por trás da sua atitude.

"Fiquei preocupada na última sessão", disse. "Você saiu intempestivamente."

"É. Tinha uma reunião."

Em vez de questionar sua explicação apressada, continuei em um nível pessoal. "Fiquei incomodada com a nossa última conversa."

"Eu também", respondeu com uma voz monótona.

"Você pode explicar o que lhe causou desconforto?"

"Simplesmente nunca tinha pensado que tudo podia ser ilusão."

"O que foi mais difícil encarar?"

David driblou a pergunta. "Acho que me excito quando as garotas ficam a fim de mim", disse. Eu confirmei a sua amargura em vez de criticá-la.

"Então, para você, é importante que as garotas fiquem a fim de você."

"É. Acho que sim."

"O que acha que isso significa para você?"

"Porra, sei lá. Acho que significa que me sinto melhor comigo mesmo quando conquisto mulheres."

"Por isso você age como um sedutor comigo?"

"Acho você atraente, o que há de errado nisso?"

Agora era a minha vez de espelhar a pergunta. "Como é para você conversar sobre essas coisas comigo?" Minha voz era suave, mas mantive o contato visual.

"Às vezes fico incomodado. Mas eu me viro."

"É o que parece. Você entrou. Disse que eu era sexy. Este é o padrão como se relaciona com as mulheres. Você é confiante e sedutor... e, no entanto", pus uma expressão de preocupação: "é difícil de alcançar. Estou tendo dificuldade em me conectar com você e me pergunto se isto ocorre nas suas relações."

Toquei num ponto sensível. "É verdade", ele respondeu calmamente. "A minha namorada, Nikki, reclama que eu não me abro."

"O que você acha que ela quer dizer com isto?"

"Não sei. Que não sou capaz de amar — ao menos como ela pensa que deve ser o amor? Não foi por isto que vim aqui?"

"Fale-me dela."

"Acho que talvez ela seja a mulher ideal."

"O que o faz pensar isso?"

"Sei que ela me ama e acho que será fiel a mim. E ela é gostosa. Por isso não consigo entender por que continuo me envolvendo com outras mulheres."

O que estava acontecendo com esse cara que sempre precisava mencionar aquilo? Gente muito preocupada em ser gostosa, que seus amantes sejam gostosos, com o tipo de carro que dirige, o tamanho da casa que tem, me parece chata e imatura. Estava julgando novamente e não conseguia deixar de fazê-lo. Tais superficialidades parecem fabricadas e primitivas. Imaginei David e seus amigos percorrendo os bares, bandos errantes de garotos de fraternidades recém-saídos da faculdade usando calças cáqui — maçantes, banais, prosaicos. Mas o pior era a arrogância e a rudeza, a vulgaridade de "Ela tem uns peitos incríveis e o abdômen duro como pedra". Ele não estava elogiando a beleza física nesta declaração; não havia sinal de reverência ou apreço no modo como usou o termo "peitos".

Não reagi à sua fala por causa da moral ou do recato sulista, mas por seu efeito desumanizador. Contudo, percebi que a indignação podia me trazer respostas para David.

Ele descrevera Nikki, mas não falara sobre ela de verdade. Perguntei como passavam o tempo juntos, sobre a sua relação para além da lealdade e da gostosura.

"Saímos com amigos", respondeu. "Vamos a bares ou ficamos em casa e assistimos a filmes. Muito sexo, também. Ela é muito boa de cama."

"Ah, é? Do que você mais gosta no sexo com Nikki?"

"Ela realmente se joga na coisa."

"O que você quer dizer com isso?"

"Ela é desinibida, ela gosta", respondeu ele, um comentário que, eu estava aprendendo, era a descrição mais popular da boa amante. "Ela topa *qualquer coisa*", acrescentou com um risinho sedutor e olhando bem nos meus olhos.

Ele estava flertando comigo novamente. O seu tom me convidava a perguntar o que significava "qualquer coisa". Não lhe dei esse prazer. De qualquer modo, ele contou. "Ela grita, estremece, tem orgasmos múltiplos."

"Isso é maravilhoso", respondi.

"Eu não diria que isso é só para me deixar feliz", acrescentou, um pouco defensivamente. Minha sugestão anterior de que ele tentasse imaginar uma mulher sendo desonesta deve ter tocado em um ponto sensível. "Sou bom nisso. Ela me faz sentir bem e sei que está a fim de mim. Você quer saber mais?"

Na verdade, não. De um modo sádico, queria estourar a sua bolha grandiosa. Na verdade queria arrebentá-la com um bastão, como se fosse uma pinhata mexicana. Mas eu sabia que não era assim que se constrói uma relação terapêutica com o paciente, especialmente alguém com tendências narcisistas. David não era capaz de perceber valor em nenhuma mulher, o que me ofendia, e com razão; a tendência a desumanizar está no cerne de todo dano sexual. Na verdade, eu queria lutar contra isso não com um porrete, mas ajudando-o. Eu pretendia usar a nossa relação para criar nele uma experiência emocional nova e diferente da mulher.

Para conseguir que David expusesse os seus sentimentos mais autênticos, eu precisava me alinhar ao seu narcisismo. Enfrentar as defesas tempestuosas de um narcisista só aumenta a arrogância. Em vez disso, precisava espelhar as qualidades que ele tanto apreciava em si mesmo e demonstrar que entendia por que ele era tão fantástico. Esse é o truque para fazer um narcisista respeitar você. Era difícil, pois eu era forçada a reconhecer uma verdade sobre David que eu preferia não ver. Ele desafiava a imagem fantasiosa que eu queria conservar dos homens: que eram todos obcecados com o ato de cortejar ao estilo vitoriano. Ele estava estourando a minha bolha romântica com suas palavras grosseiras que pareciam invasores bárbaros reduzindo os meus ideais elevados a vulgaridades. As mulheres eram consideradas presas. Se pudesse, talvez ele empalhasse e dependurasse na parede as mulheres que conhecia nos bares e levava para casa.

Na verdade, o elogio de David à gostosura de Nikki *não tinha* a ver com ela. Era uma coisa unilateral. Era uma afirmação sobre si mesmo. A mensuração física falava da *sua* autoimagem. O fato de ela gritar, estremecer e ter orgasmos múltiplos dizia que ele era um bom amante, que *ele* havia provocado o seu prazer e que, portanto, *ele* era desejável. É bom sentir-se bem consigo mesmo, mas a equação não parecia incluir Nikki de maneira alguma. Ela era simplesmente a plateia sexualmente estimulada e vocalmente elogiosa em uma peça sobre David. Isso era trabalho do ego — em minha opinião, o grande elemento desconector.

Aqui reside o equilíbrio precário entre o eu e o outro em todas as relações humanas. Imagine um contínuo em que, de um lado, o seu parceiro amoroso é tratado como um objeto que serve às suas necessidades — como a relação entre a mãe e o bebê. Do outro, você é capaz de reconhecer no seu amante uma pessoa real com necessidades próprias e, idealmente, há um equilíbrio entre dar e receber.

Parecia-me que David passava todo o tempo do lado do objeto, focado em obter afirmação e levar a coisa adiante. Sentia-se exultante ou triste, com direitos ou sem valor, sempre em um estado reativo à necessidade de afirmação e ao que pensava ser amor. Para ele, o ato de *dar* era para as mulheres, para Madre Teresa e para os bobos. Comecei a notar que, implicitamente, muitas pessoas tinham expectativas semelhantes. Quando ditas diretamente, contudo, elas soavam ultrajantes. Tentei imaginar como isso soaria na forma de um contrato acordado no início de um relacionamento. Ele seria assim:

Quero que você faça o que eu quiser, quando eu quiser. Quero que seja o que eu quiser, o tempo todo. Na verdade, você é uma extensão da minha pessoa. Quero que me dê o que preciso, exatamente quando preciso. Não devo pedir nem dizer-lhe como fazê-lo. Quero que você me dê amor de forma incondicional. Garantido. Incansavelmente. Quero que seja meu salvador, meu Jesus, minha mãe ou meu pai. Se não o fizer, ficarei furioso! Posso até deixá-la ou traí-la, pois as minhas necessidades devem ser sempre satisfeitas.

P.S.: Não quero saber das suas necessidades.

Agora imagine apresentar isso no primeiro encontro.

Relacionar-se com as pessoas como se fossem objetos está no cerne do narcisismo, um fenômeno tão prejudicial às relações que vou gastar um tempinho para explicá-lo melhor. Embora o termo "narcisismo" seja muito usado para homens que o merecem, ou nem tanto — até eu o uso por conveniência —, não gosto dele como uma etiqueta ampla para os indivíduos, como se apenas alguns de nós exibíssemos essa tendência patológica. O narcisismo é um estado de espírito, um modo distorcido de ver o mundo, um tipo particular de miopia no qual o mundo é processado em um caleidoscópio de expectativas, crenças e desejos pessoais — nenhum dos quais se baseia na realidade objetiva. Na sua forma mais prevalecente, e talvez mais prejudicial, o afetado usa viseiras que o deixam cego para os demais, exceto para vê-los conforme seus próprios termos. Isso é prejudicial porque, sem a capacidade de enxergar os outros, nós os objetificamos.

De certo modo todos o fazemos, e isso é uma praga que assola as relações modernas. É o oposto do amor-próprio; é como estar preso em si mesmo.

David não só não conseguia enxergar os outros como também tinha de ser *melhor* do que eles. Desse modo, o narcisismo é uma percepção do eu construída em torno da necessidade de ser especial ou superior aos demais. Todos são vistos em termos hierárquicos. Os outros estão abaixo ou acima de você, em comparações mentais constantes. Predominam imperativos como: devo ser rico ou bonito ou o melhor no que quer que eu faça. Mesmo que isso leve a grandes feitos, esse tipo de narcisista vive uma ilusão, pois, ironicamente, a busca de aceitação subjacente ao seu esforço nunca é gratificada; quando esses narcisistas alcançam a superioridade percebida, na verdade estão se *separando* dos demais.

Então, sim, todos somos um pouco narcisistas em nossas relações. Até nas minhas fantasias românticas eu objetificava os homens, mas, em vez de fazer deles objetos sexuais, os tornava meus objetos amorosos.

Para David, parte do problema era que quando o ego é tão facilmente inflado, como ocorre com homens bem-sucedidos como ele, o prazer de alimentar o ego pode ser tão afirmativo que não há motivos para parar. Reconheço que David não conseguia nem apreciar o seu relacionamento relativamente satisfatório com Nikki. Precisava levá-lo a refletir sobre *por que* precisava caçar mulheres todas as noites.

O narcisismo de David era um lugar de poder e segurança. Eu precisava entrar ali. Desta vez, em um tom muito mais brando.

"Espero que você entenda que faço perguntas difíceis para ajudá-lo a explorar o seu *eu*", disse-lhe quando nos encontramos novamente. Continuávamos a falar de Nikki.

"Não estou habituado a isso", respondeu, com os ombros caídos. "Me sinto exposto e não gosto disso. Prefiro estar no controle."

"Você diz que ama Nikki, mas como *sente* o amor no seu corpo quando estão juntos?"

"Não sei." Ele suspirou. "Está por aqui em alguma parte." David agarrou o vazio diante da sua cabeça. Para ele, o amor era um conceito abstrato sem um componente visceral. O amor não tinha corpo. Eu já vira isso antes e o pensamento me deixou alarmada: por que as pessoas tinham tantas dificuldades em *sentir* amor?

"Talvez você precise controlar a relação e, para evitar a vulnerabilidade, bloqueie a capacidade de vivenciar o amor", sugeri.

"O que você quer dizer? Eu *amo* a minha namorada."

"Então você *sabe* o que é o amor."

"Bem, eu..."

DAVID

31

David conseguia fazer os movimentos do afeto por Nikki, mas na verdade não experimentava o calor, o bem-estar satisfeito de amar. Em vez disso, o que conseguia identificar era apenas a ânsia por esse estado ilusório.

"Ouço que ela ama *você*. Mas na verdade o que você descreveu soa como se a sua necessidade não fosse de ser amado, mas de *sentir-se desejado*. Você quer ser desejado o tempo todo. Você não se farta do desejo das mulheres. Mas o que *você* deseja?"

Ele não tinha resposta. Continuei insistindo. "Desejar alguém exige que você dê algo de si, que também se permita *sentir* amor por alguém. Não o vejo correr este risco — ainda. Só ao assumir o risco você terá poder de verdade."

Silêncio.

"O que você realmente caça? Amor ou afirmação? Amar alguém exige... colhões."

"Você está me enchendo o saco", disse ele emburrado, cruzando os braços diante do peito.

"Ótimo. Por que encho o seu saco?"

"Porra, eu me sinto envergonhado, vazio e... patético."

"Beleza", respondi. "Finalmente consigo ver *você*. Obrigada."

"De nada, acho."

"Ótimo. Agora poderemos trabalhar juntos."

Na sessão seguinte, David entrou apressado no consultório, incomumente aflito. A atitude relaxada fora substituída pelo pânico. Acabaram-se o flerte e o papo furado.

"Acho que a minha namorada está me traindo", soltou abruptamente. "Mas ela nega."

"Como você chegou a essa conclusão?"

"Olhei o celular dela e encontrei uma mensagem de texto de um cara dizendo que estava a caminho. Foi enviado às três da manhã. Ela diz que era um amigo e que o texto tinha sido enviado por engano. Fiquei passado. Fui para casa e olhei os meus números de telefone."

Ah, os telefones. O objeto de segurança de David. Os símbolos da sua proeza. As chaves que o impedem de se descabelar.

"Liguei para uma morena gostosa que conheci no Buddha Bar na outra noite e ela me chamou pra ir à casa dela." Sua voz se transformou em um sussurro nauseado. "Mas, quando tentei fazer sexo, não consegui a porra de uma ereção!"

Franzi as sobrancelhas em solidariedade.

"Fiquei pensando na Nikki o tempo todo", prosseguiu. "Não conseguia manter o foco. Nem quando a garota me chupou consegui ficar de pau duro."

O autodesprezo atingira o ponto da crise, uma boa oportunidade para David crescer. Ele tentara lidar com a dor refugiando-se em uma noite de sexo — mas não conseguiu escapar. Agora as suas defesas tinham sido rompidas. Sentia-se rejeitado. Sentia-se fracassado. Era como ver um menino chorar porque não entrou para o time.

"Você tem raiva de si próprio por não ter uma ereção quando tinha um bom motivo para estar chateado?"

"Sim." Ele mordeu o lábio superior e depois se encolheu na raiva. "Piranhas filhas da puta."

"Você está com raiva. Parece que também está magoado e acha que não pode confiar nas mulheres."

"Todas elas traem", declarou friamente.

"No entanto, você *precisa* das mulheres, precisa ser amado", respondi cordialmente.

"Sim", disse ele, o rosto revelando um instante fugaz de dor.

"Mas você tem medo de confiar nelas", disse eu inclinando a cabeça, meus olhos sondando a contenção que via por trás de sua mandíbula cerrada.

"Acho que é por isso que tenho uma, mas mantenho um monte de reserva", respondeu, voltando ao seu padrão.

"E isso o faz sentir-se seguro?"

"Faz, sim. Detesto ficar sozinho. Mais do que qualquer coisa. Não suporto. Fico muito entediado. Aí, começo a ligar para qualquer uma, procuro qualquer mulher para sair."

"Então, não só o assusta ficar sem um relacionamento, como também estar sozinho no seu apartamento, mesmo por uma noite, é demais."

"É como se eu não me sentisse confortável na minha própria pele."

"Você consegue descrever como é isso?"

"Não sei", respondeu, resistindo. David estava tão desconectado de si mesmo que estava alheio à própria experiência interior. Mas eu não o deixaria escapar. Aquilo era importante: ser capaz de identificar algo que o impulsionava de um modo tão poderoso.

"Tente explicar como sente isso no corpo."

"Não sei", repetiu. Esperei. Eu poderia ter amenizado o seu desconforto sugerindo palavras, mas precisava que ele entendesse por si só. Com o tempo, meu silêncio o forçou a responder.

"Acho que é um... vazio... aqui", disse apontando para o peito. "E uma inquietação. É um momento obscuro... como seu eu não existisse. Entro em pânico. Tenho que ligar para alguma mulher. É um sentimento de urgência. Não suporto isso."

Por fim um avanço, após meses de terapia. Chegáramos à dor que impulsionava o seu comportamento.

"Soa como um profundo desconforto."

"Sim, e é por isso que vou para o bar ou começo a ligar para as mulheres."

"Então, você lida com o medo de ficar só, e, nesse caso, de ser traído, fazendo as mulheres demonstrarem desejo por você."

"Mas não quero me relacionar com essas mulheres."

"Eu sei. Você evita uma ligação mais profunda. Essas mulheres são como um espelho para você, refletem o seu valor. Sem elas, você não existe."

"Mas às vezes é divertido."

"Sei que é divertido e que você deve se sentir bem", respondi. "Você procura mulheres para sentir-se bem consigo mesmo. Mas depois se decepciona e confirma que elas não são confiáveis. Você deixa que elas determinem se você é ou não digno de amor. O que está faltando?"

"Eu não sinto isso quando estou sozinho."

"É muito poder para entregar a alguém. Você quer a confirmação de que é digno de amor, mas, mesmo quando a tem, nunca é suficiente.

Parece-me que o resultado de tudo isso é que, quando tenta obter poder, na verdade você o perde."

"Nunca pensei nisso desse jeito."

Inclinei-me para diminuir a distância entre nós.

"Preciso me amar?", disse ele, quase a ponto de rir, porque a conversa tinha descambado para um clichê terapêutico.

"Sim. É a sua saída desse padrão. Quando encontrar amor dentro de si, não vai precisar procurá-lo fora."

"Tá legal, doutora. Legal, eu confio em você."

David se tinha em alta conta, mas sabia que eu podia diminuí-lo facilmente. Ele precisava parar de erguer sua autoestima baseando-se exclusivamente no reforço externo que obtinha da carreira, da aparência física, do seu valor financeiro, das mensagens que recebia da família, das amantes etc. Nada disso era sustentável. Sua beleza desvaneceria, as finanças flutuam, as mulheres decepcionam. Não havia constância. Para sentir que tinha valor, ele precisaria aprender a dar valor a si mesmo. Precisaria começar a aceitar e apreciar a si próprio e permitir um processo de autoexploração.

"Como começar?", perguntou.

"Você precisa esquecer o que os outros pensam e descobrir por si mesmo", respondi. "Precisa honrar o que o motiva intrinsecamente, embora agora não saiba o que é. Pode ser exatamente o que está fazendo, mas você precisará estar disposto a recomeçar, sem mulheres, e descobrir."

Embora o seu narcisismo fosse pernicioso, era na verdade uma tentativa de autoaceitação. Ele estivera procurando uma alternativa mais segura e menos vulnerável ao verdadeiro amor, mas isso o estava levando em direção aos seus medos reais, e ele já não conseguia evitá-los. Pensei que, se os confrontasse comigo, eu poderia ajudá-lo a se preparar para o amor.

Depois do trabalho, em uma noite úmida de verão, andei por uma rua repleta de restaurantes e cafés até um dos meus lugares favoritos para refletir, uma velha poltrona no terraço do meu edifício, onde me sentei e fitei o que fingi ser a minha sala de estar — Manhattan. Era relaxante observar a agitação da cidade do alto de alguns andares, de onde tinha uma perspectiva diferente tanto do caos da cidade quanto das minhas próprias emoções, para pensar melhor sobre David. Estava chegando a uma sensação de apaziguamento no nosso trabalho, sem necessidade de quebrá-lo como uma pinhata; sentia que ele estava realmente aberto para a mudança.

Ele chegara a um ponto importante. Pensava que conquistar o fazia sentir-se melhor, mas por fim compreendeu que aquilo o fazia sentir-se pior. Contudo, não é fácil amar a si mesmo, principalmente diante do reforço poderoso que ele obtinha do sucesso na carreira, da aprovação dos pais e dos seus pares, da namorada ideal que era como um ornamento do status social e da capacidade de seduzir outras belas mulheres e comprovar para si mesmo, reiteradamente, o seu valor. Essa tentativa de provar algo aos outros era uma compulsão poderosa que o desconectara de quem realmente era e mascarava o vazio que sentia quando estava só.

Nos meses seguintes, David começou um lento processo de autoexploração. Por intermédio de amigos com inclinações artísticas, foi apresentado a um círculo social alternativo que frequentava o Brooklyn. Arriscou-se e deixou sua zona de conforto. Disse-me que se sentava nas festas observando aquele pessoal e se perguntava como aquelas pessoas "pobres e sem atrativos" podiam parecer tão felizes e cheias de vida. Tentei ocultar o meu desagrado diante daquele sentimento, pois para ele aquela pergunta trazia um entendimento profundo: aquelas pessoas viviam de um modo autêntico, e ele foi inspirado por uma vitalidade que nunca sentira. Lembrei do olhar embotado que trazia quando o conheci e da falta de vida por trás de suas bravatas. Tudo aquilo tinha desaparecido. Ele começara a dar um passo além das ilusões e dos confins estreitos do seu ego. Agora, podia considerar apenas o que *ele* queria.

Eu o levava a se perguntar constantemente: o que o meu ego quer? O que eu quero? Com o tempo, David tomou muitas decisões importantes. *Não* estava preparado para se casar nem para comprar uma casa em Westchester. Continuou em Wall Street, mas rompeu com Nikki e mudou-se para o Brooklyn. Passava o tempo livre aprendendo a tocar violão, em vez de colecionar números de telefones em bares. Lia livros e ia a museus. Passávamos o nosso tempo juntos conversando sobre suas novas descobertas, que eram ao mesmo tempo banais e profundas.

Trabalhei com ele por mais de um ano e observei sua transformação lenta e gratificante. Minha reação pessoal também evoluiu de um lugar de medo e aversão previsível para uma compaixão profunda por seu esforço muito humano.

Mulherengos como David tendem a ser imediatamente taxados de "galinhas" ou "babacas" e é fácil julgá-los e odiá-los. Contudo, o comportamento do mulherengo é motivado pelas mesmas necessidades emocionais básicas de amor, confiança e aceitação que impulsionam todos nós, às vezes de um modo ilógico e disfuncional.

Nesse sentido, todos somos David.

Não sei se ele encontrou o amor, mas sei que começou uma jornada da vida toda para aprender a amar a si mesmo. Ironicamente, nas nossas sessões fizemos pouco para realmente *definir* o que é o amor. Na verdade, acho que fizemos mais para definir o que o amor não é. É preciso começar de algum ponto. Mas sei, como ele disse na primeira sessão, que ele agora está fazendo um bom trabalho preparando-se para ser "capaz de amar".

Para mim, porém, o exame do amor não tinha terminado.

Rami

Conheci Rami quando estava fazendo o doutorado na Flórida. Naquela época, trabalhava algumas vezes por semana como garçonete em um restaurante libanês. Rami era um freguês assíduo e amigo do dono, mas para mim era apenas um rosto desfocado enquanto eu corria para anotar os pedidos e trazer a comida.

Na noite em que nos conhecemos, ele estava sentado com um grupo barulhento em uma mesa grande no meu setor. Depois eu soube que eles tinham se sentado ali propositalmente. Eu estava muito ocupada e não percebi que ele tinha os olhos postos em mim enquanto eu ziguezagueava pelas mesas, limpando restos de comida e respingos de vinho dos clientes regulares. Rami e seus amigos fumavam narguilé e revezavam-se fazendo par com a dançarina de dança do ventre. Depois do jantar eu os vi envolvidos no melodrama clássico do Oriente Médio: disputar para ver quem tem a honra de pagar a conta. Quando passei perto da confusão, Rami agarrou o meu pulso e pediu o meu telefone. Sem mais nem menos. Sem conversa nem elogios; simplesmente foi direto ao ponto, com uma tática que parecia pertencer ao repertório de um candidato a conquistador. No entanto, algo no seu tom era inesperadamente amigável e até sincero. E o seu olhar era tão vivo que a pergunta soava mais natural que ofensiva.

Gostaria de dizer que foi um momento de parar o coração, mas não foi o caso. Ele simplesmente me pegou de surpresa enquanto eu pensava: preciso servir a mesa 11; o *shawarma* de frango deve estar pronto na cozinha; a mesa 3 quer a conta. Eu nunca tinha falado com aquele cara e ele queria o meu telefone? Esquisito.

Contudo, mesa grande significa gorjeta grande e eles ainda não tinham pagado, então dei a minha resposta padrão aos fregueses atrevidos que eu preferia não constranger diante dos amigos: "Claro. Ligue para o restaurante." E fui em frente com um sorriso.

Rami voltou na manhã seguinte quando eu ajudava a arrumar as mesas para o almoço. "Deixe-me convidá-la para um café da manhã." Seu charme natural sugeria que eu seria boba se rejeitasse um convite tão inofensivo. Talvez tenha sido pelo seu sorriso tão encantador, mas eu aceitei.

"Ótimo. Te pego amanhã às 11", disse ele, e foi conversar com outras garçonetes, que claramente desfrutavam da sua atenção. Senti-me como se tivesse sido gentilmente ludibriada a comprar um produto que não queria. Como isso tinha acontecido? Não era o meu estilo ceder tão facilmente e, além disso, Rami não era do tipo que o meu radar costumava registrar. Era pelo menos dez anos mais velho — talvez mais.

Enquanto o observava conversar com as minhas colegas, aproveitei para estudar aquele homem que suspeitei que, provavelmente, seria apenas um estorvo benigno. Alto, com feições mediterrâneas rústicas e intensos olhos castanhos, ele tinha a mandíbula marcada, pele azeitonada e cabelos ondulados com fios grisalhos. Parecia exótico, sofisticado e ligeiramente subversivo. Imaginei-o bebendo uísque caro e fumando charutos. Tenho de admitir que *era* sexy, ao estilo antigo dos astros do cinema tipo Clark Gable e Omar Sharif.

Na manhã seguinte, no café da manhã, ele me contou sua história. Disse que tinha crescido nos campos de refugiados da Cisjordânia em território palestino e que agora era proprietário de um negócio imobiliário no sul dos EUA. Tinha emigrado para os Estados Unidos aos vinte e poucos anos e agora, aos 40, tinha se aposentado. Passava a maior parte do tempo viajando e tinha casas no Marrocos e na Espanha. "Vou para lá várias vezes por ano", explicou. "Alguns amigos também têm casa e passam as férias por lá."

Nunca tinha conhecido alguém como Rami. Meu namorado anterior era um tipo boêmio da contracultura que dirigia uma Kombi velha e andava sem sapatos. Ele era meigo, maravilhoso e amoroso. Ficamos juntos por seis anos, até eu romper porque ele se tornara mais um irmão que um amante. Eu tinha mais ambições e planos maiores, e estava pronta para sair com um tipo diferente de homem: alguém que me desafiasse e me estimulasse. Rami trouxe um novo estímulo à minha vida, e me atirei numa relação rápida e intensa com ele.

Rami oferecia algo que, para mim, era ainda mais sedutor que o dinheiro e a sua beleza; ele me oferecia aventura. Acho que isso me atraía porque eu vinha de um ambiente conservador. A minha família continua vivendo na pequena e bela cidade sulista onde cresci. Agora, adulta, consigo enxergar a beleza daquela existência simples. Mas na adolescência o estilo de vida dos meus pais me parecia estreito demais. Eu estava inquieta e com sede de correr o mundo. Talvez tenha sido por causa da enciclopédia que meu pai me deu quando criança, com todas aquelas fotos da Amazônia e do Oriente Médio, pois mesmo adulta a minha atração pelo exótico nunca se desvaneceu.

Rami e eu provínhamos de mundos distintos e tínhamos tradições religiosas e culturais diferentes. Eu adorava as diferenças, embora não as entendesse inteiramente. Na verdade, provavelmente as transformava em um fetiche, em vez de compreender que algum nível de semelhança é fundamental em um relacionamento.

Quando me apaixonei por Rami, alguns amigos se preocuparam com o meu crescente interesse pela cultura árabe, porque só conseguiam imaginar turbantes e terroristas. Mas eu sentia que tinha cruzado o portal mágico da antiga rota da seda. Ele me levou para dançar música árabe, fumamos narguilé de maçã, tomamos chás apimentados e viajamos pelo Oriente Médio. Nosso romance floresceu tendo como pano de fundo travesseiros voluptuosos e tecidos preciosos que estofavam divãs baixos feitos para descansar enquanto se come figo e se espera para fazer amor. O nosso relacionamento foi uma festa dos sentidos com os aromas sempre presentes de cominho, noz-moscada e pimenta-da-jamaica e o ritmo dos suaves cantos e tambores e canções tribais entoados por vozes roucas e flautas nostálgicas e evocadoras.

Eu estava deslumbrada com aquele mundo e com o modo como ele me fazia me expandir. Minha mãe estava preocupada. Ela previu que mais

40   OS HOMENS NO MEU DIVÃ

tarde eu entenderia que Rami e eu não combinávamos. Éramos "um jugo desigual", dizia.

Eu não estava preocupada porque não éramos religiosos — apesar da exceção notável ocorrida certo verão, durante uma viagem de canoa por um rio na Flórida, quando uma tempestade nos pegou no meio do rio e nos encolhemos enquanto os relâmpagos caiam à nossa volta. Começamos a remar o mais rápido que podíamos para sair dali, enquanto eu clamava por Jesus e ele por Alá. Quando chegamos à margem do rio, perguntei a Rami: "Por que você se diz muçulmano? Você não vai à mesquita, não guarda o Ramadã — bem, você vai aos jantares, mas come o dia todo — e frequentou uma escola católica."

"Nasci muçulmano", respondeu.

"Sim, mas você não nasceu religioso", repliquei.

"É, mas nasci em uma cultura religiosa", disse.

Eu tinha notado que ele punha em prática as partes mais belas do Islã. Isso se media pela hospitalidade, generosidade e aceitação dos demais — principalmente os pobres. Ele passava grande parte do seu tempo trabalhando como voluntário em cozinhas comunitárias para os sem-teto ou, quando estava inspirado, transformava a própria casa em uma dessas cozinhas. Todos se assombravam. Eu gostava do modo como ele desfrutava doar aos demais e, se isso era religião ou a sua personalidade, preferi me concentrar na sua virtude e não nas diferenças entre nós.

Então prossegui no meu padrão de glamourizar o amor e me embonecava com vestidos provocantes, sem querer enxergar as imperfeições por baixo da superfície. Não queria que uma informação inconveniente interrompesse o meu sonho. Talvez houvesse diferenças, mas elas não pareciam importar.

Até uns quatro meses depois, quando ele me convidou para viajar ao Marrocos com seus amigos.

Em um restaurante lotado e pouco iluminado em Marrakech, o som dos tambores e dos címbalos tomavam o espaço com dançarinas do ventre rebolando sedutoramente. Rami tinha me levado a um lugar que ele e seus amigos empresários árabe-americanos — alguns dos quais tinham casas na região — frequentavam para festejar. Sentamo-nos para desfrutar o cuscuz e, para minha surpresa, uma seleção de jovens entre 13 e 17 anos. Imediatamente me senti profundamente incomodada. Estaria assistindo ao turismo sexual em ação? Percebi que cada homem tomaria uma ou várias garotas para a noite. Observei aquelas garotas. Pareciam jovens, mas estavam prematuramente envelhecidas. Uma delas parecia uma menina de rua belicosa, faminta e muito alerta, os olhos soltando chispas. Inclinou-se sobre a comida em uma postura primal e colheu o cuscuz com as mãos enquanto a todo momento olhava por trás dos ombros. A postura ereta e as mãos fechadas delatavam o seu desconforto. Outra garota, cujas roupas eram uma tentativa fracassada de se vestir à moda ocidental, era muito provocante e teria sido incrivelmente bela, não fossem os sinais evidentes de desnutrição.

Em uma ida ao toalete, conversei com a garota provocante. Queria saber por que estava com aqueles homens. A verdade foi perturbadora. Elas não eram vítimas de tráfico humano, não tinham sido vendidas pelo tráfico organizado nem pelo cafetão local. Tinham sido enviadas pela própria família e, na verdade, almejavam se casar com um turista francês ou se tornar a segunda esposa de algum homem de negócios saudita, para poderem sustentar seus parentes. Enquanto isso, contentavam-se com um pouco de comida, um pouco de dinheiro ou um par de calças compridas. Em um inglês hesitante, ela explicou que, com as limitadas oportunidades de emprego e sem leis contra o assédio sexual que protegessem as mulheres no ambiente profissional, sempre estavam vulneráveis a ser forçadas a fazer sexo com os colegas de trabalho.

Aquelas garotas não tinham opção, proteção nem voz. Percebi nelas um sentimento avassalador de resignação e desesperança, apesar das fachadas que transmitiam charme e relaxamento. Eu entendia que aquela não era a minha cultura, mas também pensava que, abaixo da superfície, provavelmente seria preciso certa ginástica mental para tornar aquela realidade tolerável. Imaginei que elas precisavam ocultar seus sentimentos verdadeiros e que estavam destituídas das necessidades básicas de relacionamento, como confiança, segurança e amor. Pareceu-me que aquilo não se tratava da velha troca de sexo por amor, mas que, fosse qual fosse a troca em questão, ela ocorria à custa do sentido de dignidade e humanidade daquelas garotas. Não pude mais suportar aquilo. Levantei-me, encarei Rami e disse: "Vou ligar para a embaixada americana e vou para casa." Falei alto. Os amigos dele ouviram e me olharam como se eu fosse uma ingênua terminal. No entanto, se empenharam apresentando uma justificativa atrás da outra. "Estamos *ajudando* estas meninas e suas famílias", disse um. Outro vilipendiou as garotas dizendo que eram cúmplices e trapaceiras que tentavam atrair os homens para o matrimônio. Rami tentou desesperadamente me assegurar de que nunca tinha participado das desventuras dos amigos. Ele precisou de muita ajuda para me acalmar. Porém, naquele momento, por fim ficou inegavelmente claro que Rami e eu tínhamos perspectivas muito distintas sobre amor e relacionamento.

Quando o conheci, Rami vivia só. Ele passava a maior parte do tempo com o seu grupo de amigos, organizando festas e viajando juntos, como em uma fraternidade de meia-idade. Na verdade, ele e seus amigos eram libertinos que levavam uma vida epicurista de luxo e hedonismo, livre de quaisquer limitações. Era nisso que acreditavam. Alguns dos seus amigos gostavam de me provocar com debates filosóficos. Discussões sobre o Grande Amor *versus* o Libertino, como eu os chamava. "Qual é o sentido do amor romântico?" ou "Por que passar a vida toda com a mesma mulher?", perguntavam, como se tentassem compreender um modo absolutamente ridículo de encarar o mundo. Eles realmente não confiavam no amor; no melhor dos casos, consideravam-no uma ilusão; no pior, uma limitação. Para eles, a única verdade era o prazer físico. As mulheres eram parte das riquezas da vida, como a comida e os bons vinhos.

A princípio pensei que tal atitude diante do amor provinha da sua origem cultural, em que o casamento muitas vezes era uma questão de negócios. Observei que não esperavam amor nem amizade em uma relação. Mas sabia também, por suas histórias, que eram amigos de infância e que, enquanto cresciam, tinham participado de protestos não violentos contra a perda das suas casas, em tentativas de mudar o mundo que os levaram à prisão em diversas ocasiões, até se mudarem para os Estados

Unidos e entrarem no mundo dos negócios. Todos tinham abandonado a antiga vida de ideais elevados, princípios, justiça etc. e assumido o ponto de vista de que seria ingênuo pretender mudar o mundo, então é melhor desfrutar a vida. Agora estavam vivendo aquele sonho — embora ele me parecesse vazio e deprimente. Fiquei muito assombrada com aquilo. Tanta liberdade e dinheiro e, no entanto, não estavam plenos de vigor e alegria como Rami e eu naquela época, o que o fez hesitar entre as duas filosofias.

Acho que a efervescência que sentíamos um pelo outro aos poucos silenciou o debate e, em consequência, os amigos de Rami assumiram uma atitude antagonista diante de mim — um modo de expressar desaprovação porque o seu amigo solteiro mais gregário me levava para todo lado, a todos os jantares, festas e até viagens. Para eles, eu era uma estraga-prazeres. Eles conversavam em árabe intencionalmente, deixando-me fora da conversa.

Decidi ser mais esperta que eles. Fui à Barnes & Noble e encontrei um dicionário de árabe egípcio. Estudei-o em segredo, para que, quando Rami e seus amigos mudassem de língua, pudesse entender parte da conversa. Isso soa muito difícil, mas tenho um dom para a memorização. Carregava o livro para todo lado e o lia sempre que podia — no metrô, na fila do café, enquanto escovava os dentes etc. Também pratiquei quando e com quem podia, como o egípcio que vendia comida árabe na carrocinha da esquina da minha casa, e tentava indicar a direção aos taxistas do Oriente Médio.

Certa tarde, sentada em um café com Rami e seus amigos, falei em árabe. Não lembro exatamente o que disse, mas recordo a reação deles: choque e surpresa, acompanhados de risadas. "Ela está falando árabe! Árabe *egípcio*!"

Eu não sabia que havia dialetos distintos. Contudo, granjeei o respeito relutante deles, e às vezes eles falavam comigo em árabe. Rami resolveu ensinar-me o seu dialeto e passou muitas horas deitado na cama comigo, com pouca ou pouquíssima roupa, fazendo jogos de palavras. Achei a língua muito sedutora, uma série de tons guturais que vinham do fundo da garganta, de algum modo mais perto da alma. A língua não parecia permitir limitações, e me fazia sentir ao mesmo tempo mais ousada e exposta ao tentar me expressar. A cadência era áspera, crua e desarmônica, com inflexões que acrescentavam paixão e intensidade a qualquer expressão. É um idioma particularmente erótico na voz profunda e áspera do homem. E havia uma letra singular, um som suave que se destacava e que eu adorava ouvir dos lábios de Rami, uma espécie de H sussurrado e longo — o tipo de som que se emite em um momento de exasperação ou prazer. Até as expressões comuns, quando interpretadas, eram repletas de poesia e espiritualidade. Os amantes chamam um ao outro com palavras como *RoHi*, com aquele H sussurrante, que significava "minha alma", ou *Naseebi*, que quer dizer "meu destino". Mas minhas palavras favoritas eram *Habibi*, "meu amor", e *ya-la*, "vamos". Por alguns anos eu adorava chamar qualquer um de *Habibi*.

Às vezes eu me preocupava com a influência dos amigos de Rami; porém, para tristeza deles, ele permanecia leal a mim e parecia gostar de alardear a nossa união diante deles.

Pouco depois, certa noite ele pensou que eu estivesse dormindo e afagou os meus cabelos e murmurou *"Ana b'Hybek"* ("Eu te amo"). E eu estava me apaixonando por ele. Fitei-o nos olhos e disse: "Vamos amar um ao outro com entrega. Sem guardar nenhuma parte para nós mesmos, vamos sentir este amor do modo mais profundo que pudermos." Essas palavras eram importantes para mim. Eu pensava que o amor adulto vinha empacotado em camadas protetoras e queria correr o risco de estar inteiramente aberta, renunciar à necessidade medrosa de segurança e vivenciar por completo os nossos sentimentos.

Quando Rami e eu nos tornamos um casal, as minhas colegas no restaurante reconheceram o seu charme, mas também comentaram sobre o seu estilo de vida livre e, certa noite, sobre o seu estado civil. Aquilo me fez pensar por um momento, mas ninguém tinha certeza de nada. Ele tinha me dito que era divorciado, e eu francamente não tinha motivos para não acreditar nele. Estava confiante porque Rami sempre estava disponível e frequentemente passávamos a noite na sua casa, que parecia uma residência típica de solteiro.

Mas Rami era definitivamente gregário, charmoso e um paquerador incansável. Cada vez mais comecei a perceber o que as minhas colegas comentavam. Certa noite, estávamos em um jantar de cerimônia. Eu estava bem-vestida e me sentia bonita. Então chegou uma jovem deslumbrante conhecida de Rami. Ele ficou animado, pulou da cadeira, beijou-a no rosto e perguntou: "Posso mandar uma garrafa de vinho para a sua mesa?" Ficou todo alvoroçado por causa dela e depois se sentou. Vinte minutos depois, outra mulher que conhecia passou e ele fez o mesmo. Senti uma pontada de ciúmes.

Mais tarde, na casa dele, cedi ao impulso irresistível de confrontá-lo.

"Você está flertando com outras mulheres."

"Estava só sendo gentil, não quer dizer nada."

"Parece que você conhece muitas mulheres. Como as conheceu?"

Ele deu de ombros. O que podia dizer? Eu insisti. "Sabe, as pessoas no restaurante sempre falam a seu respeito."

"Elas são só amigas."

"Eu estou sempre ouvindo coisas."

Ele mordeu a isca. "Que coisas?"

"Bem... alguém me disse que você é casado."

Rami meneou a cabeça. "Claro que não. Sou divorciado. Eu disse isso a você."

Eu o encarei.

"É um... divórcio islâmico", ele disse.

Um quê? "O que *isso* quer dizer?"

"É islâmico... cultural... não... legal. Mas dá no mesmo", acrescentou rapidamente.

"Então, você não se divorciou."

Rami tinha uma expressão sinistra. "Eu quis lhe contar várias vezes, mas não achei o momento adequado. A história é a seguinte: foi um casamento estratégico. Não arranjado, mas prático para ambas as partes. Você precisa entender que, na minha cultura, o casamento nem sempre tem a ver com o amor. Estamos separados há seis anos e ela vive em outro estado."

Fiquei sem ar. Não podia acreditar que ele tivesse esperado eu me apaixonar para me contar a verdade. Alguma coisa do que ele me disse era verdade? Queria que ele desmentisse tudo, que dissesse alguma coisa, qualquer coisa, para que tudo ficasse bem.

"Por que você nunca me contou?"

"Eu quis, mas tinha medo de que você não entendesse."

"Eu nunca pensaria em me envolver com um homem casado."

"Está vendo? Eu queria que primeiro tivéssemos uma chance."

"Acho que você estragou a oportunidade."

Rami tentou se explicar, dizendo que ele e a esposa haviam concordado em se separar, mas não se divorciaram por razões financeiras. Em consequência, ele saía com mulheres ao acaso, mas nunca por muito tempo porque não queria ter uma relação séria, senão a mulher pediria o divórcio. Quando percebia que a mulher estava se envolvendo emocionalmente, ele rompia com ela. "Mas você é diferente", disse. "Sinto que me apaixonei pela primeira vez."

Eu precisava ir embora. Fui para casa e no dia seguinte rompi a relação. Em breve eu partiria sozinha para Manhattan para fazer a residência da pós-graduação.

Eu queria viver em Manhattan, mas não podia arcar sozinha com os custos. Precisava de alguém para dividir a moradia. Fui apresentada a uma jovem chamada Sophie que estava de mudança para Nova York na mesma época. Fomos até lá procurar um lugar para morar. Um corretor nos mostrou algumas coisas, mas não encontrávamos nada que servisse. Voltamos para casa frustradas e, no meu caso, um pouco nervosa porque a minha residência começaria logo.

Procurei na Craigslist e encontrei um quarto em um apartamento de cinco dormitórios junto à linha do trem, por 800 dólares ao mês. Não havia fotos, mas eu estava suficientemente desesperada para alugá-lo sem ver. Liguei para Sophie e disse: "Vamos pegar esse quarto e dividi-lo." Enviei o dinheiro ao sublocador e ele disse que eu podia me mudar.

Cheguei sozinha e era um edifício de tijolos aparentes na rua 30 com a Quinta Avenida. O prédio tinha um apartamento por andar. Subi ao quinto andar, bati na porta e um homem abriu. Ele usava um paletó mal-

-ajambrado, tinha os cabelos fartos e desalinhados e achei que parecia um pouco repulsivo. Em um inglês carregado, ele se apresentou como Nestor. "Oi. Você mora aqui", disse, e me conduziu pela sala estreita por um corredor apertado e escuro até o meu "quarto". Estava vazio. Não tinha armário. "Às vezes eu também fico aqui... no sofá", acrescentou, contando com que aquilo não fosse um problema para mim. Nestor me mostrou as três mudas de roupa que guardava em um pequeno armário. Ele mostrou a cozinha e a porta que dava para a escada de incêndio.

Sophie chegou na semana seguinte. "Mas que diabo de lugar é esse?", gritou.

Além de mim e Sophie, outras dez pessoas — homens e mulheres — e vários camundongos moravam no apartamento, com Nestor às vezes no sofá. Obviamente o apartamento era grande, mas Nestor instalara divisórias baratas para criar quartos, todos sem ar-condicionado. O lugar era sujo e apinhado. O boxe do banheiro era do tamanho de uma cabine telefônica. Era impossível mudar de roupa lá dentro, pois era apertado demais.

Sem armário no quarto, Sophie e eu instalamos varões no perímetro, penduramos nossas roupas e dormíamos em travesseiros no chão embaixo delas. Não tínhamos dinheiro para comprar uma cama; todo o dinheiro extra gastávamos em roupas e diversão. Nossos calçados e acessórios estavam espalhados por toda parte. Era como dormir no chão de um closet gigante. Porém, tínhamos uma janela grande, e à noite deitávamos na frente dela e conversávamos diante do brilho das luzes da cidade — sem cortinas, claro — e da visão do Empire State. Às vezes um brasileiro bonitão que também morava lá vinha se deitar perto de nós e ríamos e conversávamos sobre tudo. Logo descobrimos que éramos apenas homens e mulheres jovens de todos os cantos do mundo que tinham vindo aleatoriamente para Nova York para estudar e trabalhar, com a esperança de ter êxito.

Às vezes, amigos da Flórida que vinham visitar me perguntavam como eu podia viver daquele jeito, no coração de Manhattan, ganhando 12 mil dólares por ano — a bolsa que consegui para a residência. Eu respondia que a cidade era a minha sala de estar. Eu me imaginava uma versão moderna de Holly Golightly, a personagem de *Bonequinha de luxo*. Na verdade, estava muito contente.

Seis meses depois, Rami telefonou. Queria reatar a relação. Ele reiterou que ele e a esposa viviam em estados diferentes, sem a menor possibilidade de reconciliação. Estavam unidos apenas por papéis. Ambos eram sócios no seu negócio e pensavam que uma mudança seria financeiramente imprudente. O "divórcio não oficial" tinha sido amigável.

Só que Rami tinha mentido para mim. Contudo, eu continuava a amá-lo e queria me arriscar por esta coisa chamada amor em que eu tanto dizia crer durante os debates acalorados com os amigos dele.

Reconciliamo-nos e começamos uma relação de longa distância, outra vez felizes e apaixonados. Ele tentou reparar a mentira com mimos. Por exemplo, uma noite cheguei em casa e o encontrei no apartamento cativando as minhas amigas. Ele viera de surpresa. Trouxera comida para encher a nossa geladeira. "Tudo isso é para você", disse. Então, ele preparou um jantar exagerado para nós. Fez as minhas companheiras rirem. Depois do jantar, desapareceu no banheiro, onde o encontrei de quatro limpando a banheira. Mais tarde, descobri que ele tinha lavado as minhas roupas finas! E tinha dobrado a roupa lavada. Não estou brincando. Ele fazia isso todo o tempo. Nunca vou encontrar alguém assim, pensei.

Rami imediatamente conquistou as minhas amigas porque não estava fingindo. Ele sabia ser um homem carinhoso, protetor e atencioso. Certa noite, elas estavam reclamando porque tinham engordado e falavam que não gostavam dos seus cabelos e imaginavam o tipo de cirurgia plástica que gostariam de fazer. Rami ficou sentado ali ouvindo a conversa. Depois disse: "Bem, eu não ligo para a aparência de Brandy, simplesmente a amo. Se ela engordasse 100 quilos, ou se perdesse um braço, ainda assim eu iria até a lua por ela."

Prometi a Rami que voltaria para a Flórida no ano seguinte. Enquanto isso, fomos adiante — embora de um jeito errático. Nossa relação era como um teatro — às vezes vivíamos situações dramáticas ou *éramos* o próprio drama — e nos entretínhamos com isso. Eu dizia: "Lembra daquela vez que eu saltei do carro no Marrocos, no meio do nada, e você me largou lá?" E quando ele me abandonou em um restaurante porque pensou que eu tinha sorrido para outro homem. Nós ríamos e éramos inundados de bem-estar e amor, embora muitas vezes eu ficasse ansiosa pensando no que ele fazia com seus velhos amigos libertinos quando estávamos longe um do outro. Ainda assim, tentávamos nos ver a cada dois fins de semana. Ele pegava um avião para o norte ou eu ia de avião para o sul. Porém, nos intervalos, eu me descontrolava e muitas vezes não conseguia evitar a obsessão. Minha melhor amiga, cansada das minhas histórias sobre Rami, meneava a cabeça e dizia: "Um dos dois vai ter um AVC."

Naquela época eu não percebia isto, mas as minhas ruminações sempre voltavam à revelação avassaladora de que ele não me contara a verdade sobre seu arranjo conjugal. Aquela quebra de confiança foi a primeira coisa a descarrilar a nossa relação — e me deixou muito alerta. Eu não tinha pressa em casar, então queria conviver com aquilo, mas a semente fora plantada. Provavelmente, aquele momento ditou o ritmo de tudo o que aconteceu depois.

Eu me perguntava se éramos feitos um para o outro. Se ele ficava com outras mulheres. Analisava os momentos bons e ruins e me afligia pensando qual deles estaria indicando a verdade. Escrevinhava no meu diário. Eu explicava — e depois voltava a explicar — a sensação na boca do estômago cada vez que minhas emoções davam uma guinada louca. Depois que comecei a dar consultas, principalmente no início, às vezes perdia o foco por um instante enquanto ouvia os problemas dos pacientes, porque ouvir de homens as verdades sobre os homens me fazia pensar em Rami e em coisas que deixariam qualquer mulher chateada.

Minha mente estava sempre ocupada, até fora do consultório. Comecei a fazer listas. As qualidades *versus* os defeitos. Procurei uma narrativa, uma história sobre a relação para contar a mim mesma, de modo que as minhas reações emocionais ao menos tivessem consistência. Um dia, me convencia de que Rami era um mulherengo e, no dia seguinte, pensava que era só um cara simpático. Ou que era um mentiroso patológico, ou estava só tentando me impressionar, manter-me por perto, ou proteger-me. Ou que a mentira não era tão ruim, que no fundo era uma forma de lisonja e afeto.

Também era comum fazer listas a meu respeito: será que só me atenho aos aspectos negativos e ignoro os positivos? Será que estou causando mi-

50 OS HOMENS NO MEU DIVÃ

nha própria dor de cabeça? Ele é maravilhoso. Só posso estar louca. Hora de fechar o diário. Boa noite.

Queria encontrar uma pergunta fácil para mim mesma que pusesse um fim àquela batalha interna. Seria a pergunta de ouro, que determinaria se eu devia continuar ou terminar. Li uma coluna sentimental que indagava: "Ele acrescenta algo à sua força vital ou a diminui?" E aquilo ressoou. A minha centelha, o meu espírito, estava sendo inflada e desinflada constantemente.

Minha mãe perguntou: "Você gosta da companhia dele? Se for para passar o resto dos seus dias com a mesma pessoa, o que importa é se você desfruta da sua companhia."

Uma amiga perguntou: "Ele vai sustentar você financeiramente?"

Perguntei-me: "Isto é amor ou fantasia? Tem a ver com o amor ou com o meu ego? Por que eu realmente estou com ele?"

Alex

"Conheci o russo em um bar tranquilo em Chelsea. Sentamo-nos no canto, perto da lareira, imersos em uma conversa sobre um livro que eu havia lido sobre a liberdade de expressão na Ucrânia. Ele contou que era diplomata, mas pensei que podia muito bem ser um agente secreto."

Foi o meu primeiro encontro com Kasha, namorada de Alex, meu paciente havia dois meses. Ela era uma redatora freelance recém-chegada da República Tcheca e tinha maçãs do rosto salientes e olhos amendoados, que ressaltava com delineador escuro alongando-os para fora, o que contribuía para o seu exotismo. Entusiasmada, ela descrevia em minúcias um encontro recente.

"Os olhos escuros e intensos dele me atraíram", prosseguiu com um leve sotaque, mas sem pausas nem hesitações. "Era como se ele estivesse tentando, sei lá, me enxergar por trás das palavras enquanto eu o questionava. Não acreditava que estávamos sentados lado a lado e me perguntei se ele estaria percebendo que eu tremia de desejo.

"Ele deve ter percebido, porque de repente começou a passar o dedo pelos meus lábios, e interrompeu as minhas perguntas enfiando suavemente o dedo na minha boca.

"Saímos do bar e fomos para o hotel em que ele estava hospedado, no Soho. Eu estava... eu queria ser... comida. Imediatamente. Porém, ele me fez esperar. Sua voz era mansa, lenta e firme, e ele me disse para sentar na cama e desabotoar a blusa. Eu fiz isso enquanto, do outro lado do quarto, ele me olhava, e balançou a cabeça em sinal de aprovação quando os meus seios ficaram à mostra. Continuei a me despir e ele dizia que as minhas curvas eram magníficas. Por fim, ele se aproximou e, quando ergui a saia e expus as coxas, ele puxou a minha calcinha até os meus joelhos. Pôs a língua na minha orelha e sussurrou 'Boa menina'. Ouvi seu cinto se abrindo. Senti a calcinha sendo puxada para baixo e chutei-a para longe. Com a blusa pendurada nos ombros, ele pegou meus cabelos por trás, olhou nos meus olhos e começou a me penetrar de um modo forte e lento.

"Agora você entende por que eu não quero trepar com o meu namorado?", perguntou ela calmamente.

Ah, claro, eu entendia.

Kasha me hipnotizara com a história da roupa arrancada. Não que eu pudesse me deleitar com ela naquele fulgor. Pelo contrário, precisei espantar a excitação e recuperar a distância terapêutica. Por um motivo muito distinto, também me desconcertou o seu modo sedutor de relatar o acontecido. Kasha não tinha nada a ver com a mulher que Alex tinha me preparado para conhecer. Segundo ele, ela era tão assexuada quanto uma calçola de vovó. Após três anos de namoro, ele buscou a terapia por estar preocupado que Kasha tivesse desenvolvido aversão ao sexo. Ele queria ressuscitar a sua libido agonizante e evitar que caíssem numa daquelas relações complacentes e dessexualizadas sobre as quais lemos nas revistas femininas.

Depois de algumas sessões particulares, Alex ficou ansioso e sugeriu que eu conhecesse Kasha. Ele não tinha a menor ideia de que estava sendo traído. Contudo, eu podia ver uma brecha clara e profunda entre a realidade e a sua percepção. Senti-me crédula por acreditar na história de Alex e, em nome dele, me decepcionei com ela como se eu também tivesse sido traída.

Kasha foi um aviso de que eu jamais podia me deixar levar completamente pelo relato de um paciente como se fosse a verdade.

Eu tentava não julgar, mas mesmo antes de conhecê-la me preocupava porque o pobre Alex não era nem um pouco atraente. Ele era um pesquisador científico de uma companhia farmacêutica. Parecia uma criatura estranha que lembrava um elfo, com calças cáqui práticas, camisas de botão e óculos de aro fino. Imaginei que a sua segurança se baseava em coisas mais concretas, em mensurações, números, listas, organização.

ALEX

Quando veio para falar sobre Kasha, ele estava resoluto e tenso e, em vão, tentou não demonstrar ansiedade. Constantemente ajustava os óculos e passava os dedos pelo vinco da calça. Balançava o pé e cruzava a perna para mantê-la quieta. Ao mesmo tempo, esperava atentamente com bloco e caneta, como um estudante ansioso.

Instintivamente, eu sempre quis apoiar ou defender pacientes como ele. Alex era um cara extremamente intelectual e pedante, confiante em seu saber hermético, o clássico nerd. Contudo, em vez de distante e alheio, ele se mostrou afetuoso e disposto a agradar. Ele podia saber muito sobre diversas coisas, mas ainda era inocente e franco sobre relacionamentos.

Ele se abriu e me contou que tinha me procurado porque pesquisara e sabia que eu me especializara em mulheres com baixo desejo sexual. É verdade, respondi, e disse-lhe que era a queixa mais comum entre as mulheres e, ironicamente, um problema para o qual elas nem sempre procuravam tratamento. As mulheres são mais propensas que os homens a buscar psicoterapia por depressão e ansiedade, tristeza ou conflitos conjugais, mas muitas vezes supõem que o declínio do desejo sexual é normal.

Quando encontrei Kasha, eu não conseguia imaginar que ela e Alex se conheciam, e muito menos que pertencessem um ao outro; eles eram muito diferentes. Mas estavam juntos havia três anos. Ela gostava de escrever sobre política e queria obter maior reconhecimento. Contou que se sentira atraída pela estabilidade de Alex e respeitava o intelecto dele. Ela era ambiciosa; ele era realista. Ele preferia a estrutura e a rotina. Ela era mais inquieta.

Alex e Kasha viviam em um apartamento de um quarto em um edifício de arenito marrom no Upper West Side. Antes, ela morava no Queens com outros imigrantes do Leste Europeu. Aquele fora um tempo de incertezas, disse, repleto de dúvidas e esperanças. Com Alex, ela se viu formando um jovem casal eminentemente intelectual e oficialmente integrado à cultura nova-iorquina. Tinham amigos interessantes, adoravam literatura, poesia e política, e todas as manhãs liam o *New York Times* juntos enquanto tomavam café e comiam bagels.

Perguntei-me em que medida a atração de Kasha por Alex teria origem nas suas necessidades à época em que se conheceram. De certo modo, isso ocorre com todos os casais, mas no caso dela creio que a mudança para Nova York refletia sua propensão à aventura e à novidade, ao mesmo tempo que precisava imediatamente sentir-se segura e protegida para poder explorar tal propensão. Alex lhe proporcionava isso e, depois de se ajustarem, ela ficou entediada com ele e agora precisava de mais estímulos. Alex fora conveniente por um tempo, mas não se pode construir laços com base em motivações temporárias, a menos que a relação cresça e se descubram mais afinidades.

Quando Alex sugeriu que eu me encontrasse com Kasha, ele queria uma sessão conjunta. Pedi-lhe para vê-la a sós primeiro, como costumo fazer. Aquele tempo sem pressão parecia a melhor maneira de conhecer o lado dela na história. E conheci. Com detalhes e minúcias. Mas agora, devido à ética de confidencialidade entre profissional e paciente, eu precisava aguentar o peso da sua vida secreta e manter sua verdade totalmente compartimentalizada — assim como ela fazia. Fitando Alex nos olhos, sentia-me cúmplice da traição.

Encontrei Kasha novamente e quis avaliar seu compromisso com a relação antes de abordar a possibilidade de ela contar a Alex sobre o seu caso.

"Quero ficar com ele", disse. "Mas, para ser franca, não me sinto *tão* atraída por ele. Quero que dê certo, porque sei que encontrei um homem bom. Confio nele e ele me trata bem. Mas às vezes a relação parece mais de irmãos ou bons amigos. Talvez isso aconteça em todas as relações", disse ela com uma resignação confiante e pétrea, um ceticismo genuíno aparente por trás da sua clara desfaçatez. É interessante, pensei, ver as pessoas se aferrarem ao que consideram a triste realidade da vida e atarem as suas almas com uma resignação desalentadora.

"Certo, mas e se for assim?", sondei. Queria me alinhar com o seu pessimismo e sacudi-la. "E se a diminuição do desejo for uma parte natural dos relacionamentos?"

"Nossa, que horror", respondeu ela, jogando o cabelo para trás e revirando os olhos. "É, sinto-me contente e segura, mas não há fogo. Preciso do fogo. Não posso viver assim para o resto da vida!"

ALEX

Este era o grande dilema da monogamia: Kasha não queria optar entre a segurança e a paixão. Essa dúvida existencial coloca um dilema básico — a ideia de viver sem que isso traga um medo paralisante. Muitos escolhem eliminar a paixão, ou talvez, na tentativa de honrar sua própria força vital, procuram-na em algum lugar fora do relacionamento principal. Contudo, eu não tinha certeza de que isso fosse um verdadeiro dilema. Talvez fosse uma escolha errada.

Esse tópico estava no cerne da pesquisa sobre a baixa libido feminina que eu tinha feito para a minha dissertação alguns anos antes. Ao analisar as pesquisas relevantes, descobri que a diminuição do desejo sexual era considerada epidêmica entre as mulheres e, o que mais me surpreendeu, era um dos poucos problemas sexuais sem tratamento eficaz. À época eu não enfrentava esse problema pessoalmente; na verdade, mal conseguia me identificar com o que estudava. Estava tomada de euforia com o novo romance com Rami. Para mim, o fim inevitável do desejo sexual de que as pessoas falavam representava a perdição da alma. Eu não conseguia aceitar que relacionamentos apaixonados estivessem destinados a se extinguir e que, se eu quisesse uma relação de longo prazo, teria de trocar a paixão pela segurança. E por que não havia um tratamento eficaz? Aquilo era uma mera causa perdida ou, pior, algo natural? Fiquei curiosa. Talvez eu pudesse aprender algo com o meu próprio nível de desejo.

Decidi partir da atitude de que *havia* o que fazer para conservar o desejo no meu próprio relacionamento, que eu não ficaria inerte, não seria outra vítima da dicotomia segurança *versus* fogo, que eu mudaria isso e assumiria a responsabilidade por manter o fluxo.

Em uma viagem com Rami ao Marrocos, levei uma pilha de fotocópias de artigos e capítulos de livros sobre a pulsão sexual feminina — escritos principalmente por homens, como notei — e os li enquanto viajávamos de carro de Fez a Marrakech.

Estávamos no auge da paixão, que era gloriosamente irracional. Eu o amava com fervor e assombro. Não queria que aquilo terminasse. Recordo-me de sentar no carro ao lado dele fitando a forma dos seus lábios e a pequena fenda entre seus incisivos, perdida em sua beleza enquanto ele falava. Eu não conseguia parar de tocá-lo — a pele azeitonada, os cabelos pretos espessos. Eu estava literalmente mimando-o, passando a mão em sua pele embora quisesse sentir algo além daí e não me sentisse suficientemente próxima. Queria entrar na sua mente e explorar e ocupar cada parte dela. Queria viver em todas as suas lembranças, roubá-las e inserir-me nelas. Queria voltar no tempo de quando ele era um menininho e viver na sua aldeia, passar fome com ele, dormir junto a ele no abrigo de um só cômodo do campo de refugiados que fora o seu lar.

Àquela época estávamos saindo havia apenas cinco meses e eu estava no último ano da graduação. Embora em geral eu fosse muito focada nas aulas, ultimamente estava tendo dificuldade para me concentrar porque não conseguia parar de devanear sobre Rami. Pensava no modo como ele tinha feito amor comigo na noite anterior, ou no que esperava para mais tarde naquele dia. Quando o sexo é assim tão bom, pode nos distrair de qualquer coisa.

A frequência das minhas fantasias sobre Rami só aumentava o meu desejo, e percebi que podia controlar isso. Não impedi-las, mas manter-me em um estado altamente estimulado. Claro, esses pensamentos sexuais surgiam naturalmente em uma pessoa nas garras de um novo amor, mas perguntei-me se poderia escolhê-los a qualquer hora, segundo a minha vontade. Eu conseguiria me fazer ver o mundo pelo prisma sexual? Quando dizia a Rami "Você é tão bonito", e ele respondia "Não, são os seus olhos que me veem assim", talvez tivesse razão. A percepção pode ser manipulada. Poderia eu mesma ser a fonte de inspiração sexual e não apenas responder quando Rami me inspirava? Os homens fazem isso o tempo todo, pensei, por que as mulheres não?

Decidi descobrir a minha capacidade de fazer isso transformando o meu relacionamento em uma espécie de laboratório — e funcionou.

No entanto, notei que havia obstáculos à minha estratégia: lixo emocional e outros pensamentos e imagens negativos podiam bloquear a minha capacidade de me ater àquela visão sexualizada da relação.

Recordo, durante aquela viagem, que li um artigo sobre um fenômeno que os pesquisadores denominavam "paradoxo da intimidade sexual". Eles

ALEX

descobriram que as estratégias de terapia de casal criadas para aumentar a intimidade emocional tinham uma correlação com o declínio do desejo sexual. Mais adiante, citavam outros estudos relatando que técnicas de terapia de casal criadas para melhorar a comunicação e a qualidade geral do relacionamento às vezes estavam associadas ao aumento dos problemas sexuais. O quê?? Descobriram que casais com um relacionamento mais igualitário, comunicativo e confortável exibiam menos paixão. Mas os fatores responsáveis por *aumentar* a libido eram a distância, a novidade, o perigo e as diferenças de poder.

Não era uma boa notícia para as relações de longo prazo.

Nunca levo demasiado a sério uma pesquisa ou mesmo uma série de pesquisas, porque, quando você lê tantos artigos, eles acabam informando resultados contraditórios e se anulam uns aos outros. Mas eu não podia deixar de pensar em como esse conceito se aplicaria a Kasha e Alex. Eles tinham aquele tipo de relação igualitária e confortável que parece funcionar; no entanto, ela queria algo mais. Será que o desejo por aventura a havia levado a ter um caso? Eu queria saber o que ela realmente buscava. Quais eram os ingredientes possíveis dessa poção rarefeita que chamamos de desejo sexual?

"Fale-me sobre o sexo com Alex", pedi a Kasha.

"No começo havia uma química, mas agora diminuiu, ficou muito pequena", prosseguiu. Ela criou um pequeno espaço entre o polegar e o indicador para ilustrar a sua frase. Descreveu Alex como "carinhoso e gentil" e o sexo como "principalmente papai-mamãe", mas disse que por muito tempo ela não se importou, pois se sentia amada. "Ele me beijava profundamente, me olhava nos olhos, me abraçava. O seu carinho me deixava muito segura e isso era muito satisfatório."

Ela franziu as sobrancelhas.

"Mas?"

"Mas com o tempo parecia que ele estava mais a fim do que eu. Por mim bastaria fazer sexo uma vez por semana, mas ele queria todas as noites. Eu estava cansada de trabalhar o dia todo e queria dormir cedo, mas ele queria sexo."

"Como você se sentia com isso?"

"Irritada, para ser sincera. Queria acabar logo com aquilo. No começo não era um problema, mas com o tempo comecei a resistir. E *ainda assim* ele tentava, o que me deixava ainda mais irritada. Agora eu simplesmente perdi completamente o interesse."

"Então, ao dizer sim quando você não queria fazer sexo, o ato de amor se transformou em um dever ou uma obrigação."

"Acho que é preciso manter o homem contente, para que ele não traia você."

"Você acha que deixa Alex feliz quando concorda em fazer sexo quando você não deseja?"

"Claro, ele não faz nem ideia. Tenho as minhas fantasias. Faço uma performance. Gemo um pouco, suspiro e, se for preciso, finjo o orgasmo. Não faz mal a ele."

Para ela, aquilo era perfeitamente lógico, mas enxerguei ali o primeiro estágio de um padrão típico que afunda os casais na desolação sexual. Quando o sexo é feito "por dever", vira uma tarefa, uma incumbência, um item na lista de coisas por fazer. No melhor dos casos, fica-se distante; no pior, ressentido. Onde entra a satisfação natural?

O tom de voz que Kasha empregava era um pouco condescendente. A confiança com que ela falava sugeria que estava me transmitindo alguma antiga sabedoria do Leste Europeu sobre os homens. O que ela não entendia era que muitas vezes eles têm uma percepção dolorosa quando as mulheres não se entregam realmente. Na verdade, Alex descrevera o sexo com ela no ano anterior como "sem alma". Disse que os beijos dela eram rotineiros e impacientes, o seu toque rígido e mecânico, os seus olhos vazios e a sua aparência em casa desleixada — mas sensual quando se vestia para trabalhar. Apesar da "performance" de Kasha, a presença emocional tinha se evaporado. Alex reagiu esforçando-se mais ainda para agradá-la. Contudo, quanto mais ele tentava, menos ela se interessava e mais rejeitado ele se sentia. Alex estava desesperado por um sinal de receptividade, e ela o considerava carente. Ao perceber o consentimento desconectado de Kasha, ele começou a rememorar os encontros entre eles, pensando que a estava sobrecarregando e, por isso, satisfazendo-a ainda menos.

ALEX

"É como fazer sexo com uma boneca", disse ele. "Ela parece bem e faz de tudo, mas não está viva."

Alex estava com raiva de ter perdido a ligação com Kasha, mas nunca deixou que ela percebesse a sua luta interna. Isso deixaria tudo pior, pensava. Por fim, quando a insegurança ficou insuportável, ele me procurou.

"Então, você não fez mal ao Alex, certo?", disse eu, repetindo as suas palavras. Queria poder lhe dizer que Alex percebia o seu artifício. Em vez disso, devolvi-o a ela. "E o mal que esta farsa lhe faz?"

Kasha sorriu e desviou o olhar timidamente, mas não tinha resposta. Percebi que, não importa como ela se apresentasse diante de Alex, não importa o quão habilmente se mexesse na cama, não importa o quão natural fosse a sua beleza, ela não tinha uma verdadeira confiança sexual. Ela simplesmente atuava.

"*Você* não se entedia fingindo estar ligada no Alex?", perguntei.

"Eu não sinto tédio com o russo", disparou de volta.

Eu não tinha perguntado do que ela mais gostava com o russo. Pelo que ouvira, até *eu* achava o russo sexy.

"Você se sente mais sensual com o Alex ou o russo?"

"Com o russo, claro."

"Por quê? Gostaria de saber. Por que é diferente dependendo de com quem você está?"

Ela não sabia responder — e a resposta não é tão óbvia como se poderia pensar. Na verdade, seu caso tórrido com o russo reafirmava a minha avaliação de que Kasha não era uma pessoa assertiva. "Quando descreveu o encontro com o russo, você percebeu que o seu papel era submisso? E com Alex, ele é que parece passivo. Onde está o *seu* poder nessas interações?"

Na verdade, no fundo eu estava perguntando: "Onde você está? E o que quer?"

"Eu tenho poder!", insistiu ela, aborrecida. "O poder de que o russo me deseje, o poder de manter a atenção de Alex."

"Você está descrevendo a aceitação, não o poder", respondi. "Que tal saber o que *você* quer? Do que *você* precisa? Quais são os *seus* desejos? O que deixa *você* ligada?"

60 OS HOMENS NO MEU DIVÃ

Kasha retraiu-se pensativa. Permaneci calada enquanto ela ponderava uma resposta. Esperava que se abrisse e não que se trancasse defensivamente. "Não sei", disse por fim. Isso era justamente o que eu queria que ela entendesse. Ela não sabia. Sim, ela era exímia na arte da sedução. Ela sabia o que os *homens* queriam, até certo ponto, mas não tinha ideia do que ela própria queria. Na verdade, ela queria ser desejada — e não muito mais — sem ter de fazer muita coisa. Essa é mais uma necessidade *emocional*, e a marca de uma mulher que pode cair na armadilha da diminuição crônica do desejo. Sexo apenas para afirmar o ego é gratificante — mas por um tempo. Ele não se sustenta. Eu queria ajudar Kasha a pensar no que, *além* e *mais do que* a afirmação, poderia estimular a sua sexualidade. Mas primeiro ela precisava entender que *não sabia*.

"Saber o que você quer pode lhe dar poder, Kasha", disse eu terminando a sessão. "Saber que você não sabe é um bom começo. Devíamos começar por aí da próxima vez."

Ela pareceu chateada, perplexa, ou ambas as coisas. E frustrada. Ela não tinha ideia do que significava esse conceito abstrato de motivação sexual. Mas eu sabia que ela refletiria sobre a nossa conversa. Ela era muito analítica. Contudo, temi que se deixasse cegar pela excitação instantânea e o *sex appeal* do russo.

Eu não queria maltratar a moça por tirar proveito de sua beleza e suas proezas sexuais, pois sou totalmente a favor de celebrar esses aspectos da feminilidade. E é verdade que as mulheres querem sexo com mais frequência quando se sentem atraentes e desejadas. Mas o caso de Kasha com o russo estava alimentando o seu narcisismo, e a ênfase dada à admiração bloqueava a sua capacidade de encontrar outras fontes de motivação sexual. Kasha sabia o que os *homens* queriam, então ela fortalecia aquela aparência e desfrutava da atenção. Mas tratava-se da atratividade falsa das mulheres que seguem os roteiros dos homens em geral. De certo modo, era como a propaganda enganosa: ela parece sexy, age sedutoramente e, uma vez que consegue o cara, põe de volta o aparelho ortodôntico e os óculos

ALEX

e espera não ser interrompida ao assistir às reprises de *Law & Order*. Por quê? Porque a performance é cansativa, e com o tempo você quer relaxar e ser você mesma.

Alex estava ligado em Kasha e eu também. Ele sabia que faltava algo e se culpava por isso. Mas ele era apenas metade da equação. Nem com o russo Kasha não era sincera. Todos temos a inteligência inata de saber quando algo não é autêntico. Os bebês percebem quando a mãe não expressa amor. Os pacientes sabem quando não ligo para eles. Os homens nem sempre se excitam em boates de *strip-tease*. (Isso é verdade. Eles sabem que aquilo é só um show e ficariam muito mais excitados se a dançarina *realmente* estivesse a fim deles.)

Sempre faço aos meus pacientes uma pergunta simples que muitas vezes eles têm dificuldade em responder: "O que você realmente quer?"

A maioria não sabe, o que significa que precisamos de um bom tempo para nos dedicar a melhorar nossa ligação conosco. Contudo, basicamente o que quero é levar meus pacientes na direção da expressão real do amor e do desejo: sem show, sem performance, sem quimeras. E é inacreditável o número de pessoas que *atuam* no sexo ou sexualmente e, no entanto, reprimem ou não têm familiaridade com seus impulsos naturais. Kasha não tinha consciência do seu erotismo natural porque estava enrolada demais no imperativo egoico de ser desejada. O sexo pode satisfazer necessidades emocionais e o faz. Mas sexo não é *só* emocional. Ele também é físico: eu queria ajudá-la a encontrar o seu desejo, pois ele é uma importante força vital.

Kasha não sabia que tinha o direito de receber prazer físico e de exigi-lo. Essa é uma lição que as mulheres podem aprender com os homens, que são educados para ter o sentido do direito de posse. Contrariamente ao senso comum, os homens com os quais falei ficam contentes quando as mulheres se desviam do roteiro sexual, quando não são apenas passivas e receptivas. Eles gostam da mulher que sabe o que quer e o exige. Eles gostam de saber que suas parceiras têm um sentido forte da própria sexualidade e a desfrutam. Tudo o que as mulheres precisam saber é quem são e o que querem, em vez de esperar que os homens façam todo o trabalho e se responsabilizem pela satisfação delas.

Embora eu tivesse encontrado Kasha duas vezes, ela não era uma paciente oficial. Alex sim, e eu temia que ele estivesse enfrentando uma situação quase impossível. O sexo com Kasha se tornara rotina e, depois, quase inexistente. De quem era a culpa? Lembro do que a minha mãe costumava dizer quando eu reclamava que estava entediada: "Querida, se você está entediada, quer dizer que você é tediosa."

Para não se entediar, é preciso ser responsável pelo próprio prazer. O mesmo se aplica ao sexo. Ambos precisavam trabalhar naquilo. Porém, enquanto Alex estava confuso quanto ao que fazer, Kasha esperava que toda a excitação viesse do homem com quem se deitava. Nesse caso, o pobre Alex não tinha chance contra o russo.

"Acho que Kasha não me ama mais", disse Alex certo dia. Algo havia mudado desde as primeiras sessões, quando ele se sentia suficientemente seguro com a relação para me sugerir uma sessão com ela. Agora, ele estava em um precipício, fitando um vácuo de derrota e aterrorizado com a possibilidade de perder Kasha. Meu coração se entristeceu por ele. "Ainda somos grandes amigos e somos carinhosos, mas não há paixão. Ela costumava ir para a cama de lingerie, e agora são camisetas e shorts. Ela não faz nada para demonstrar interesse, não faz nada para me seduzir. Ela..."

Eu o interrompi. "O que você faz para seduzi-la?", repeti o que a minha mãe me dissera sobre o tédio.

"Bem... tento proporcionar-lhe um orgasmo. Pergunto o que posso fazer por ela, mas ela não responde. Na verdade, é sempre a mesma rotina. Eu a beijo, acaricio os seus seios, massageio o seu clitóris até ela gozar e depois fazemos sexo."

Alex confessou que havia comprado diversos livros de autoajuda sobre como satisfazer sexualmente a mulher, mas não conseguia entender por que, quanto mais tentava aquelas técnicas, menos Kasha se interessava. Encolhi-me em silêncio diante da abordagem infeliz. Sem dúvida, a maioria das mulheres em algum momento suportou a lenta tortura do sexo monótono.

"Vejo que você realmente quer agradá-la."

"Sim, desesperadamente."

ALEX

"E você acha que agradá-la significa proporcionar a ela um *orgasmo*?"
Esperei que ele percebesse o meu leve sarcasmo.

"Ela ficaria contente por eu cuidar dela. Certo?"

"Sexo bom é mais do que orgasmos."

Os olhos dele brilharam com o entendimento, mas ele não conseguia concatenar a coisa. "É que você tem uma abordagem dirigida a um fim", prossegui. "Quero que você jogue fora a sua enciclopédia do conhecimento anatômico feminino e técnicas sexuais. Sexo bom não é um algoritmo!"

Alex riu de si mesmo.

"É o processo! A dança em torno do sexo, a cerimônia, a dinâmica entre vocês dois que tornam o sexo excitante."

Peguei um livro de poesia fininho na estante. "Tenho um *novo* manual de instruções para você", disse eu, entregando-lhe o livro. "Já que você gosta de poesia, leve isto. Pablo Neruda, *Os versos do capitão.*"

Era um dos livros mais eróticos que eu já lera. Não lhe disse isso, pois esperava que descobrisse por si mesmo. Talvez ele pudesse absorver o exemplo de Neruda.

Poeta e ativista político chileno, Neruda amou com autoridade, carregou sua vulnerabilidade no peito como um soldado orgulhoso da condecoração, e falou do seu desejo sexual de uma forma desabusadamente carnívora. Neruda fugiu do Chile quando os comunistas começaram a ser mortos e escreveu esses poemas quando vivia no exílio na ilha de Capri. Eles foram inspirados em sua mulher, Matilde. É isso mesmo: um desejo animalesco e incessante não por uma amante ou uma estranha, mas pela esposa. Acho que esse cara entendeu alguma coisa.

Alex pegou o livro, olhou a capa e o guardou na bolsa.

"Vamos observar o seu processo como ele está agora", disse eu. "Pergunto-me se as suas tentativas de agradar Kasha parecem não dominantes, mas servis e bajuladoras."

Eu via aquilo o tempo todo com os pacientes homens: aprendem algumas habilidades, mas não possuem o *chutzpah* — o autodomínio e a coragem — de colocá-las em prática.

"É", disse ele depois de um instante. "Talvez não sejam as qualidades mais sensuais."

"Como você a seduz fora do quarto?"

"Acho que não pensei que precisasse fazer um esforço consciente para seduzi-la. Soa como um esforço exagerado."

"Exagerado?"

"Se ela me ama, a coisa deveria fluir."

"Assim não funciona, Alex. Você se esforça por oferecer estabilidade, amizade e amor. Ela é a sua melhor amiga, mas está faltando alguma coisa. Você precisa ser um objeto sexual para ela."

"O quê?"

"Isso mesmo, Alex. *Você* é um objeto sexual", declarei.

Sei que alguns homens saltam ao ouvir isto, mas, a menos que seja usado como uma definição única para subjugar alguém pessoal ou politicamente, na cama isso é necessário. Queria que Alex se sexualizasse um pouco. Pensava que, tal como era, ele poderia ser um *amante erótico completo* se estivesse disposto a assumir essa responsabilidade.

"Kasha é mais do que sua amiga", disse eu. "Ela é sua amante."

"E quero que ela me ame como eu sou", respondeu ele.

"Não é disso que estou falando", retruquei. "Ela é sua *amante*."

Pensei no conceito de Freud do tabu do incesto. Os amantes se emaranham tanto, se fundem tanto como um casal que começam a ver um ao outro como objetos familiares, e não como objetos sexuais. Terminam por dessexualizar um ao outro.

Queria dar a Alex outro quadro de referência. Queria que ele fosse na direção oposta e ressexualizasse a relação. Isso foi o que Neruda fez tão bem; ele sexualizou tudo na mulher. Ele a objetificou fisicamente e, ao mesmo tempo, amou-a ferozmente. Parece que Neruda soube ter segurança — e paixão — no casamento.

Talvez Alex respondesse a alguns exercícios de visualização, um modo de positivar uma parte do seu desespero neurótico. Aprendi com os pacientes que não posso lhes impor as minhas ideias sobre as fantasias sexuais; eles precisam partir de onde estão.

"Vamos ver como podemos trabalhar com o que você sente agora. Você tem medo de perdê-la. Como isso se manifesta no seu corpo?"

ALEX

"Sinto um aperto no estômago."

"Você consegue imaginar canalizar esse sentimento de ansiedade para a paixão, o desejo intenso por Kasha?"

De um modo incerto, ele tentou. Disse-lhe para fechar os olhos e perguntei que tipo de sentimento ou fantasia surgia.

"Triste. Gostaria de poder ficar com ela."

"Ok, tente sexualizar isso. Use um pouco de fantasia."

"Eu queria... queria mantê-la no apartamento para que ela... não fugisse. Para que seja só minha."

"Perfeito. Como vai fazer para ela não fugir?"

"Posso amarrá-la."

"Bom, continue."

"Vou amarrá-la e fazê-la prometer que é minha. Vou foder com ela quantas vezes eu quiser."

"Vai fazê-la lhe agradar."

"Sim, vou me refestelar no corpo dela. Vou mordê-la e marcá-la."

Perguntei como se sentia com o exercício. "Fiquei com tesão", respondeu. Bom. Queria que ele continuasse pensando daquele jeito, que convertesse seus medos em fantasias que lhe dessem poder. Passamos alguns minutos fazendo o exercício nas duas sessões seguintes, e pedi que ele tentasse fazê-lo sozinho. Por fim, sugeri um dever de casa.

Alex sempre foi um estudante ávido, e sua maleabilidade abria espaço para ensinar-lhe. Contudo, temi prepará-lo para o fracasso. Estava correndo um risco com a sincronia, pois Kasha podia não estar pronta para ele, já que estava tão embevecida com o russo. Mas, como sabia que ela ainda queria que a relação com Alex funcionasse, pensei que valia a pena arriscar.

Eu disse a ele que, quando fossem para a cama naquela noite, ele deveria liberar a energia e o desejo sexual da sua fantasia de posse. "Por exemplo, segure as mãos dela por trás e use a sua força para imobilizá-la e virá-la de lado. Quero que você fale mansamente com ela e lhe diga que o seu amor é tão intenso que você vai mantê-la cativa e possuí-la. Que é tão bonita que você quer o corpo dela só para você. Esfregue o seu corpo nela. Agarre-a pelos cabelos da nuca e beije-a apaixonadamente, e então pare. Não inicie o sexo. Faça o desejo dela por você crescer."

Nunca tinha sugerido algo tão detalhado a um paciente, mas pensei que Alex precisava de toda a ajuda possível. Eu esperava capitalizar o seu ímpeto e considerei que era uma boa oportunidade de ir além de *falar* de sexo com ele e criar uma *experiência viva* que desfizesse a homeostase sexual do casal.

Claro, a questão principal era: seria possível ensinar alguém a ser sexy? A maior parte da terapia sexual está orientada para técnicas específicas que operam sobre uma disfunção fisicamente identificável, como manter a ereção ou melhorar o controle ejaculatório. Mas eu não estava operando no terreno do físico ou do quantificável; queria ajudar Alex a criar uma *atitude* nova. Isso era inteiramente subjetivo; como ele poderia incorporar o *sex appeal*?

Deixei o consultório contente imaginando que ele iria para casa e excitaria Kasha arrancando-a de sua complacência. Sentia-me exultante. Achei que a intervenção seria um verdadeiro sucesso.

Quando Alex veio na semana seguinte, perguntei como tinha sido o dever de casa.

"Eu não fiz", respondeu.

Meu primeiro instinto foi condenar a mim mesma. Teria avançado na agenda antes de ele estar pronto? Talvez eu só tivesse aumentado a sua ansiedade ou contribuído para a sua rejeição, embora, se isso fosse verdade, não pensava que fosse algo negativo. Crescer implica se expor à ansiedade. Notei que muitas vezes um dever de casa "fracassado" acabava tendo êxito por outra razão. Dizer ao paciente para agir segundo o seu potencial ilumina o verdadeiro obstáculo que precisa ser enfrentado, extraindo-o diretamente do inconsciente.

"Cheguei com um monte de fantasias", disse ele. "Infelizmente, Kasha está trabalhando em uma matéria e não tem ficado muito em casa. Quando chegava, estava cansada e ia direto para a cama. Então não houve um momento propício para fazer o que você sugeriu."

"Ao menos você estava criando fantasias. Como essa parte funcionou?"

"Fiquei nervoso, mas bem. Me fez pensar no sexo com Kasha de outra maneira."

"Há algum tema específico no conteúdo destas fantasias?" Devido ao aspecto do poder nas suas fantasias, eu queria ter certeza de que ele não planejava colocar em prática nada violento ou danoso.

"Eu só tentei entender o que queria. Percebi que há muito tempo eu *só* pensava no que Kasha queria. Então comecei a imaginá-la me agradando."

"E como se sentiu com isto?"

"Mais confiante em alguns aspectos."

"Mas...?"

"Também me senti desconfortável porque já não estava pensando em agradá-la." Ele se revirou no divã tentando ficar à vontade. "Penso nessas fantasias... e depois, quando a vejo deitada na cama, fico paralisado, embora não esteja pensando em fazer nada naquele momento. Fico ansioso porque o que vou fazer será tão diferente da nossa rotina. O que ela vai pensar? Não quero que ela pense que estou atuando."

"Faz sentido, Alex. Mas o problema é que *antes* você estava atuando. Agora, você está tentando ser autêntico."

"Acho isso estranho."

"Preciso que você dê um replay mental na parte em que se sente confiante", disse eu fechando a sessão.

Como fazer Alex sair do impasse da preocupação com o que Kasha queria ou, pior ainda, com o que ela poderia pensar dele? Ele sempre a colocava em primeiro lugar, e eu queria que pensasse em si mesmo. Claro, ela podia se perguntar o que estava acontecendo; podia não responder de imediato, ou não responder em momento algum. Porém, se Alex não conseguisse superar seus medos e avançar, não teria oportunidade de provocar mudanças, e o relacionamento provavelmente acabaria.

Fiquei surpresa em ver que muitos pacientes homens ficam ansiosos ao ponto da disfunção por causa do desejo de satisfazer a mulher. Por um lado, eu levava a sério que os homens conseguissem valorizar tão sinceramente o prazer da mulher que esqueciam ou adiavam o próprio prazer. Mas isso também pode se tornar patético quando se trata apenas de uma necessidade obsessiva de agradar e ter desempenho. Que situação: os ho-

68 OS HOMENS NO MEU DIVÃ

mens preocupados em agradar as mulheres, enquanto elas têm conflitos com o seu direito ao prazer. Uma orgia de ansiedade.

Uma amiga tinha me dito, pouco tempo antes, que começara a sair com um advogado. Ele tinha muita autoridade no trabalho, disse, mas era um "frouxo total" com ela. "Ele era tão formal e sem graça na cama que eu assumi o controle. Pedi a ele para me bater. Ele não conseguiu. Ficou paralisado. Que diabo está acontecendo com esses caras?"

Alex tinha uma necessidade extraordinária de agradar e eu precisava encontrar uma maneira de ajudá-lo a construir um reservatório de autoconfiança para apagar seus incêndios de ansiedade e ajudar Kasha a reacender sua libido. Certamente isso tinha a ver com a baixa libido dela. A busca diária de sexo por parte de Alex provinha da ansiedade a respeito da ligação entre ambos e da necessidade de conforto. Simbolicamente, a aquiescência dela significava que ainda o queria, mas perdera o interesse sexual diante da carência dele.

Às vezes eu ficava exausta de pensar naquela dinâmica. Quem precisa de tanta complicação para o simples ato de inserir um pênis em uma vagina? Por que temos de analisar isso? O sexo é simples. Tão simples.

Só que não...

Somos humanos, atribuímos significado ao sexo, satisfazemos necessidades psicológicas com o sexo, e o usamos como uma ferramenta para obter o que queremos. Isso é o que torna o assunto interessante. Se sexo fosse só sexo, seria entediante. Ao pesquisar sobre o desejo sexual feminino, descobri que a fonte da libido costuma ser multifacetada. É psicológica. É relacional. É cultural. Estudei uma teoria biológica que continha um componente fatalista: depois de cumprirmos nosso objetivo reprodutivo, o desejo acaba. Não acredito nisso. Para mim, o desejo é como uma planta que precisa de cuidados e de condições adequadas para se manter viva.

Algumas semanas depois, cheguei encharcada ao consultório. Um guarda--chuva ordinário que comprara na rua por três dólares virou do avesso e me deixou exposta à chuva horizontal — e eu já vinha agoniada no trajeto

ALEX

de metrô. Ao ouvir as mensagens de voz, havia uma de Kasha. Ela queria saber se eu poderia encaixá-la em uma consulta de emergência.

Ela continuava não sendo minha paciente, mas eu precisava ter um pouco de clareza sobre o seu compromisso com Alex antes de pensar em sugerir uma terapia de casal formal. Eu tinha uma brecha depois do almoço. "Esta manhã recebi um pacote inesperado no escritório", contou. "Dentro tinha um vestido preto esporte fino e um cartão convidando-me para um encontro no saguão do hotel Four Seasons hoje, às oito da noite. Não havia nenhuma assinatura. Tenho certeza de que é do russo. O que eu faço?"

"Qual foi a sua primeira reação?"

"Expectativa. Excitação. Me pavoneei pelo escritório sentindo-me superior àqueles autômatos escravizados em seus computadores porque eu tinha um segredo sexy. Um homem poderoso e misterioso tinha me convocado para fazer sexo." Kasha contava aquilo com maestria. "O dia todo fiquei fantasiando sobre os acessórios que devo usar e como será a noite."

"Contudo, você precisou me ver urgentemente. Isso sugere que uma parte sua não quer ir? Fale-me sobre esse lado do conflito."

"Eu amo o Alex de verdade", disse, subitamente chorosa. "Comecei a me sentir culpada. Ele tem tudo o que eu sempre quis. Eu aprecio a companhia e as conversas dele. Sinto-me tão amada e adorada por ele. Alex é o meu melhor amigo. Tenho medo de perdê-lo."

"Mas você precisa de paixão, excitação, aventura."

"Também. Nós tivemos isso. Não sei o que aconteceu. Não consigo imaginar a vida sem isso, então..." Pressenti uma iminente reviravolta. "Então estou pensando em deixar o Alex."

"Essas qualidades são uma fonte de vitalidade importante", concordei. "O russo despertou ou reacendeu uma parte sua que estava adormecida. E isso foi tão forte que você está questionando um relacionamento que já a satisfez em tantos aspectos."

"Mas o russo é tão gostoso", disse, e suspirou. "Por que não consigo me sentir assim com o Alex?"

Boa pergunta. Grande pergunta. Pedi a ela que esquecesse Alex e o russo por um instante. Eu tinha a abertura que estava esperando. Em vez

70 OS HOMENS NO MEU DIVÃ

de procurar fontes externas para reavivar sua sexualidade, perguntei o que ela tinha para oferecer. "Você consegue se responsabilizar por cultivar sua própria energia sexual?"

"Eu *sou* sexy", insistiu ela, como se a pergunta fosse ridícula.

"Você *parece* sexy", respondi. "Você pode agir de modo sensual. Mas ou é passiva — com Alex — ou submissa — com o russo. O que *você* quer?" Eu já tinha dito isso a ela antes. Será que desta vez ela ouviria?

Kasha ainda não tinha uma resposta e olhou para mim na esperança de que eu lhe desse uma. "Você não sabe porque está desconectada da própria sensualidade. É o que toda esta angústia está tentando lhe dizer."

"Mas, então, o que faço?", sussurrou ela, ainda chorosa.

"Alex *poderia* ser uma base segura para você começar de novo e explorar o seu lado erótico. Mas você precisa estar disposta a enfrentar o risco e a incerteza. Precisa olhar dentro de si mesma."

Creio que os quatro fatores associados ao desejo sexual mencionados no estudo de que falei — distância, novidade, perigo e poder — são apenas titilações, excitações fugazes e, para ir ao cerne da questão, apenas uma injeção de dopamina no centro de recompensa do cérebro. É divertido jogar com eles moderadamente, e cada um provoca uma pequena ressaca. Só fogo, sem segurança, com o tempo acaba desgastando o desejo também.

Os terapeutas sexuais há muito tempo trabalham para manipular o equilíbrio entre a segurança e o fogo ao indicarem deveres de casa. E há muito tempo os pacientes reclamam que tarefas como encontros planejados e sexo planejado parecem ensaiados demais. Eles resistem, ou tentam uma vez e as abandonam. Valorizo esse instinto para a inautenticidade porque eles já se sentem enrijecidos por seus próprios artifícios sexuais. Querem ser motivados a fazer sexo espontaneamente, e a solução é ser criativos partindo de uma base orgânica. A pergunta importante é: como chegar a esse cerne, a esse lugar autêntico — particularmente considerando-se todas as mensagens culturais que internalizamos?

O desejo sexual não tem a ver com aparência, como Kasha gostava de imaginar. *Desejo é energia.* A libido é uma corrente natural que temos internamente — e não está reservada apenas para as pessoas bonitas, nem é conferida a nós por uma fonte externa, como Afrodite ou um russo misterioso. Às vezes só a vislumbramos, mas todos a temos e sabemos quando a sentimos ou a vemos. A libido é uma força muito maior que o sexo; é o que alimenta nossa paixão, criatividade e vitalidade. Contudo, nossas sensações sexuais viscerais são frágeis e podem ser facilmente restringidas, ignoradas ou apagadas por circunstâncias nos nossos relacionamentos, sejam elas culturais ou internas. O resultado pode ser o entorpecimento ou a ausência de motivação sexual.

Queria ensinar Kasha a cultivar sua energia sexual, acender o próprio fogo. Aprender a usar a si mesmo como fonte de energia sexual é a base para o desejo duradouro. Um grande número de mulheres que tratei por causa de libido baixa não sofrera traumas sexuais, forte repressão religiosa nem desarmonia no relacionamento; em casos assim, o motivo do desejo escasso não era um trauma externo. Era falta de desenvolvimento sexual. Na falta da afirmação da autoanálise e assertividade sexual femininas, mulheres como Kasha simplesmente internalizam os ideais de seus amantes. Descobri que o desejo duradouro é um processo muito maior que o simples ato da cópula, é uma jornada de ligação consigo mesma e de autodesenvolvimento.

Lembro de uma cena comovente do filme *Noiva em fuga* em que a personagem de Julia Roberts sempre pede os ovos preparados do mesmo modo que o cara com quem está pediu. Então ela percebe que nunca foi autêntica, o que é parte do motivo por que sempre foge. Certa vez, ela prepara uma variedade de pratos de ovos e senta-se para prová-los e descobrir qual *ela* realmente prefere. Isso é partir do princípio. É o que Kasha precisava fazer.

Kasha foi embora empolgada, mas insegura quanto à sua tarefa. Segue--se o que ela me descreveu depois nos mínimos detalhes, como era seu costume.

Naquela noite, exatamente às 20h, ela entrou no saguão do hotel Four Seasons. O brilho do candelabro no alto ressaltava seu vestido perfeitamente ajustado, os cabelos castanhos na altura do queixo e os seus olhos maquiados. O salão opulento estava tomado pelo burburinho das conversas

72 OS HOMENS NO MEU DIVÃ

e cabeças se viraram na sua direção quando ela avançou pelo saguão de mármore buscando o russo no meio da multidão. De repente ela parou e o ruído ambiente cessou, deixando apenas o som da batida do seu coração. Lá, no bar, ele estava com um terno preto estiloso e um martíni na mão. Mas não era o russo.

"Muito linda. Estou contente", disse Alex quando ela se aproximou. Ele entregou-lhe a chave do quarto. "Quero que você suba. Eu vou daqui a pouco."

No quarto, ela encontrou, sobre a cama, uma caixa contendo uma lingerie. Abriu-a devagar enquanto punha os pensamentos em ordem. Alex, e não o russo. Para sua surpresa, sentiu um calor e teve uma sensação de alegria e alívio. Naquele instante ela percebeu que o devaneio com o russo era simplesmente um substituto do que ela realmente queria de Alex. E de si mesma.

Kasha tirou a roupa, colocou-a em uma poltrona e vestiu a lingerie, fantasiando sobre o que *ela* queria fazer quando Alex chegasse.

Quando Kasha saiu da nossa sessão naquela tarde, ainda estava ambivalente. A ideia de cultivar o próprio erotismo ainda era vaga e foi em grande parte sobrepujada pelo vestido que recebera e sua forte alusão à excitação futura.

Eu não sabia que Alex tinha enviado o vestido — até que eles me contaram a história quando ele voltou para a sessão seguinte. Ele trouxe Kasha consigo. Estavam animados com a noite que passaram juntos e queriam me contar os detalhes.

Ele superara o dever de casa. Fez uma jogada arriscada. Não sei bem por que fiquei tão surpresa. Alex era um paciente dedicado e estudioso. Queria aplaudi-lo de pé. Ele teve de cavar muito fundo para reunir toda a confiança sexual das suas fantasias e assumi-las. Não é uma habilidade que eu possa ensinar; apenas posso guiar a pessoa nessa direção. O que ele fez foi triunfar na superação do medo e do encontro do seu potencial.

Eu estava orgulhosa de ambos.

E fiquei surpresa porque nunca mais voltaram.

ALEX

Teriam decidido terminar a terapia prematuramente, acreditando que uma vitória significava que a tarefa tinha terminado? Muitas vezes os pacientes cometem esse erro e acabam se decepcionando. Saem quando conseguem progredir, mas a energia e a esperança que sentem não permitem enxergar o caminho tortuoso mais adiante.

Alex e Kasha tiveram uma noite incrível, mas a mudança, para a maioria das pessoas, é uma transformação lenta. Uma descoberta diligente. Com o tempo, novos pensamentos e emoções vêm à tona e se traduzem em ação. Implementar um novo comportamento é um processo constante de prática e regressão. Embora Alex e Kasha tivessem experimentado o potencial para transformar (e reavivar) seu relacionamento sexual, eu estava cética e não podia dizer quanto tempo durariam os efeitos da noite do Four Seasons.

Não por causa de Alex. Ele tinha feito a sua parte. Mas não creio que eu tenha sido particularmente eficaz com Kasha. Em nosso curto tempo, ela foi defensiva e competitiva, e não se dispôs a abrir mão do que funcionava para ela de imediato em prol de uma satisfação no longo prazo. Era inteligente, mas sua capacidade de autorreflexão era pobre, principalmente por ser uma mulher bonita que vivia em uma bolha de adoração fácil, sem se importar com as recompensas por trás dos elogios. E quando a bolha estourasse... Penso que seria muito doloroso para ela.

Tampouco acredito que ela conseguisse desistir do russo.

Se eu tivesse alguma esperança, seria a de que Alex e Kasha valorizassem verdadeiramente os seus laços e que isso — junto com os seus êxitos crescentes — os levasse adiante. Talvez o relacionamento deles fosse uma destas situações raras em psicoterapia em que há uma mudança rápida. Talvez a noite no Four Seasons tenha catalisado uma transformação. Esse tipo de crise no relacionamento, com suas decepções e medos, pode ser uma prova tão intensa que a experiência é gravada no cérebro e cristaliza uma mudança profunda e duradoura que só o amor pode nos impelir a fazer.

Paul

Alguns meses depois de abrir meu consultório, cheguei em casa em uma noite quente de verão e deparei com uma notificação de despejo na porta da frente, a eletricidade cortada e meus companheiros de apartamento na maior confusão. Descobrimos que Nestor, o nosso "locador", havia sublocado ilegalmente o apartamento para nós oito, embolsado o dinheiro e sumido. O dono do prédio descobriu que vivíamos lá, acusou-nos de invasão, desligou a eletricidade e ameaçou enviar a polícia para retirar os nossos pertences no dia seguinte. Quando entrei, o apartamento estava quente, escuro e uma zona absoluta. Achei fascinante observar as reações das pessoas diante do caos. Alguns decidiram fazer uma festa pelados. Sophie roubou um monte de roupas minhas e foi para o Queens (nunca mais soube dela), e eu, com outras três mulheres, peguei o primeiro apartamento que conseguimos encontrar no Craigslist. Acabamos na rua vizinha ao meu consultório — no coração da Times Square.

A pressa nos empurrou para um edifício pouco convencional. No térreo havia um pub irlandês barulhento; uma casa de "massagem" ocupava todo o segundo piso, e minhas amigas e eu alugamos um apartamento que ocupava todo o terceiro e último andar. Note-se que a nossa porta de entrada ficava no segundo andar, bem ao lado da porta da casa de "massagem". Éramos quatro mulheres e estávamos contentes por encontrar um lugar e jubilosas com nossos quartos próprios, embora o apartamento tivesse sido um escritório e o piso estivesse coberto com um carpete cinza barato que me fazia pensar que talvez o meu quarto tivesse sido uma baia.

Embora localizado no centro da cidade, o apartamento só era conveniente uma vez por ano: no réveillon. Podíamos subir até o terraço e assistir aos fogos de artifício tomando champanhe acima do tumulto. Em outros momentos, enquanto carregava a bolsa de compras em meio a uma turba de turistas sempre olhando para o alto, paralisados diante dos anúncios luminosos — um amendoim gigantesco da Planter's, um logotipo gigantesco da Target —, eu me perguntava por que vinham de tão longe, de onde quer que fosse, para tirar fotos de anúncios. Aquilo era um verdadeiro desfile corporativo, uma Disneylândia de produtos de consumo banais fortemente iluminados. Eu era constantemente empurrada ou simplesmente esmagada enquanto as pessoas fotografavam o M&M's gigante. Sair pela porta principal do edifício era como ser jogada numa máquina de lavar.

Todos os dias, quando saía para trabalhar, encontrava um cliente da casa de massagem avançando furtivamente pelo corredor a caminho dos seus prazeres. Muitas vezes era estranho quando cruzávamos um com o outro, compartilhando o conhecimento tácito sobre para onde ele estava indo e o que ia fazer. Em geral os homens andavam depressa, a cabeça baixa, os olhos fixos no chão, enquanto eu tentava dar uma espiada no rosto deles, curiosa sobre o tipo de homem que pagava por aquele serviço sexual.

No entanto, por mais homens que eu visse, não conseguia definir um protótipo dos clientes. Havia jovens, velhos, bonitos e feios. Via ternos de executivos e uniformes de trabalhadores. Vi um desfile das Nações Unidas — de indianos a judeus hassídicos. Eu me perguntava quantos seriam maridos e namorados, e se as respectivas esposas e namoradas tinham alguma ideia daquelas visitas.

Às vezes, eu e minhas colegas de apartamento tentávamos espionar o salão de massagem quando a porta opaca se abria e uma coreana de meia-idade saudava os fregueses com um sorriso recatado. Ou inventávamos motivos maliciosos para bater à porta, como pedir papel higiênico ou tesouras. Certa vez tentei marcar uma massagem, mas me disseram: "Massagem para moças, não."

Contudo, continuávamos nos divertindo com o salão. O alto-falante do interfone do edifício era tão alto que qualquer coisa que disséssemos no fone era transmitida a quem passasse pela rua 47. Cada vez que ele tocava, esperávamos que fosse algum amigo de passagem, mas era comum dizer "Alô" e ouvir alguém dizer "Massagem?" Opa, perdão. Toquei errado.

PAUL

Era comum o interfone tocar tarde da noite. Para dar o troco, muitas vezes uma de nós gritava no fone: "Se estiver procurando um boquete, aperte o número dois!" — sabendo perfeitamente que quem estivesse na rua ouviria aquilo. Era engraçado.

Uma noite, eu estava de saída quando um frequentador do pub que tinha tomado todas tropeçou na escada para o corredor do segundo andar e urinou no piso de madeira. A coreana apareceu com um balde de água e limpamos o piso em um silêncio amigável, o inglês dela convenientemente inexistente. Perscrutei cuidadosamente o seu rosto, a maquiagem pesada e as roupas sensuais, baratas e antiquadas como as que se vendem nas sex shops do Hell's Kitchen. Pensei comigo mesma: "É isso o que os homens querem?"

Uma resposta à minha pergunta foi Paul, um executivo de banco recém-casado, de quarenta e poucos anos. Macho alfa tempestuoso, ele entrou no consultório para a primeira consulta e, à diferença da maioria dos pacientes, que esperam que eu comece, antes mesmo de se sentar ele eliminou as formalidades de praxe e começou a disparar palavras na minha direção como uma metralhadora. "O meu problema é o seguinte", disse com uma voz áspera. "Não estou fazendo sexo com a minha mulher. Estou tendo problemas em manter a ereção. Então, faço sexo com prostitutas. Dou-lhe seis sessões para consertar isso."

"Você tem um limite de tempo?"

"Não sou uma destas pessoas que se deitam no divã toda semana para falar."

Eu não sabia como poderia criar uma conexão com aquele cara. Uma parte importante da psicoterapia é o relacionamento, que leva tempo para se desenvolver, e basicamente ele tentava obter ajuda esquivando-se da relação. Paul olhava direto nos olhos — embora parecesse olhar através de mim. Ele interagia comigo como quem faz um pedido ao garçom no restaurante — sem nenhum respeito por aquela pessoa como outro ser humano, como se eu fosse uma mera entidade que estava lá para servi-lo. Para ele, esta interação não pode ser diferente da prostituição, pensei; uma situação íntima sem intimidade.

78 OS HOMENS NO MEU DIVÃ

"Vamos conversar sobre os seus honorários", espetou.

"Discutimos isso pelo telefone", respondi. "São 150 dólares a hora."

"É muito."

Sabia que ele podia perfeitamente pagar o meu preço. Mas a questão não era bem o dinheiro. Ele parecia estar disputando poder.

"Você está tentando assumir o controle aqui", disse eu.

Ele deu de ombros. "*Eu* estou pagando pela terapia."

Obviamente, Paul sentia-se confortável com o controle arrogante e de direito que exercia sobre as mulheres às quais pagava. Eu não podia deixá--lo assumir aquela posição.

"Sim, *você* está pagando a terapia", concordei. "O que isso significa para você?"

Ele respondeu com um ataque. "Quanta experiência você disse que tinha, doutora?"

O golpe acertou no meu ponto fraco e eu estava começando a ficar irritada. Para prosseguir, tentei imaginar o homem que sofria por trás daquela soberba. "Você está aqui em busca de ajuda", disse. "Dou-lhe crédito por ter vindo. Podia ter ido procurar uma prostituta. Mas ouça, Paul, em vez de questionar o meu valor, tente pensar que está fazendo um investimento em si mesmo e no seu casamento. Na verdade, ao procurar tratamento você indica o quanto valoriza a si *próprio.*" Deixei aquilo repercutir.

"De qualquer maneira, você *não* vai me pagar menos do que paga a uma prostituta", disse sorrindo, embora soubesse que talvez elas ganhassem mais do que eu.

Paul refletiu sobre aquilo. "Ok, doutora", disse, como se a conversa tivesse sido sem sentido. "Podemos manter os seus honorários. Agora vamos ao trabalho."

"Bom. Fico contente que você tenha me escolhido", disse eu, tentando imaginar como ele se relacionaria com as mulheres na sua vida. "Farei o que puder para ajudá-lo."

Paul contou que às vezes pedia mulheres pelo telefone para servi-lo em uma limusine enquanto ele fazia ligações de negócios, e que visitava casas de massagem com frequência. Aaaaah!... casas de massagem, as misteriosas casas de massagem — eu mal podia esperar para conhecer o atrativo das damas desses salões. Raramente as via entrar e sair, só os homens. Eu imaginava belezas exóticas. Contudo, Paul estava mais interessado em falar da impotência que experimentava com a esposa, então fiz uma anotação mental para perguntar mais tarde sobre a vida nas casas de massagem.

"Há quanto tempo tem problemas de ereção?"

"De vez em quando, desde que a conheci. Preciso de toneladas de estímulo e às vezes perco a ereção no meio da história. Fico espantado por ela ter se casado comigo."

"Como a sua esposa — qual é o nome dela — reage?"

"Obviamente, Claire fica irritadíssima. Pensa que não me sinto atraído por ela, o que não é verdade. É só que não sinto *tanto* prazer fazendo sexo. O meu pau fica... quase dormente."

"Mas você *sente* atração por ela?"

"Sim, muita. Ela tem um tipo de corpo pequeno, mignon e curvilíneo que eu adoro."

Então, qual era o problema? Ele a ama, acha-a atraente, e ainda assim não consegue manter a ereção? Antes de formular uma hipótese sólida, precisava considerar a idade, as condições de saúde e o nível de estresse de Paul — fatores que podem contribuir para a disfunção erétil. Ele não tinha problemas médicos e, embora seja mais provável que um homem de 40 anos precise de mais estímulo que um de 18, a disfunção dele ocorria especificamente nas relações em que havia vínculo. Isso indicava uma origem psicológica.

Eu também precisava saber mais sobre Claire. Paul disse que estavam casados havia oito meses, e, embora ela tivesse uma personalidade forte e "enchesse muito o saco" dele, ele gostava. "Acho que alguns homens a achariam intimidadora, mas para mim ela é desafiadora e excitante. Um bom páreo para mim. Gosto quando me sinto um pouco ameaçado pela mulher; ela me deixa alerta. Nós dois somos competitivos e às vezes temos disputas de poder."

80 OS HOMENS NO MEU DIVÃ

"Você pode descrevê-la sexualmente?"

Seus olhos se acenderam. "Ela adora sexo. Acho que ela tem mais vontade de sexo do que eu."

"Quem costuma tomar a iniciativa?"

"Em geral é Claire. Ela me diz o que quer na cama. Não se inibe. Gosto disso nela..."

"Mas?", queria que ele terminasse o pensamento.

"Mas, como eu disse, ela fica possessa quando perco a ereção."

"Como é isso para você?"

"Terrível. Ela fica hostil."

"De que jeito?"

"Ela pergunta qual é o meu problema e começa a chorar e pensa que eu não a quero mais."

Quem toma a iniciativa no sexo é um assunto carregado de questões. Ele traz à tona um monte de dúvidas ao mesmo tempo: sou desejável? Sou amado ou não? Quem é mais carente? Quem tem mais controle emocional? Às vezes, quando a mulher toma a iniciativa no sexo, o homem pode sentir uma ansiedade aguda quanto à ereção. Perguntei-lhe o que tinha feito para lidar com o problema.

"Comecei a tomar Viagra escondido", disparou. "Mas não gosto da ideia de tomar remédio para o que deveria acontecer naturalmente com a minha mulher."

Respondi que aparentemente ele devia sentir muita pressão para manter a ereção, e ele concordou entusiasmado. "É só nisso que eu penso durante o sexo. Está sempre na minha mente, preocupando-me. E se eu broxar de novo?"

"Então você não desfruta do sexo com Claire, embora queira isso desesperadamente."

"Grande parte do meu prazer é quando *ela* fica satisfeita", disse ele. "Mas isso me deixa estressado."

"E isso ocorre *apenas* com a sua mulher — e não com as prostitutas?"

"Sim. Na verdade, tive este problema em algumas relações firmes anteriores", disse ele, e subitamente franziu o cenho.

PAUL

A disfunção erétil, frequentemente descrita como "Não consigo ficar de pau duro" ou "Não sinto nada no pênis" ou "Tenho uma namorada linda, mas...", era a queixa mais comum que eu ouvia de homens de todas as idades. Na verdade, a situação parece quase epidêmica e, curiosamente, muitas vezes sua origem é principalmente psicológica (e não médica). O Viagra e medicamentos semelhantes estão na moda, inclusive nas boates, onde jovens que não precisam de ajuda química carregam um comprimido só por segurança junto com o preservativo, para o caso de pegarem alguém.

Mas a disfunção erétil de Paul era situacional. Ele conseguia ter ereções consistentes, mas não com Claire. "Fico bem quando me masturbo", disse ele, "ou quando vou a casas de massagem. Na verdade, nesses lugares eu tenho muito mais prazer no sexo".

"Fale-me da experiência em casas de massagem."

"Não há pressão nenhuma. Eu não ligo para aquelas garotas. Pago par que me satisfaçam; em geral, um boquete ou uma punheta. Gosto de contratar duas de uma vez, faço-as tirarem a blusa e as acaricio enquanto elas se revezam me tocando e me chupando. Para mim é muito mais erótico, e a melhor parte é que não preciso pensar no prazer delas. É como se elas fossem um não ser."

Anotei a expressão "não ser" na caderneta. Mais uma vez eu estava diante da atitude desagradável de um paciente. Perguntei-me por que eu — por que qualquer mulher — se preocupa em malhar e pagar sabe Deus quanto dinheiro em maquiagens caras e luzes perfeitas nos cabelos quando homens como Paul, com esposas bonitas, só conseguem ter ereção com mulheres que compram *leggings* esburacadas de látex preto dos anos 1980 na sex shop da rua 48. Será que as mulheres não sabem a verdade sobre o que os homens querem? Será que nos recusamos a aceitar o que está diante da nossa cara? Algo a considerar, pensei, enquanto marcava outra sessão para Paul.

Ouvir os homens falarem das mulheres e ter acesso a uma fonte oculta de informações sobre o que eles acham sexy ou bonito não foi o que eu pensei que seria, e vi que minha própria psique estava ameaçada e um pouco assombrada com as considerações deles.

82   OS HOMENS NO MEU DIVÃ

Um comentário com o qual não me acostumo é "Minha mulher engordou e não me sinto mais atraído por ela". Esses homens ficam indignados com isso, e alguns usam o desgosto para justificar a traição, ou evitam o sexo enquanto ruminam o ressentimento em silêncio. Um paciente se separou da mulher e em seguida impôs, como condição para que ele se dispusesse a voltar para casa, que ela perdesse peso.

Mais tarde eu conhecia aquelas esposas que supostamente tinham cometido o insulto extraordinário de engordar e descobria que não tinha sido mais que 9 quilos. Sei que os homens são visuais, mas será que um pouco de carne extra no corpo de uma mulher é uma afronta assim tão terrível?

Quando sondava mais profundamente, em geral me animava ao descobrir que muitos sentiam-se rejeitados pelas mulheres e namoradas que "se descuidaram", pois temiam que aquilo significasse que elas tivessem perdido o interesse sexual *neles*. Então, a raiva do homem não era motivada apenas pela *aparência* das mulheres, porque elas não tinham se esforçado o suficiente para se ajustar aos clichês culturais da beleza. Engordar era uma metáfora da rejeição direta, a mensagem concreta de que o homem era indesejável, que não valia a pena ficar em forma por ele, e até de que a mulher já não ligava para ele.

De um modo talvez contrário ao estabelecido na nossa cultura, na minha experiência o desejo dos homens não está *totalmente ligado* às medidas específicas do corpo da mulher. Quando peço que descrevam as qualidades das mulheres que mais os atraem, ou das suas amantes mais atraentes, claro que eles mencionam a beleza. E, quando peço que elaborarem exatamente o que é belo, no início eles resumem tudo a certos atributos físicos, mas o que perpassa a análise final é que o que acham mais atraente é a mulher que se vê como um ser sexual, que desfruta da própria sexualidade e está disposta a expressar isso.

No meu trabalho de pós-graduação com uma equipe de crise em um hospital do Brooklyn, notei que o mesmo tipo de mulher curvilínea despertava reações muito diferentes do outro lado da ponte. Todos os dias eu rodava em uma van pelas ruas do Brooklyn com três homens: um dominicano, um porto-riquenho e um de Trinidad. Eles adoravam olhar pela janela e admirar as latinas e afro-americanas, mulheres de coxas grossas em jeans apertados, com corpos abundantes que se derramavam alegremente, de modo intencional, daquelas roupas minúsculas. Excitados e elogiosos, os meus colegas as olhavam de um modo lascivo. Eles praticamente babavam e arfavam como animais famintos. Embora eu tivesse sido criada com padrões de beleza totalmente diferentes, não podia deixar de reconhecer o *sex appeal* daquelas mulheres.

Elas *eram* sexy. E sabiam uma coisa importante: tudo dependia do modo como lidavam com o próprio corpo. Era como se dissessem: "Sei que você me deseja e adoro isto." Elas dominavam sua fisicalidade com o orgulho de um homem que leva o carro novo polido e bacana para dar uma volta só para se exibir para a vizinhança. A cada passo lento e suingado, aquelas mulheres alardeavam cuidadosamente suas curvas de um modo exultante. Vi uma latina que devia estar no final da meia-idade rebolando pelo bulevar com calças apertadas, salto alto e um pequeno top franzido decorado com flores de cores fortes. Ela andava com os ombros eretos e a cabeça erguida; fazia contato visual e sorria à toa. Caminhava como se estivesse flertando com o mundo em uma celebração da feminilidade, uma ode à vida.

A cultura caucasiana está sujeita a alguns condicionamentos sociais muito fortes quanto à magreza, o que torna difícil para alguns dos meus pacientes aprovar as mulheres de sua vida quando elas fogem desses padrões. Aqueles três aparvalhados apreciadores das mulheres com quem trabalhei no Brooklyn de certo modo pareciam mais liberados sexualmente do que alguns homens no meu divã, com tantas limitações para considerar suas parceiras atraentes.

Contudo, a maior parte dos homens sabe que ser sexy é muito mais do que ter boa aparência, ao passo que as mulheres cometem o erro de confundir as duas coisas. Para os homens, beleza é ser sexy. Acho que essa é uma boa notícia para as mulheres. *Ser sexy é demonstrar interesse no sexo.* Portanto, é uma escolha, um comportamento, e não só um decreto sobre as suas dimensões físicas.

Um dos meus pacientes, um quaker de fala mansa, casado havia 25 anos, explicou o seguinte: "Tento fazer sexo no estilo cachorrinho com a minha mulher, mas ela se recusa. Diz que tem a bunda grande demais e não quer

84 OS HOMENS NO MEU DIVÃ

que eu fique olhando para ela. Para ser franco, não ligo para o tamanho da bunda dela. Amo a minha mulher. Só quero que ela se divirta comigo!" *Isso* é o que os homens querem.

Na sessão seguinte, comecei com Paul por onde tínhamos terminado, segundo as minhas anotações. "Então, você acha que as mulheres que contrata para ter prazer são não seres", recordei-lhe. "Isso é muito diferente do modo como você descreve a Claire, que é forte e desafiadora." Deixei que o meu tom beirasse a reprovação. "Qual é o apelo erótico dessas mulheres que, de alguma maneira, não contam?"

"Eu jamais me interessaria por elas romanticamente", disse ele. "Elas são pouco atraentes, são passivas e submissas, então posso dar qualquer ordem e elas fariam praticamente de tudo. Eu não lhes faço mal, mas gosto de colocá-las em posições em que ficam ligeiramente expostas e vulneráveis quando me atendem."

"Mas você não faz isso com Claire", constatei. "Só com mulheres que considera inferiores."

"Sim, e é isso que me excita."

Paul gozava com o ato de degradar. Subjugar aqueles "não seres inferiores" o liberava da ansiedade com o desempenho que sentia diante da esposa e o fazia sentir-se superior. Eu tinha razão quanto ao subtexto da abordagem inicial de Paul comigo e com outras mulheres às quais pagava: ele precisava criar hierarquias imediatamente.

A ansiedade de desempenho é um jargão para o fenômeno muito comum e destruidor de ereções de preocupar-se tanto com o próprio desempenho sexual que a pessoa fica paralisada. Esse golpe na potência sexual pode ser humilhante, principalmente quando ocorre repetidamente e, o que é pior, com alguém que você quer impressionar — e então é mais provável que isso aconteça. Contudo, eu tinha dificuldade em ter empatia com a ansiedade de desempenho de Paul quando ele alardeava a delícia que era violentar mulheres. Era difícil ouvir dele e de outros homens que se sentiam melhor rebaixando a mulher. Ficava desanimada ao constatar que os homens desejavam aquilo. O que isso dizia deles? Queria poder explicá-lo considerando Paul uma anomalia. Mas, verdade seja dita, ele não era atípico, sexualmente depravado nem repulsivo. Era um cara comum que tinha amor pela mulher. Percebi em outros pacientes que muitos homens que frequentavam casas de massagem tinham algum tipo de disfunção sexual ou algum tipo de ansiedade sexual diante da mulher pela qual realmente se interessavam. Talvez eu me incomodasse porque a desumanização e a degradação pareciam ser uma fonte predominante de excitação sexual para tais homens.

Na semana anterior, ao entrar no meu prédio, eu tinha me deparado com a polícia no corredor do segundo andar fazendo uma batida na casa de massagem e gritando: "Levante-se. Ponha a roupa!"

Tentei abrir a porta do terceiro andar e entrar o mais rapidamente possível, mas um policial se aproximou e perguntou se podia dar uma olhada no meu apartamento para ver se alguma mulher tinha se escondido lá. Não achei que alguém tivesse conseguido entrar, mas deixei-o verificar de qualquer modo.

Ele deu uma olhada e saiu. Várias horas depois, após jantar na cozinha com amigos, fui ao banheiro e encontrei uma adolescente asiática escondida no chuveiro. Ela parecia assustada e repetia "Me ajude" com um sotaque carregado. Fui procurar o celular e ela atravessou o apartamento correndo e fugiu pela porta da frente.

Continuo sem entender como ela conseguiu entrar. Seria algum tipo de ninja? Haveria um alçapão no teto da sala? Será que a garota tinha habilidades de mulher-aranha para subir pelas paredes externas e se dependurar na marquise? Talvez simplesmente tenha forçado a porta. Fiquei preocupada porque ela podia ter sido traficada, e sua expressão aterrorizada me perseguiu. No dia seguinte apareceu uma enorme cesta de frutas na nossa porta com um bilhete: "Agora vocês amigas." Ótimo, tome cuidado com o que deseja, pensei.

Todos os dias eu atravessava algum trecho da Times Square para voltar para casa. O prefeito Giuliani tinha reformado a área, mas ela continuava repleta de serviços sexuais dirigidos especialmente aos homens da indústria financeira. Certa noite, eu estava em um bar frequentado por caras de Wall

86 OS HOMENS NO MEU DIVÃ

Street e turistas quando fui abordada por uma mulher elegante que representava um serviço de acompanhantes de luxo. Para minha surpresa, ela me ofereceu trabalho. Senti-me humilhada. O que ela pensava que eu era? Sou psicóloga e não prostituta, pensei, e me enfureci. Contudo, fiquei um pouco lisonjeada por ela ter achado que eu fosse uma "acompanhante modelo", e a proposta me fez ver que os serviços de acompanhantes estão praticamente acampados em torno da Times Square, todos competindo pelo mesmo alvo: homens com dinheiro. Caçar, cercar e atrair. Fixas, de programa, massagistas, modelos, asiáticas, russas, brasileiras, de luxo, vulgares, jovens, ilegais etc. No trabalho e em casa, a indústria de serviços do sexo girava à minha volta.

A resposta à pergunta que fiz antes: é *isto* o que os homens querem? Alguns, sim. Mas isto não significa apenas sexo anônimo nem vendedoras de prazer mal-vestidas. O que esses homens *querem* é saciar suas ânsias emocionais de uma maneira barata e fácil. Não é só sexual, é emocional.

Muitas vezes imaginei como deveria ser o cardápio das casas de massagem:

Serviços
Especial 1: Sinta-se importante.
Especial 2: Sinta-se poderoso.
Especial 3: Obtenha apoio e consolo.

Isso definiria mais precisamente a simulação dispendiosa a que se dedicam. Por uma hora, esses homens podem dirigir o seu drama pessoal e simular a gratificação dos seus desejos e frustrações mais profundos. Sim, lá, no coração do distrito dos teatros, há remédio para as suas maiores vulnerabilidades psicológicas, vendido como uma mercadoria, anunciado em painés de neon e oferecido por gente que não liga a mínima para eles. O problema dessa interação é que eles não resolvem realmente os seus problemas; fingem por uma hora e depois vão embora com os mesmos déficits emocionais com que chegaram, somando-se a isso uma verdadeira desconexão nos seus relacionamentos.

PAUL

Como fui parar ali? Estava perdendo a perspectiva sobre os homens, ficando desorientada. Pode-se pensar que uma terapeuta sexual rapidamente se dessensibiliza ao ouvir histórias de homens que traem. Porém, àquela época elas me perturbavam muito. Quanto mais ouvia, mais crescia a minha ansiedade. Às vezes, o homem diante de mim de repente ficava indistinto, suas palavras caíam em ouvidos moucos e eu me recolhia aos meus problemas pessoais.

Às vezes, durante a sessão eu sentia que levara uma vida mimada e protegida e que alguém tinha me carregado para a zona mais barra-pesada do Skid Row de Los Angeles e me largado por lá. Preferia o meu maravilhoso mundo antigo de negação e fantasia, onde podia dar a mão ao meu amante e saltitar pelos campos ensolarados do amor romântico. Contudo, não podia escapar — aquele era o meu trabalho. Agora, eu era forçada a encarar diretamente o lado feio e desfigurado do relacionamento humano: sim, às vezes os homens querem explorar as mulheres, feri-las, traí-las, usá-las como um pedaço de carne. Foi uma fase de amadurecimento na minha vida. A confluência das minhas experiências com Rami, seus amigos e os meus pacientes levou à penetração agressiva das minhas fantasias e grandes ideais. A ruptura da bolha foi dolorosa.

Sabia que precisava encontrar uma maneira de pensar que integrasse o que estava aprendendo ao meu sistema de crenças. Precisava superar o julgamento e o medo, ou transferir os pacientes para outro terapeuta. Minha estratégia e minha luta eram permanecer como uma observadora científica distanciada que examinasse, anotasse e tentasse compreender. Também lembrei a mim mesma que não devia generalizar: nem todos os homens eram como os que eu tratava. Tinha conhecido uma porção de homens incríveis. Precisava me ater a essa ideia e a essas recordações.

Lembrei da jovenzinha escondida no meu chuveiro, trêmula, sem saber se estava mais segura comigo ou na rua, e pensei que aqueles serviços sexuais não eram um prazer inócuo, mas algo que causava danos reais. Tomei a decisão de provocar uma mudança naquele mundo em que havia entrado. A fantasia de exploração de Paul era algo grande, e certamente havia muita oferta e demanda. Resolvi que o meu papel era intervir do lado

88 OS HOMENS NO MEU DIVÃ

da demanda. Às vezes, eu me divertia pensando que, como terapeuta, na verdade estava competindo com o serviço. O que levava alguns daqueles caras a me procurar? Como eu poderia competir com a gratificação instantânea, a fantasia que eles buscavam, a oferta sem limites de belas mulheres? Alguns homens iam para o bordel. Outros vinham a mim. Mas eu era uma madame diferente. Não era a distração que procuravam. Eu lhes dava não o que queriam, mas o que precisavam.

Paul sempre vinha às sessões depois do trabalho, e frequentemente me pedia que estendesse o tempo até o mais tarde que pudesse ficar. Certa noite, ele chegou visivelmente estressado. Entrou, sentou-se e, como era seu costume, imediatamente começou a falar, sem pausas e sem buscar a minha contribuição.

"Acho que a minha empresa está passando por uma crise financeira", disse. "A mídia começou a nos investigar." Seu tom era premonitório e nada sóbrio. Estava tenso e desatento, e seus olhos iam de um lado ao outro enquanto ele se perdia em seus pensamentos. Permiti-lhe a catarse de se aliviar do estresse, o que tomou grande parte da sessão. Porém, embora ele falasse apaixonadamente, senti-me à parte. Não tínhamos um vínculo. Era como se eu fosse um corpo sem rosto em que ele podia depositar a sua dor. Perguntei-me se a mulher dele percebia aquela desconexão.

"Como você está lidando com o estresse?"

"Em geral, passo muitas horas no escritório, mas hoje chamei novamente uma garota de programa na hora do almoço", disse ele sem muita ênfase. Suas visitas a casas de massagem ficaram mais frequentes à medida que ele se sentia assoberbado no trabalho.

"Estou percebendo um tom culpado esta noite?", perguntei.

"Sim, Claire ficaria arrasada se soubesse. Eu a adoro. Queria que tivéssemos mais prazer na nossa vida sexual."

"Em vez disso, você encontrou um suplemento sexual."

"Acho que cheguei à conclusão de que sempre precisarei disso", respondeu resignado. "Mas não é um grande problema. Muitos amigos pensam assim."

Outra vez, a atitude trivial diante do sexo fora do casamento — particularmente um casamento que ele queria manter. Ele agia como se fosse comum os homens resolverem se casar *sabendo* que mais tarde precisariam ou desejariam um "suplemento sexual".

Para mim, no caso de Paul, não havia sentido emocional naquele sexo fora do casamento. Eu não entendia como ele conseguia acreditar que *amava* a esposa. Mas, aparentemente, ele conseguia. E acreditava. E não era o primeiro paciente a dizer isso. Até os homens mais doces, de quem você jamais suspeitaria que tinham um ossinho infiel no corpo, já confessaram o mesmo sentados no meu divã, o que me levava a pensar, *Ah, não, você também?* Sempre acreditei que, se um homem ama realmente, não vai procurar sexo em outro lugar. Se o fizer, não ama de verdade. Para mim, amor e fidelidade andavam juntos.

Se soubesse que Rami teve um caso, meu primeiro pensamento seria de que ele já não me amava. Na verdade, com os quilômetros que nos separavam, e a nossa história, para não falar da sua personalidade gregária, muitas vezes eu imaginava o que poderia estar acontecendo — principalmente agora, que eu passava o dia todo ouvindo homens e estava aprendendo que amar *não* era garantia contra a infidelidade. Será que eu e qualquer mulher, poderíamos confiar nos homens?

Quando os pacientes discutiam comigo suas motivações sexuais, eu me perguntava o que faria um homem agir por impulso — especialmente aqueles que diziam que amor não tinha nada a ver com trair e que eram loucos por suas mulheres e amantes. Haveria padrões emocionais ou traços de personalidade identificáveis associados à infidelidade?

Procurei motivos por trás do óbvio: se ele já fez isso antes ou se fez com você, é um traidor por definição. Também verifiquei com as mulheres com as quais podia conversar sobre isso para traçar um panorama das suas experiências. O consenso era de que aqueles homens tinham uma falha moral de caráter ou de que o motivo era biológico: os homens foram feitos para espalhar sua semente.

Mas essa conclusão parecia fácil demais, automática demais, especialmente quando se inclui as camadas mais complexas do emocional, do social e do psicológico.

Queria saber qual era a motivação central de Paul. O que ele *realmente* obtinha com o sexo sem estar sob pressão, além de ereção e orgasmo? Qual era o sentido daquilo? Ou estaria evitando algo em Claire e em si mesmo? Paul tinha compartimentalizado a esposa e as prostitutas, mas não parecia o complexo estereotipado da santa/puta. Paul dissera que Claire gostava de sexo e era quem tomava a iniciativa. Certamente, não era uma santa.

Pedi a Paul que me contasse em detalhes a sua última experiência sexual com Claire. "Na noite passada, estávamos na cama e ela começou a beijar o meu pescoço e acariciar a minha virilha", disse ele de modo casual.

"O que você sentiu?"

"De verdade? O desejo dela era como uma exigência e eu não consigo ficar de pau duro tão rapidamente. Queria que ela me deixasse tomar a iniciativa."

"Você pode fazer isso."

"É, mas, honestamente, às vezes prefiro evitá-la. Como eu disse, começo a me preocupar com a possibilidade de perder a ereção e ela ficar furiosa com isso. De todo modo, não quero rejeitá-la, então crio fantasias para ter tesão. Na noite passada pensei em uma garota da casa de massagem que me bateu uma punheta enquanto eu enfiava a mão por baixo da saia dela. Fiquei excitado porque ela não me pediu para tocá-la e provavelmente era passiva demais, ou talvez temesse me pedir para parar."

O que ele disse desafiava a noção de que os caras sempre querem sexo a qualquer hora com qualquer uma, e revelava que, na verdade, até para os homens as condições têm de ser adequadas.

"E isso funcionou para você?"

"Tive de virar a Claire de bruços para não ter de olhar nos olhos dela e manter a fantasia. De qualquer modo, ela gosta desta posição, e eu posso passar a mão no corpo dela. Graças a Deus, ela goza facilmente."

Paul queria apenas viver o ato sexual sem falhar e, para que isso ocorresse, precisava se desligar por completo. Contudo, apesar do que disse sobre o quanto amava Claire, eu não via sinal disso no sexo.

"Não encaro isso assim", respondeu quando eu contei o que pensava. "Só quero ter uma ereção e agradá-la. Tento lhe proporcionar orgasmos."

"Você está tornando a sua ereção e a satisfação dela mais importantes que a ligação real com Claire."

"Bem, a minha ereção *é* importante, ou não poderíamos fazer sexo."

Adoraria receber Claire no consultório para que ela falasse sobre a sua experiência da vida sexual deles. Imagino que teria sido muito diferente do que Paul pensava. Contudo, como muitos homens que vêm me ver, ele não queria que a esposa soubesse que tinha procurado tratamento.

"Você fala muito em dar prazer a ela, mas soa bastante autocentrado", disse eu. "O sexo que você descreve parece mais ansioso que erótico. Entendo por que você age assim, mas você se perde na sua própria mente, é um espectador fantasiando. Você não consegue relaxar e deixar que Claire o agrade como as moças da casa de massagem porque ela não é um não ser. Então, para compensar, você se fixa no seu pênis e no orgasmo dela."

"Se não for assim, ela se zanga."

"E como isso o faz se sentir?"

Ele deu uma risada ao ouvir a pergunta terapêutica clichê.

"Quero muito que você responda", insisti. "Com uma palavra que denote *sentimento*."

"Humilhado. Incompetente." Paul fitou um ponto no tapete. "Claro que quero evitar esses sentimentos."

"Por quê?"

"Tenho pânico de não ser bom o suficiente para Claire — e ser rejeitado."

Eu não sabia por que Paul revelara subitamente aquele medo tão primitivo, mas gostei que o fizesse, em vez de deixá-lo à espreita logo abaixo da superfície da sua jactância costumeira. Ele se mexeu desconfortavelmente no divã.

Amoleci por um momento, e meus olhos se marejaram ao perceber a sua dor genuína. Observei que seus joelhos tremiam enquanto fitava o tapete. Era óbvio que a minha reação o deixara nervoso, e ele começou a se fechar. Foi um momento contraintuitivo. Eu sentia muita compaixão por ele, o que o fez sentir-se vulnerável e ameaçado. Ele ficou em silêncio. Fiz uma pausa e depois decidi voltar ao problema da ansiedade.

"Como está se sentindo neste momento, Paul?"

"Inquieto."

"Você está começando a permitir que eu o conheça em um nível mais profundo. Isso o deixa ansioso?"

"Eu não disse ansioso, disse *inquieto*", retorquiu.

"Ok, inquieto. Quero entender *exatamente* o que está sentindo."

"Tá bem. Estou ansioso. Estou sentindo a mesma coisa que sinto quando estou com a minha mulher. Não quero que você veja a minha fraqueza."

"Mas eu a vejo, e você quer atacar e se esconder."

"Odeio essas análises, soam como críticas."

"Você está sendo muito corajoso em falar sobre isso. Sinto-me mais próxima de você, e nunca o rejeitaria por se abrir comigo."

Ele limitou-se a baixar os olhos, e a nossa sessão terminou. Paul estava avançando, mas não suportava que eu o espelhasse; para ele, minhas observações refletiam sua imperfeição. Minhas tentativas de conhecê-lo lhe eram intoleráveis. E havia algo mais: eu tinha rebatido suas tentativas de minimizar-me, e agora ele me via em condições de julgá-lo, o que o deixava impotente diante de mim. Tive uma epifania. Eu estava tão ocupada assombrando-me com suas incursões extraconjugais que perdera o foco e quase deixei passar o problema subjacente: sua vulnerabilidade. A ansiedade de desempenho era só um sintoma.

Quanto mais pensava nisso, mais eu percebia que o que mais me chateava nele era o fato de que Paul tentava negociar a saída mais fácil. Ele evitava ficar ansioso com seu desempenho sexual se concentrando excessivamente no prazer da esposa. Usava o dar para evitar a ansiedade de receber. Sentir-se no direito de receber prazer é um reflexo da autoestima básica de alguém. Com as prostitutas, Paul tentava recuperar sua percepção de si mesmo e, com isso, sua crença no direito de receber prazer. Em casa, estava ocupado demais tentando ocultar a ansiedade, o que bloqueava seu prazer com a esposa.

O resultado de todas estas compensações para Paul e Claire era a desconexão total.

Os serviços sexuais, como a casa de massagem do meu prédio, eram uma tentativa comum de resolver essa alienação. Cheguei a conhecer homens que, por causa da solidão provocada por uma sociedade alienada, passam as noites em uma lanchonete Hooters ou em uma boate de *strip-tease* e tentam conhecer as mulheres que trabalham lá, fingindo ser amigos de verdade.

***

Queria que Paul considerasse partilhar com Claire a situação no seu trabalho. Isso poderia assentar as bases para uma conversa mais íntima posterior.

"Não gosto de falar sobre trabalho com a minha mulher", disse ele.

"O que torna isso difícil?"

"Fui criado na classe média e trabalhei para chegar à posição que tenho agora", explicou ele. "Claire vem de uma família rica tradicional que nunca me aceitou de verdade. Eles ainda me fazem sentir um estranho. Eles a forçam a manter o dinheiro dos investimentos em uma conta separada à qual não tenho acesso. Trabalhei duro para provar o meu valor a Claire e à sua família, mas, com o meu negócio correndo risco de um colapso financeiro, não quero que ela saiba como estou preocupado.

"O que exatamente você tenta provar?"

"Os pais tinham outro pretendente para Claire, mas ela me escolheu. Acho que eu sempre me perguntei se estava à altura. Quero provar que eles podem me aceitar. Que ela pode me aceitar. Que eu sou legal. Não quero que ela se arrependa de ter me escolhido."

"Então, você nunca se sentiu igual a ela ou à família dela?"

"Não. Ela é tão talentosa e perspicaz. Toda a família é assim. Acredite, por mais expansivo que eu seja, sou o quieto nas reuniões familiares. Calo a boca. É como se estivesse em uma competição e não pudesse vencer. É uma sensação apavorante."

Paul arrastava as palavras, como se até para si mesmo fosse doloroso admitir cada uma delas.

"Então, você se sente obrigado a projetar uma imagem de sucesso no trabalho — e na cama." Vi no seu rosto que ele fizera a conexão.

"Eu *sou* muito bem-sucedido", respondeu defensivamente.

"Sim, você é bem-sucedido, mas isso tem um custo. Quando está estressado, como está agora, você prefere se afastar de Claire, e isso não parece ajudá-lo."

"É por isso que uso as garotas de programa."

"Sim, mas também é por isso que não consegue manter a ereção com Claire. Você criou uma persona falsa perfeita para se ocultar da sua mulher e da família dela — e suspeita que, de qualquer modo, eles percebem

94   OS HOMENS NO MEU DIVÃ

tudo. Porém, em vez de ajudar as coisas, você se recolhe e acaba ainda mais isolado e sentindo-se mal. O resultado é mais pressão quando está com Claire e com a família dela."

"Entendo que seja importante fazer parte da família, mas você está se esforçando tanto para ser aceito e superar as inadequações que acaba exausto."

Paul baixou a cabeça.

"Você não pode ficar o tempo todo provando o seu valor", acrescentei suavemente. "Você quer amor incondicional e tem tanto orgulho de ser casado com a Claire; você a ama e tem medo de ser exposto como alguém inadequado e não suficientemente bom — e que ela deixe de amá-lo."

Ele assentiu com a cabeça.

"Paul, você ama a Claire?"

Ele assentiu novamente.

"Diga-o em voz alta."

"Eu amo a minha mulher."

Lágrimas.

"Agora, você está sendo conduzido pelo medo, e não pelo amor", disse. "Precisamos mudar isso. Ame sua mulher. Se quiser ser um bom marido, precisa haver intimidade. Deixe que ela o veja, que ela o conheça."

Por fim, ele sentou-se calado e me ouviu. Tive vontade de encorajá-lo, senti o meu coração se encher de simpatia por aquele homem.

Eu também entendia que tinha ficado perdida com a reação inicial de medo ao ouvir as histórias dos pacientes. Decepcionada com a necessidade que alguns homens têm de trair ou colocar as mulheres em posições abjetas, eu tinha chegado a conclusões negativas e generalizado. Precisava me distanciar um pouco e lembrar que é muito fácil focar no "mau" comportamento, fazer julgamentos morais, rotular os homens pejorativamente e acreditar que isso simplesmente é assim, que é parte da natureza masculina.

À medida que Paul se abria, ele me ajudava a sair daquela bruma, e pude ver que as interações sexuais com a mulher e com as trabalhadoras do sexo revelavam uma verdade importante: para os homens, as mulheres são incrivelmente poderosas. Eles precisam das mulheres para sobreviver emocionalmente: a nossa aprovação, o nosso apoio e o nosso estímulo lhes permitem florescer no mundo, sentir-se confiantes. O cuidado e o consolo das mulheres ajudam os homens a se sentirem seguros e ancorados. Todas as mulheres na vida de Paul eram figuras poderosas. Ele idealizava tanto a esposa que se sentia pequeno. Desvalorizava tanto as trabalhadoras sexuais que se sentia grande. E, na esteira de ambas, perdeu a própria medida.

Os problemas dele tinham pouco a ver com sexo. Não eram sobre o mero gosto sexual ou a necessidade natural do homem de um suplemento sexual. Em vez disso, tinha tudo a ver com o sentido de si mesmo e a sua capacidade de sustentar o próprio valor diante da mulher que amava. Isso é importante, porque é onde reside a esperança na sua história. É onde reside a resposta à minha pergunta: "O que os homens querem?"

Paul queria amar a esposa e a si mesmo ao mesmo tempo, e precisava desesperadamente do amor dela. Eu queria ajudá-lo a encontrar esse amor e sustentá-lo, para que ele conseguisse estar presente com Claire.

Entre Paul e outros que eu havia tratado, comecei a perceber um tema comum. Vulnerabilidade. Todos aqueles homens pareciam encurralados entre a necessidade e o medo de amar. Reagiam criando abordagens sexuais e relacionamentos estranhos, e depois os torciam e distorciam como substitutos do amor — busca do prazer, gratificação egoica, romance fantástico — para satisfazer suas necessidades e continuar se sentindo seguros. Eles vinham a mim queixando-se de que amavam, ou queriam amar, mas o que tinham estava longe disso. Aqueles homens estavam fugindo da coisa real. Precisavam reexaminar suas definições de amor.

Todos amamos o sentimento do amor, aquele estado eufórico e cálido, mas o amor não é apenas um sentimento. Tampouco é fácil. Junto com a alegria há emoções difíceis como raiva, tédio, mágoa. Depois, há a avalanche formidável e inevitável do medo: da rejeição, da decepção, de se perder, do abandono, de se expor como não digno de amor. Esses medos podem ser irracionais, mas também podem se tornar realidade.

Amar é mais do que sentimento. É uma habilidade. Aqueles homens pareciam estar tomando a saída mais fácil. David (do Capítulo 1) queria ser desejado. Paul queria poder. Outros queriam segurança. Eu não conseguia acreditar que todos aqueles homens sentados diante de mim só pensavam no que conseguiam ou não conseguiam, e não no que davam.

Ninguém queria se arriscar.

Queria que Paul parasse de se afastar de Claire, que parasse de procurar soluções fora do casamento e, em vez disso, se dirigisse a ela. Ele finalmente estava disposto a tentar o que eu sugeria.

"Tenho um dever de casa para você", disse eu, olhando o relógio para me certificar de que tínhamos tempo para a explicação.

O dever de casa é a pedra fundamental da terapia sexual. Muitas vezes, os pacientes recebem diversos exercícios elaborados para reprogramar suas respostas sexuais. A maior parte da disfunção sexual masculina é um simples reflexo e pode ser retreinada. A ereção de Paul estava associada à consciência de si, e eu precisava que ela fosse recondicionada em uma sensualidade relaxada.

"A sua tarefa é evitar a ereção", disse eu. Ele pareceu surpreso, mas a última coisa que eu queria era que se sentisse pressionado com relação ao desempenho. "Se, por acaso, tiver uma ereção, não tente ter um orgasmo. Você também está proibido de proporcionar um orgasmo a Claire. Na verdade, fique longe dos genitais dela." Queria que ele tentasse estar presente naquele momento. "Em vez disso", prossegui, "quero que se concentre apenas em tocar o restante do corpo dela. Não tenha pressa e tente senti-la realmente com o toque. Com todos os sentidos, ponha o foco no seu amor por ela. Quero que você a cheire, sinta o seu gosto e veja de verdade a mulher que você ama, e aprecie o que vê. Olhe nos olhos dela, beije-a lentamente. Com a alma. Quando ela o tocar, não pense na ereção, apenas perceba a sensação de prazer e desfrute-a — mas não faça nada a respeito. Conserve o seu direito ao prazer, o mesmo que tem na casa de massagem."

"Quero que você comece isso hoje quando for para casa."

Paul ouviu aquilo tudo parecendo ao mesmo tempo indeciso e, como era da sua natureza, determinado a realizar bem a tarefa. "Nos vemos semana que vem e você me dirá como foi."

PAUL

97

Saí do consultório carregando a mala de rodinhas em busca de um táxi. Estava a caminho do aeroporto para pegar um voo para a Flórida e ver Rami. Às vezes, eu queria muito que ele se divorciasse; outras vezes racionalizava a coisa e pensava que não queria me casar e ter filhos e que estava contente com uma relação não convencional. Claro, no fundo havia problemas de confiança que eu continuava tentando resolver, ainda tentando não temer que terminar — ou ficar — fosse um erro.

Infelizmente, sexta-feira à noite é um momento complicado para conseguir táxis em Midtown. Desesperada, vi um com as luzes apagadas parado em um sinal. Bati na janela do passageiro e um indiano com expressão severa olhou e entreabriu o vidro.

"Estou fora de serviço", gritou.

"Eu sei", respondi, "mas se estiver indo para casa e morar no Queens ou no Brooklyn, poderia me deixar no La Guardia?"

Ele pensou um instante.

"Por favor. Estou tentando ver o meu namorado!"

Ele pensou mais e o semáforo estava a ponto de mudar.

"Faça isso pelo amor!", eu disse com um sorriso. Pela cara dele, o amor não parecia fazer parte do seu vocabulário — ao menos naquele momento.

"Tudo bem", gritei. "Eu lhe dou 60 dólares."

"Você está me matando", disse, mas me deixou entrar. Ele desligou o taxímetro e arrancou.

Eu tinha o hábito de conversar com taxistas sobre os meus casos amorosos, minhas crises existenciais, tudo. Para minha surpresa, muitas vezes eles ouviam com um prazer voyeurístico e me davam conselhos sinceros. Um chegou a ler minha mão. Estava ansiosa por encontrar Rami, mas Paul me deixara esgotada e precisava organizar meus pensamentos. Sentia-me desconfortável em compartilhar minhas neuroses até com os amigos. Acho que temia que eles pensassem "E ela é psicóloga?", como se uma terapeuta fosse capaz de resolver seus próprios problemas. O anonimato como passageira no táxi me permitia me abrir e contar minhas histórias.

Contudo, não deixava de perceber a ironia. Como Paul, em vez de ser autêntica e vulnerável nas minhas relações próximas, eu usava substitutos anônimos para satisfazer minhas necessidades emocionais. Nem eu conseguia evitar a gratificação instantânea do vínculo artificial.

Não pensei que aquele taxista fosse receptivo. Quando olhei seu reflexo no retrovisor, percebi que continuava carrancudo. Sentei na diagonal do banco traseiro observando a linha de edifícios que se movia aceleradamente — e às vezes se arrastava. Mas em pouco tempo fiquei incomodada com aquele silêncio impessoal. Debrucei-me sobre o encosto dianteiro, pus o rosto perto do para-brisa e olhei a licença dele.

"Como vai você, Mohinder?", perguntei.

"Cansado."

"Como é ser taxista? Você deve ter umas conversas bem interessantes."

"É. Uma vez uma mulher até teve um bebê no banco traseiro."

"Nossa!"

"Para onde está indo com tanta pressa?"

"Para a Flórida ver o meu namorado. Nós nos vemos nos fins de semana."

"Parece difícil."

Agora era a minha vez de ficar pensativa. "Na verdade, eu gosto. Mas ele quer que eu mude de volta para a Flórida para viver com ele."

"E você vai?"

"Ele ainda está casado. Por que eu deveria?"

"Isso não faz sentido. Ele ainda está casado e quer que você vá viver com ele e a mulher?"

Eu ri. "Não, eles estão separados há muitos anos. Nem ao menos vivem no mesmo estado."

"Ah. Então para ele é bom, né? Talvez ele tenha medo de se comprometer."

"Acho que não é isso", respondi, embora soubesse que talvez o meu autoengano fosse evidente.

"É? Bem, sei como você pode testá-lo."

"Como?", não tinha certeza se queria mesmo saber a resposta.

"É simples. Diga a ele que está pronta para se mudar e veja o que ele faz."

Mohinder tinha razão. Mas eu tinha medo de fazer aquilo. Não queria. Talvez mais adiante. Talvez.

PAUL 99

Quando por fim nos aproximamos do aeroporto, pensei em Paul e em como todos jogamos com a intimidade. Chegamos perto e depois nos afastamos, abrindo e fechando ritmadamente, como uma anêmona que se expande e se contrai ao deslizar pelo oceano. Entre os humanos, os dois entram nessa dança e, se tiverem sorte, alcançam algum tipo de harmonia. Paul estava muito ocupado tentando ser o marido perfeito, o provedor perfeito, o pênis perfeito, mas nunca era autêntico com Claire. Imaginei como isso funcionaria para ela.

Paul não esperou a próxima consulta para me contar. Marcou uma sessão de emergência no dia em que voltei da Flórida, irrompeu consultório adentro e me confrontou.

"Mas para que diabo eu pago você?", berrou. Ele se jogou no divã e se inclinou para a frente. "A casa de massagem me ajuda mais!", grunhiu.

Ele queixou-se de que o meu dever de casa tinha sido um tiro pela culatra. "Fui para casa depois da sessão", explicou. "Claire estava na cama lendo um livro. Tirei o livro das mãos dela e o coloquei na mesa de cabeceira. Tomei-a pela cintura e puxei o seu corpo para junto do meu. Lembrei do que você disse e comecei a fitá-la intensamente. Seu corpo, seu rosto, queria vê-los de verdade. Toquei sua face e disse o quanto a amava. Disse-lhe que amava cada centímetro do seu corpo, suas longas pernas, seu abdômen liso, sua xoxota, seus dedos, seus olhos. Sua boca. Fiquei alisando o corpo dela — e enquanto fazia isso *não senti nada*. Não tive ereção. Estava dormente."

"Paul, o importante era que você se *esquecesse* da ereção. Se ela não ocorresse, não seria ruim. Se ocorresse, ótimo. De qualquer modo, você não tinha de fazer nada a respeito."

"Eu sei", respondeu com raiva. "Mas o problema não é esse. Fiz o que você disse, mas Claire ficou impaciente e o seu corpo se retesou. Aquele negócio todo parecia mecânico. Quando olhei nos olhos dela, ela desviou o olhar. Então, ela disse que estava cansada e só queria que eu a abraçasse enquanto dormia."

"Então, ela não se envolveu."

100 OS HOMENS NO MEU DIVÃ

"Fiquei meio aliviado. Olha, doutora, o seu dever de casa não resolveu merda nenhuma."

Eu não tinha enviado Paul intencionalmente ao encontro do fracasso, mas o resultado inesperado trouxe uma informação importante. Às vezes os "erros" levam às respostas.

"Pelo contrário, acho que funcionou!", respondi. "Vou lhe explicar, mas primeiro vamos analisar com calma a sua descrição. Diga-me o que sentiu quando começou a ver a Claire *de verdade*?"

Valentemente, Paul decidiu seguir o jogo. "Senti um torpor e até um pouco de tédio."

"E quando explorou o corpo dela e se fixou no que ela gostava?"

"Eu pensei no meu amor por ela, como você me disse — e, sim, senti amor."

"E quando olhou nos olhos dela?"

"Foi aí que me senti desconfortável. Estava mesmo tentando vê-la, mas ela desviou o olhar. Me senti rejeitado — e exposto."

O dever de casa de Paul tinha revelado a reação de Claire — e uma resposta. Olhar alguém nos olhos é uma grande medida do nosso conforto com a intimidade, e frequentemente revela um incômodo inesperado. Eu tinha dito a Paul que se expusesse, que se desnudasse emocionalmente, que se deixasse ver e enxergasse Claire, que sentisse amor durante o sexo e compartilhasse esse erotismo com a esposa. Ela lhe deu as costas, recusou-se a enxergá-lo. Ele ficou magoado.

Agora eu sabia que nem tudo era por causa de Paul. Claire era parte do problema.

Paul não estava consciente disso, mas tinha escolhido uma parceira cujo nível de conforto com a intimidade era muito semelhante ao dele. Eles tinham uma homeostase: quando ele a procurava, ela se recolhia — provavelmente para manter a distância segura de sempre. Paul e Claire tinham uma forte pulsão sexual, mas baixa tolerância à proximidade emocional. Quando ele, embora de modo súbito, tentou se conectar, sentir o amor e suportar a vulnerabilidade, Claire se encolheu e se afastou. Paul, e talvez Claire, sofria do que denomino "ansiedade amorosa". Ele queria acreditar que estava no controle do seu mundo — no trabalho, na cama etc. Apaixonar-se destruía essa percepção de controle. Todos temos medos adormecidos diante do amor — muitas vezes nem os reconhecemos — até o dia em que nos *apaixonamos*. É quando a questão da nossa capacidade de sermos amados vem à tona. Merecemos o amor que estamos recebendo, experimentando? Como ele se sentia ansioso, o que levava à disfunção erétil, se retraía em um ambiente que restaurava o seu sentido de importância, poder e controle: a casa de massagem. Contudo, o controle era uma ilusão que ele comprava. As trabalhadoras sexuais que rondam as zonas de prostituição modernas vendem um amor falso — junto a bolsas falsificadas, perfumes falsificados e DVDs falsificados.

Queria que Paul conseguisse experimentar e suportar a coisa verdadeira. "O verdadeiro custo de procurar prostitutas é que você perde a experiência da paixão."

"Sinto paixão por Claire *fora* do quarto", respondeu confuso. "Mas nada quando fazemos sexo de verdade."

"A mente tem meios de se entorpecer para nos proteger dos medos que sentimos."

"Então, o que faço?"

Boa pergunta. Pensei que Paul precisava ficar bem com o poder do amor. Precisava aprender a se dar sem temer a rejeição e perseverar diante do medo. "Que tal considerar este sentimento como a celebração do fato de ter encontrado alguém por quem pode sentir algo? Em vez de se entorpecer, agarre isto. Converta-o em uma paixão."

"E se ela não retribuir?"

"Isso não é traumático", respondi rotundamente, pretendendo dessensibilizar a crença de que a não aprovação imediata seria um trauma.

"Mas como diabo vou conseguir outra ereção?", ele riu.

"Seria bom se Claire entendesse o que você está tentando fazer. Você precisa dizer a ela o que quer. Vá para casa e repita o dever de casa. Talvez desta vez ela seja mais receptiva, porque não a pegará tão de surpresa."

102 OS HOMENS NO MEU DIVÃ

Eu nunca soube se Paul e Claire tiveram melhor resultado da segunda vez. Ele saiu do consultório dizendo que me veria na semana seguinte, mas nunca mais voltou. Depois de esperar por dez minutos na sessão seguinte, telefonei para saber o que havia acontecido, mas ele não atendeu e deixei uma mensagem. É muito ruim e frustrante para uma terapeuta ficar sentada no consultório, sem saber de nada, quando o cliente falta à sessão sem avisar.

Tomei o metrô de volta naquela noite me perguntando se não teria sido um erro repetir o dever de casa. Talvez eu o *tivesse* enviado ao fracasso. Talvez a minha intervenção tenha sido prematura, apressada. Tive medo de tê-lo exposto a uma vulnerabilidade que Paul, e provavelmente Claire, não estavam prontos para suportar. Eu tinha pedido algo simples — que eles enxergassem a humanidade em cada um — mas não considerei como isso seria difícil. Contudo, penso que, se Paul estivesse zangado comigo, teria voltado e me dado uma bronca.

Liguei novamente antes de sair do consultório. Ele não atendeu. Pensei que devíamos ao menos ter uma sessão final para fechar tudo o que tínhamos trabalhado. No arco normal da terapia, existe o estágio hesitante de conhecer um ao outro, o vínculo que se forma com o tempo e, depois, o final e o reconhecimento de tudo o que ocorreu. Mas Paul não era o tipo de paciente que precisava processar o final da relação, ou ao menos dizer obrigado, ou adeus. Acho que simplesmente saiu quando terminou. Senti a ferida de ter sentido carinho sem o reconhecimento de que a nossa relação tivesse algum significado para ele.

Naquela noite, no trem Q, observei os passageiros amontoados, seus corpos se tocando, mas sem reconhecer a presença do outro de um modo ativo e cuidadoso. Eles liam livros e jornais, ouviam iPods, fitavam o chão ou liam anúncios nas paredes, todos evitando ciosamente o contato visual.

Todos buscam intimidade, pensei. As pessoas querem ser genuinamente vistas e reconhecidas e, no entanto, há tantas cercas pelo caminho para evitar que alguém passe. A reação emocional de Paul ante os olhos vazios e o corpo inerte de Claire mostrou que ele realmente desejava intimidade.

Espero que as nossas sessões tenham lhe proporcionado alguns momentos da ligação real pela qual ansiava, mas, quando o trem se deteve e os passageiros da hora do rush se espalharam como ondas na plataforma da estação, fui inundada pela triste constatação de que, no final, foi Paul quem se tornou um "não ser".

Charles

CHARLES: "Me diz que você quer foder com o meu melhor amigo!"
KELLY: (desinteressada) "Quero foder com o seu melhor amigo."
CHARLES: "Me diz como você vai fazer isso!"
KELLY: "No banheiro, enquanto você está no quarto ao lado."

A meu pedido, Charles e sua noiva, Kelly, um casal jovem que planejava se casar em breve, representaram com diálogos a sua experiência sexual mais recente. Na verdade, Kelly interpretava os dois papéis, sentada no braço do divã perto de mim, os olhos faiscando. Charles, por sua vez, se retorcia silenciosamente no canto do divã, segurando duas almofadas no colo e mal olhando para Kelly ou para mim.

De repente, Kelly se deteve e lançou um gemido raivoso. "Estou farta disto. É doentio! É tudo o que ele quer fazer: representar papéis em que eu o traio. Toda vez! Não há variação, exceto substituir o melhor amigo pelo patrão, o irmão dele... até o pai. Se isso não mudar, vou romper o noivado!"

Isso despertou a atenção de Charles.

"Você sabe que o meu impulso sexual é baixo, meu bem, e isso é o que me dá tesão. É só uma brincadeira. Não entendo por que te ofende. Não é como se eu fingisse que estou traindo *você*. Não há ameaças. É só fantasia."

Esta afirmação, de que o mundo da fantasia ou do *role-playing*, a interpretação de papéis, é sempre inócuo e deve ser permitido sem avaliação, é uma ideia que ouço frequentemente de pacientes e de terapeutas sexuais. Concordo que pode ser uma parte vital e criativa do encontro sexual. Um ato de intimidade, a admissão a um lugar privilegiado. Charles defendia sua brincadeira como algo benigno, mas eu me perguntei se ela não estaria arraigada em algo maligno.

106   OS HOMENS NO MEU DIVÃ

Embora eu tivesse tido algumas sessões individuais com Charles, Kelly dominou aquela sessão. Ela era volátil e reativa, e frequentemente irrompia em lágrimas raivosas. Ela se aferrava incessantemente ao que queria dizer e deixava pouco espaço para a minha contribuição. Para ela, emoções eram fatos. Quando sentia algo, devia ser verdade. Não havia espaço para questionar as evidências ou buscar alternativas racionais.

Charles era um cara socialmente desajeitado e meio nerd. Ele fizera o teste de status sexual na segunda sessão, o que revelou que não tinha muitas experiências íntimas. Charles passava a maior parte do tempo absorto em hobbies solitários, como montar aeromodelos complexos. Porém, tinha uma firma de engenharia bem-sucedida, e, embora o dinheiro lhe permitisse atrair mulheres bonitas, ele confessou que se sentia desconfortável ao lado delas. "Em geral, elas me escolhem, e não eu a elas." Todas as suas relações tinham começado com uma mulher que demonstrava interesse agressivo nele.

À diferença de Charles, tudo em Kelly era chamativo e dramático. Efervescente. Animado. Orgulhoso: da sua carreira de maquiadora na indústria televisiva, da ascendência italiana, das raízes em Boston. Ela se encaixava no tipo que Charles tinha criado em suas fantasias adolescentes. Tinha longos cabelos negros e pequenos olhos pretos de gato que ela destacava com delineador tipo Kohl preto. Não era uma beleza clássica, mas a atitude exagerada era provocante. Usava roupas justas, muita maquiagem e bolsa de grife, e era o tipo de moça que sempre se vestia de maneira sexy. Até para ir a uma mercearia

Kelly tinha dado em cima de Charles, mas levou mais de um ano para chegarem onde estavam. Começaram como amigos, do tipo que se dava bem, que ficava na casa um do outro vendo televisão de pijama. Certa noite, ela o beijou e aí tudo começou. Kelly gostava de ficar com Charles porque a introversão dele a fazia sentir-se segura. E, ao contrário dos homens pegadores que costumavam dar em cima dela, Charles a adorava abertamente. Mas agora ele precisava fantasiar que ela fazia sexo com outros homens para sentir-se excitado, e a relação satisfatória de antes estava sendo colocada em xeque, embora Charles fizesse de tudo para apaziguar a raiva dela.

CHARLES

Aquilo não passava de fantasia. Não era de verdade. Eles não faziam troca de casais. Não frequentavam casas de swing. Então, qual era o problema? Kelly passou a vir às sessões cerca de dois meses depois que comecei a ver Charles. Com muita satisfação, informou que Charles era emocionalmente mais reservado, ansioso e às vezes evitava o sexo, ao passo que ela era muito sexual.

"No princípio, achei divertido. Sou sexualmente aberta e gosto de experimentar de tudo. Mas agora só o que ele quer é isso. Não me sinto como a mulher que ele ama", disse ela, os olhos marejados. "Sinto-me como uma boneca inflável. Ele é tão gentil fora da cama. Estamos em sintonia. Mas no sexo ele desaparece atrás de mim — literalmente — e evita olhar nos meus olhos. Quando eu o encaro, ele perde a ereção."

Enquanto ela falava, eu observava Charles, mas ele permanecia indiferente, com uma expressão opaca. Kelly acabara de dizer, de diversos modos, que estava muito magoada. Parecia cansada de repetir a preferência específica dele; agora, as necessidades dele a faziam sentir que tinha ultrapassado a linha entre a brincadeira erótica e a possibilidade de que Charles lhe impusesse os seus problemas psicológicos. Mas ele permanecia quieto, não tentava consolá-la nem dava qualquer pista de como se sentia.

Como eu exerço a terapia sexual, minhas amigas gostam de me pedir conselhos. Algumas já me perguntaram sobre o *role-playing*. Às vezes, alguém com quem estão saindo quer tentar alguma coisa "esquisita" na cama e elas querem saber se isso é legal. Não posso generalizar, porque o legal depende de cada um. Penso que a pergunta a fazer a si mesma é: como eu me sinto com isto?

Uma amiga, ao se fazer esta pergunta, decidiu ir em frente com o namorado e ser ambiciosamente experimental e ver até onde ia seu limite. O limite era evitar encontros que a faziam sentir-se mal e afetavam a sua autoestima, o que, obviamente, é uma decisão muito pessoal de cada um. Mas *existe* um modo de saber se um jogo ou uma posição vai funcionar com você. Examine a sua reação emocional posterior. E não ouça apenas o seu corpo, porque mesmo em circunstâncias negativas você pode ficar

108   OS HOMENS NO MEU DIVÃ

excitada, ou ao menos o seu corpo pode responder por conta própria. (Quando uma mulher fica lubrificada ao ser estuprada, ela está protegendo o seu corpo, o que não significa que deseje secretamente ser violentada.) Entre a fantasia e a realidade há uma linha tênue. Uma amiga me contou que seu namorado tentou cuspir nela e asfixiá-la, e depois ela não conseguiu se livrar da sensação de que os desejos dele tinham surgido de um lugar muito real e obscuro.

Outro sujeito tinha um fetiche masturbatório que consistia em alarmar mulheres desconhecidas. Quando sabia que sua vizinha estava em casa, ele abria a janela e fazia muito barulho, porque queria que ela o escutasse. Era uma excitação exibicionista. Nova York provavelmente é o lugar ideal para este tipo de fetiche.

Creio que o comportamento sexual tem um significado. Ele nos diz algo. O sexo é uma tela em branco, na qual as pessoas pintam os seus mundos psicológicos internos. A tela pode estar coberta com expressões de amor, alegria e celebração. Ou pode se tornar um aterro gigantesco de lixo inconsciente com antigos traumas enterrados, neuroses e fixações. Essa situação se dá por um processo de sublimação; as emoções não resolvidas são dirigidas para a sexualidade e se apresentam como desejo sexual. Isso muitas vezes acontece com os homens porque eles têm poucos escapes e oportunidades sociais para lidar diretamente com as suas emoções.

Um bom sinal de que essa quimera sexual existe é quando se fica preso a um ciclo repetitivo, como Charles; a ideia da traição era o *único* modo como conseguia sair disso. Ele estava preso àquele limitado raio de ação. Embora aquilo lhe parecesse benigno, como dizia Kelly, os jogos *eram ruins*. Em outras palavras, o que escorria do aterro inconsciente de Charles tinha poluído a integridade dos encontros sexuais deles, inundando-os de um sentimento generalizado de repulsa. Com o que Charles estava lidando, ou o que evitava? Seria um grito de socorro? Pedi que ele voltasse sozinho.

"Quem traiu você?", perguntei-lhe antes que se acomodasse.

Ele me lançou um olhar assassino que não ocultava a sua surpresa. Eu tinha acertado no alvo.

CHARLES 109

"Pra que falar de uma coisa que faz eu me sentir um merda?"

"Então, algo *aconteceu*..."

"É, mas qual é o sentido terapêutico de remexer no passado? Isso foi há muito tempo."

"Porque não está no passado", expliquei. "Seja lá o que for, você continua vivendo isso." Apesar da resistência dele, eu não ia deixar aquilo passar, e pensava que tinha direito de perguntar. "É, vai ser duro", respondi com gentileza, "mas vamos enfrentar isso".

A princípio relutante, e depois com uma energia crescente, Charles me contou a história do seu noivado quando tinha 20 anos. Ela fora o amor da vida dele e ele a considerava "um anjo".

"Meus sentimentos por ela eram tão intensos", disse ele com a voz rouca. "Não posso dizer que sinta o mesmo por Kelly. Eu estava tão feliz porque íamos nos casar. Sempre fui um cara monogâmico. Sempre fui, mesmo na adolescência. Eu só queria formar uma família." Charles começou a ficar inquieto e seus olhos vagavam pelo consultório.

"Mas um dia antes do casamento descobri que ela tinha dormido com o meu melhor amigo. O meu padrinho de casamento. Meu irmão flagrou os dois juntos. O que eu mais recordo é do momento em que ele me contou; foi na manhã do casamento e eu estava acordando, tomado pela felicidade mais pura que já tinha sentido. Aí o meu irmão entrou no quarto, se sentou na cama e me contou. Fiquei destruído. Na verdade, eu congelei. Fiquei ali. Meus braços e minhas pernas pareciam um peso morto; eu mal podia respirar. Ouvi o zum-zum da família se movendo pela casa e senti o calor do sol entrando pela janela, mas acho que a minha alma pulou para fora do corpo naquele momento. Meu irmão falou com todos por mim e ninguém entrou no quarto para ver como eu estava. Todo mundo saiu e a casa ficou em silêncio. Fiquei deitado na cama, paralisado. Isso foi há oito anos."

Sua angústia era palpável e o meu corpo foi absorvendo a corrente do seu sofrimento enquanto ele falava. Senti um nó no peito, meus olhos ficaram involuntariamente marejados e por um instante fiquei sem palavras. Sentia como se uma onda poderosa tivesse nos derrubado. Ficamos sentados por um instante, respirando, nos recompondo. Ambos queriam sair daquela

110 OS HOMENS NO MEU DIVÃ

intensidade, continuar falando. Eu podia ter escapado por uma análise intelectual, mas Charles estava preso àquele dano havia tanto tempo, que, por mais que quiséssemos evitar sua dor, a represa tinha se rompido e ele precisava suportar e extirpar aquela agonia.

"Você estava tão apaixonado..."

"Eu a adorava completamente. Estava totalmente aberto."

"E ela o decepcionou."

"Ela me *traiu*", disse ele de modo enfático. "Tudo em que eu acreditava era *mentira*, ela não me amava. Eu me senti um idiota." Ele soluçou.

"Ela fez você se questionar se *realmente* tinha sido amado. Se *alguma coisa* era verdadeira."

"Perdi tudo em um dia só: a minha inocência, os meus sonhos, o meu sentido da realidade — e, principalmente, a mulher que eu amava."

Foi um daqueles momentos que mudam uma vida, um cataclismo psicológico, quando o trauma da traição deixa a sua marca na psique de tal maneira que transforma para sempre o modo como a pessoa responde ao mundo. Imaginei o cérebro de Charles sendo febrilmente reprogramado, enquanto ele estava deitado na cama, mórbido e petrificado. E o resultado final: uma nova associação ligada ao amor de modo imediato e irrevogável. O medo. Não há trauma que afete tanto quanto a traição. A consequência é um tipo de estresse pós-traumático de relacionamento, um medo que desafia qualquer lógica, invade todos os pensamentos e se generaliza para todas as mulheres.

Para sobreviver, Charles racionalizava e evitava a verdade: "Eu não sou bom para abordar as mulheres, fico nervoso demais. Ainda não confio nelas. Resolvi que elas são sempre trapaceiras."

"Quando você começou a sexualizar a traição?"

"Depois daquele dia, nos primeiros meses eu fiquei em casa", explicou. "Meus amigos tentavam ajudar, mas eu não sabia como sair daquele sentimento. Um dia resolvi me acalmar me masturbando. Estava de saco cheio das lágrimas e da raiva e descobri que quando a imaginava me traindo, eu me excitava. Pensava nela fazendo sexo com ele e gozava com aquilo. Sei que isso soa estranho."

CHARLES

Na verdade, foi uma manobra psicológica esperta. Respeito muito a capacidade inconsciente da mente de dominar esse tipo de emoções humilhantes. Por meio da fantasia, ela conseguiu controlar o que ficou fora de controle. *Charles erotizou sua dor.* A vergonha se transmutou imediatamente em reação genital, superando o processo consciente. É uma espécie de vitória mental, um triunfo fictício que o levava da dor ao prazer. Toda vez que ele se premiava com um orgasmo, essa relação era reforçada na sua mente, criando um vínculo inexorável entre infidelidade e ereção.

Ele não fazia o *role-playing* pela diversão. Ele estava *preso à dor.*

Perguntei-me quão comum aquilo seria, e recordei de ter lido um relato de uma ex-garota de programa dizendo que uma das coisas que mais lhe pediam era para reencenar traumas antigos. Pobre Charles, sua paleta erótica estava tatuada nele. Como fazer para removê-la?

"Então você conheceu a Kelly", provoquei-o.

"É, mas eu nem pensava em namorar Kelly. Ela era tão linda e popular, que eu decidi que não tinha como ela ser fiel a mim. Estava acostumada a ter tanta atenção dos caras, que achei melhor ser amigo dela."

Contudo, Charles e Kelly tinham criado uma relação romântica e agora estavam noivos. Infelizmente, ele não tinha conseguido deixar seu passado sexual para trás.

"Nada mais funciona para mim e o pior é que não consigo olhar para Kelly porque aí tudo fica real", lamentou.

"O que aconteceu quando você tentou se masturbar com fantasias sobre Kelly?"

"Nada. Inércia. Meu pau nem levantou."

"Ok, alguma coisa está criando um bloqueio. Há algum problema entre vocês neste momento?"

"Nós não estamos fazendo sexo, como você pediu. Passamos menos tempo juntos. Ela está saindo muito com as amigas e eu... estou com ciúmes."

Pedi a Charles que explicasse como seus medos se manifestavam.

"Fico perguntando aonde ela foi e com quem saiu."

"O que você acha que está acontecendo?"

"Não sei. Estou ficando paranoico."

"Tudo bem ter pensamentos e sentimentos irracionais. Vamos examiná-los."

"Tenho medo de que ela esteja falando com outros caras, flertando e até me traindo."

"Isso deixa você excitado?"

"Na verdade, não."

"Ótimo! Já é um progresso." Charles estava sentindo, em vez de converter os sentimentos em fantasia erótica. Mas meu elogio foi um furo. A terapia tinha começado a desvelar seus sentimentos, e, quando Kelly começou a se distanciar, ele começou a se soltar. Com a ideia de Kelly andando pela cidade, seu maior temor era que ela conhecesse outra pessoa. Pensei em ensinar-lhe a conversar consigo mesmo em momentos difíceis, quando estava tomado pelo medo. Sugeri um diálogo interno. "Todos temos inseguranças, é um sentimento desconfortável. Não preciso reagir, não é nada, isso vai passar, a verdade é que..."

Em vez de se concentrar e se acalmar, Charles me olhou como se quisesse me bater. Seu rosto estava vermelho, seu cenho se franziu e ele me encarou como quem diz: "Eu estou em pânico e é isso o que você tem pra me dizer? Umas frases triviais? Um cartão de papelaria pra mim mesmo?"

Ele tinha razão. Charles tinha um gêiser emocional que borbulhou sob a superfície durante oito anos, e um par de clichês não o salvariam. O verdadeiro desafio era o que viria depois, como ele lidaria com a fúria da sua ansiedade.

Kelly pediu uma sessão individual comigo. Já fazia um tempo que eu não a via, e estava me perguntando por que ela estava se afastando de Charles e se ainda queria se casar. Ela estava chateada com a mudança no comportamento de Charles. Ele tinha começado a fazer algo que nunca tinha feito, algo que ela nunca pensou que ele seria capaz. Olhar para outras mulheres.

Ah, não!, pensei. O que ele está fazendo?

Kelly se sentira atraída por Charles porque ele parecia ser a escolha segura — o cara não tão bonito, mas leal, que "devia" se achar sortudo por

CHARLES

113

estar com ela e, portanto, devia adorá-la e idolatrá-la sempre. Isso era exatamente o que ela tinha até aquele momento e era o seu modo de controlar a própria ansiedade diante do amor. Agora, ela se sentia tão insegura como quando saía com caras atraentes, tanto os Peter Pan como os "pegadores". Estava tremendamente ressentida.

"Charles me dizia o tempo todo que eu era bonita; acho até que exagerava. De repente, ele parou. Está menos carinhoso também. E, quando saímos, eu percebo que ele fica olhando pra outras mulheres." Kelly estava ficando cada vez mais irritada. "A gente vai a um restaurante e ele literalmente fica olhando por cima do meu ombro quando estou falando. Odeio ter de lutar pela atenção dele. De repente, eu me vejo observando as outras mulheres *antes* dele, como se estivesse vasculhando em busca de ameaças. E, quando vejo que ele reparou alguém, eu fico possessa. Então, que diabo é isso?"

"Para você, o que significa que ele ache outras mulheres atraentes?", perguntei.

"Nunca tinha pensado nisso. Sempre pensei que eu era a mulher mais gostosa com quem ele tinha ficado."

"Então, ele não deveria reparar em mais ninguém?"

"Isso mesmo."

"É mesmo, como ele se atreve?", respondi, iluminando a irracionalidade dela. Mas eu sabia como ela se sentia. A reação de Kelly era parecida com as minhas diante do comportamento de Rami e, enquanto a desafiava, em silêncio eu desafiava a mim mesma.

Certa tarde de verão na Flórida, Rami e eu fomos a uma festa de um amigo dele. A casa enorme estava lotada de gente bonita dançando música latina, tocada ao vivo. Passei pela cozinha e vi Rami conversando animadamente com uma mulher venezuelana ou colombiana — um desses países onde todo mundo é insistentemente sexy. Observei-o conversar com aquela beleza desconhecida com uma familiaridade que me deixou incomodada. Quando me viu, ele me chamou para nos apresentar. Ela era amiga de

114 OS HOMENS NO MEU DIVÃ

um amigo, ou algo assim. Esqueci a história, mas tenho certeza de que pensei naquilo intensamente à época. Rami parecia animado comigo, mas, quando ofereceu um drinque a ela, soou ansioso demais para o meu gosto. Fiquei lá com um sorriso educado e depois me desculpei, fui para outra sala e me sentei.

Quando Rami me encontrou, percebeu que eu estava chateada. Ele me envolveu em seus braços e me acalentou por um instante. Depois passou uma mulher, outra gostosa curvilínea com cara de sul-americana, com longos cabelos negros esvoaçantes, e ela era tão sexy que eu me senti inadequada só de olhá-la. Ela era como pornografia vestida. Rami ficou ligado, se levantou e chamou-a pelo nome. Eu não tinha ideia de quem ela era.

"Ah, meu Deus, oi, Rami", ela gorjeou.

Saí para conversar com uma amiga que estivera observando a cena.

"Eu não aguentaria estar no seu lugar", disse ela. "Eu não sei como você consegue."

Aquilo foi a confirmação de que eu precisava para ficar realmente enfurecida. É, foda-se, pensei. Havia um fluxo constante daquele tipo de coisas — em toda parte aonde íamos. Às vezes ele recebia ligações de tais mulheres que dizia serem "só conhecidas". Ele dizia, como quem não quer nada: "Ah, é só a Marcela (ou Luz ou Maria), não se preocupe", como se eu fosse uma paranoica, uma espiã psicótica só porque tinha perguntado.

O pior era o seu olhar excitado quando atendia o telefone ou as via. Ele parecia muito ansioso em impressioná-las. Naqueles momentos eu me sentia roubada do que era especial em mim. Eu deixava de existir como a mulher dinâmica e inteligente que sabia que era. Em vez disso, sentia-me pequena e insignificante.

Comecei a perder a compostura.

Pouco depois, ficava irritada quando Rami passava o que eu considerava tempo demais durante a semana com sua advogada — almoços, jantares, drinques. Exigi saber por quê. "Não se sinta ameaçada", disse ele. "Fiz uma nova amiga. Além disso", acrescentou, "ela não é atraente".

Poucos dias depois, ele anunciou que jantaríamos todos juntos. Pensou que ajudaria se me apresentasse àquela mulher "não atraente". Quando

CHARLES 115

ela chegou, com um grande sorriso, era avassaladoramente bela e estive a ponto de explodir. Mas ela foi tão gentil e genuinamente amigável comigo que me contive e borbulhei em silêncio. Quando ela se foi, quis falar sobre isso, mas Rami dormiu.

Deitei-me ao seu lado, completamente desperta e fumegando: como ele se atreve a dormir quando eu estou com raiva?

Em um ímpeto, me levantei. Fui à cozinha e enchi um balde com água gelada, voltei para o quarto e joguei a água nele enquanto roncava. Ele pulou da cama e eu saí correndo do quarto. Ele me perseguiu pela casa pingando, nós dois aos gritos. Mais tarde, começamos a rir, e trinta minutos depois estávamos enroscados no lado seco da cama.

Tivemos muitas rodadas de loucuras como essa, com os ciúmes fluindo de ambos os lados. Às vezes estávamos fora da cidade e ele dizia: "Você está olhando para aquele cara! Eu sei que está! Está sorrindo para ele!" Ele ficava emburrado e não falava comigo. Depois dizia: "Vamos embora daqui."

Então, chegávamos em casa e fazíamos amor. Esse era o nosso normal.

Depois do incidente com a advogada, nós conversamos e ele admitiu que tentara me deixar enciumada porque isso o fazia sentir-se mais seguro — porque *ele* muitas vezes tinha ciúmes de mim. Quando me acalmei, comecei a perceber que, independentemente de como Rami tentasse me manipular, era sempre apenas a minha vaidade que tinha saído do controle.

Kelly estava realmente angustiada com o comportamento de Charles e eu precisava ir além do ataque de raiva. "Do que você tem medo?", perguntei-lhe.

"Acho que ele está perdendo o interesse em mim."

"Você quer dizer que, se ele reparar em outras mulheres atraentes, então você já não é atraente?"

"Não o suficiente. Quer dizer..."

"Você gosta de ser especial para Charles. Na verdade, você fez questão de escolher um cara que achou que amaria ter você. Que adoraria você."

Pela sua expressão, percebi que eu tinha posto o dedo na ferida. Mas ela não queria prestar atenção nisso. "Só sei que ele está agindo como os outros caras com quem eu saía antes", disse.

116 OS HOMENS NO MEU DIVÃ

"Você já foi traída antes?"

"Talvez. Não que eu saiba. Mas estive com caras que agiam como se pudessem fazer isso, e que jogavam na minha cara que era fácil para eles conseguir outras mulheres."

Essa é uma dinâmica muito corrosiva. Na verdade, a ameaça de traição pode ser pior que a traição em si. Um olhar sutil para outra, uma mirada óbvia, sorrir ou ficar animado com alguém, passar tempo falando com outra mulher, paquerar outra mulher na sua frente. A arma consiste em fazê-la pensar que algo *poderia* acontecer. Os seus piores medos são manipulados e aí surge a dúvida inevitável e o questionamento. Serei o suficiente?

Se você se descobre fazendo essa pergunta, é porque está malparada. É uma pergunta capciosa. Você pode não fazê-la a si mesma diretamente. "Ei, será que eu sou o bastante?", mas o sentimento de que não é está presente e causa toneladas de preocupação e incerteza. Lembro-me de quando descobri que estava passando por isso.

Era uma manhã como outra qualquer, pouco antes do trabalho. Eu estava fazendo a minha rotina diária de beleza. Tudo estava normal, até eu olhar com atenção o meu rosto no espelho. "Ai, meu Deus", pensei. Acho que descobri as primeiras rugas. Duplas, na testa, pouco acima do olho esquerdo. Aproximei-me do espelho para inspecioná-las. O comprimento, a profundidade. Dei um passo atrás. Virei o rosto de um lado ao outro em todos os ângulos. Fiquei horrorizada. Será que devia aplicar Botox? Devia usar franja? Devia me mudar para o subúrbio e me aposentar? Ok, aquilo era uma piração total. Observei meu rosto em todos os espelhos, sob todo tipo de luz. Elas ainda estão ali? E agora? Às vezes as rugas desapareciam e eu ficava aliviada, mas depois voltavam. Comecei a analisar meu rosto buscando sinais de envelhecimento. O olho esquerdo parecia caído. A pele estava descolorida pelo efeito do sol. É isso, a minha vida acabou! (Ou, mais precisamente, nunca mais vou conseguir atrair a atenção de Rami.)

A caminho do metrô e do consultório, meu humor ficava cada vez pior antes de o dia começar. Como eu tinha ficado assim? Como uma mulher que costumava caminhar pelo mundo sentindo-se bem consigo mesma começara tão rapidamente a se sentir não amável, sem valor e nada

CHARLES 117

atraente? Esta não sou eu! Em geral, eu acordava contente; caminhava animadamente, e tinha até um certo gingado. Agora, eu olhava no espelho os sinais do envelhecimento como símbolos da minha falta de atrativos. Como é que eu tinha me desligado tanto de mim mesma?

Todos gostamos de desfrutar do brilho das atenções e do afeto. Os olhos brilhantes quando alguém nos olha querendo nos conhecer, nos ouvir, cheios de desejo de tocar o nosso corpo. Queremos crer que essas respostas são dirigidas apenas a nós por nossas qualidades encantadoras e únicas porque, como todos os seres humanos, queremos ser especiais.

Agora, Kelly enfrentava o fato de que havia outras mulheres atraentes e que, sim, Charles podia reparar nelas e até deixá-la um dia. A realidade da incerteza e da impermanência nos relacionamentos é uma verdade que subjaz latente em todos nós, e muitas vezes confiamos na ilusão de que a nossa singularidade criará estabilidade. O novo comportamento de Charles forçou Kelly a pensar no relacionamento de outro modo.

É óbvio que os nossos relacionamentos com os outros estão inextrincavelmente ligados à nossa relação conosco. As outras pessoas funcionam como espelhos, refletindo quem somos. As mães refletem os seus bebês, os terapeutas refletem os pacientes e os casais refletem um ao outro. Isso se chama espelhamento, o que não é uma surpresa. O efeito é organizar o sentido que o paciente tem de si e da realidade. Quando o terapeuta espelha de volta os pontos fortes do paciente — o espelhamento positivo —, cria um impacto benéfico. Não é de estranhar que às vezes os pacientes pensem que estão apaixonados pelo terapeuta.

O espelhamento valida a nossa existência. Em um mundo de interações impessoais, há uma experiência poderosa quando alguém deseja olhar fundo dentro de você. O maior elogio é ser visto de verdade pelo outro. E, quando uma pessoa encontra você com amor e excitação, a validação é poderosa. A singularidade autêntica está aí — *na ligação*, e não no indivíduo.

Instintivamente, nós queremos o espelhamento positivo. Ele é parte importante da nossa dinâmica humana como seres sociais e não deve ser entendido como uma indicação de narcisismo. O narcisismo *pode* se

118 OS HOMENS NO MEU DIVÃ

desenvolver se tivermos uma necessidade exagerada, e as técnicas de espelhamento podem ser usadas para manipular: é uma habilidade brilhante usada por muitos sedutores famosos. Eles vão além dos elogios superficiais, detectam a essência da pessoa e espelham as suas diversas camadas de um modo positivo ("Ah, eu vejo a tristeza que você carrega, é tão bela.")

O problema é que, quando uma pessoa fica dependente demais do espelhamento como fonte de informação sobre si própria, ela perde a perspectiva do eu. Em que momento o efeito do espelhamento adquire tanta força que supera o sentido de si mesmo de alguém? Quando você começa a se perguntar se será suficiente.

Charles já não espelhava Kelly e, em consequência, seu sentimento de ser especial, bela e amada foi abalado. Eu queria encorajá-la a se manter confiante em si mesma na ausência das atenções dele, e a crer que o seu valor não deveria estar à mercê dos caprichos dele.

No início, Charles e Kelly tiveram uma ligação especial. Mas perderam a perspectiva quando se viram presas dos seus dramas. Agora, ela se fixara em por que Charles de repente precisava reparar em outras mulheres e resistia à minha tentativa de redirecioná-la para si mesma.

Certa noite, jantando com um grupo de amigas em um restaurante da moda no Lower East Side, sentamos ao redor de uma mesa grande e eu perguntei: "Vocês ficam chateadas quando o cara com quem estão repara em outras mulheres?" Seguiu-se um debate animado, com muitas acusações de quem ficava insegura e quem não ficava. Algumas disseram que não ligavam quando os olhos dos namorados se desviavam; era natural e elas não se sentiam ameaçadas. Outras disseram que podiam participar reparando em mulheres também, ou assinalando uma mulher bonita — desde que isso não durasse muito tempo. Mas outras achavam que, no mínimo, era falta de educação e, no pior dos casos, de mau gosto.

Uma das minhas melhores amigas não costumava se impressionar com as histórias de "terror" sobre traições que eu trazia do consultório. Ela sempre me olhava de um jeito como quem diz: "Pobre alma patética, você não está entendendo nada." Naquela noite, ela nos contou que se conformava

CHARLES

com o alerta que recebera do ex-namorado: "Os homens pensam em sexo o dia todo. Eles se imaginam fodendo com todas as mulheres que veem. Com a secretária, a mulher gorda na fila dos correios, a mãe do melhor amigo, a garota no balcão do Starbucks de cabelo rosa e tatuagem no pescoço, a contadora baixinha e todas as atrizes da televisão."

Eu não entendia como ela podia se conformar com aquilo.

"Quando estou em um jantar romântico com meu namorado, não quero que ele fique imaginando a garçonete nua", respondi.

"O importante é que ele não faça nada a respeito", respondeu ela. "É só o que importa."

"Bem, isso não ajuda muito o meu ego", retruquei. "Quero ser a mulher mais bonita e desejável que o meu namorado já viu na vida. Quero que ele esteja tão cativado por mim que nem repare na garçonete com seus seios posicionados na altura dos olhos dele perguntando, 'O que posso lhe oferecer?'"

Como as minhas amigas tinham sido testemunhas de algumas crises de ciúmes entre Rami e eu, todas sabíamos quem era a "insegura" — mas eu tinha a sensação de que aquilo não se referia só a mim. Sim, joguei um balde de água nele, mas e o cara que provoca intencionalmente esse tipo de reação na namorada?

Chegara a hora de uma sessão individual com Charles. Eu queria descobrir o que ele ganhava fazendo Kelly sentir ciúmes. E queria respostas para mim também.

"A Kelly sempre chama a atenção", disse Charles. "Os caras flertam com ela na minha frente. Ela adora isso, ao mesmo tempo que sabe que estou ali, babando por ela, feliz de estar com ela. Odeio este sentimento. E foda-se: agora eu virei a mesa."

"Mas qual é a mensagem que você quer mandar exatamente?"

"Que há outras mulheres por aí."

"Isso faz você se sentir bem?"

"Pra dizer a verdade, sim. Sinto-me bem melhor. Ela pode brigar um pouco pela *minha* atenção. Deixe-a pensar que precisa competir para tê-la." Charles se encheu de orgulho.

OS HOMENS NO MEU DIVÃ

"E como você quer que ela se sinta com isso?", perguntei indignada.

"Contente por ter a mim. Reconhecida pelo meu amor."

"E como ela lhe disse que se sente?"

"Com raiva."

"Para mim, isso não soa como reconhecimento, Charles. Parece que é o que você quer sentir. Você a faz se questionar sobre o valor *dela*, em vez do seu. Você quer se sentir estável, no controle, seguro — mas à custa dela."

"Eu não estou traindo a Kelly. Isso é inofensivo."

"Acho que deveríamos achar um meio melhor de lidar com os seus temores no relacionamento. Como você se sente quando os homens reparam muito na Kelly?"

"Insignificante. Não consigo deixar de pensar no que esses caras têm a oferecer que eu não tenho."

"Ok, Charles, entendi", respondi. "Você não quer perder a Kelly. Mas não precisa recorrer à manipulação para se sentir melhor consigo mesmo."

Sugeri que, da próxima vez que tivesse vontade de manipulá-la, ele respirasse fundo, prestasse atenção em si mesmo e se concentrasse no seu próprio valor.

"Quero que tente isso: concentre-se em *apreciar* este medo. Ele significa que você ama a Kelly e não quer perdê-la. Isso é uma coisa *boa*. Tente se concentrar em transformar esse medo em gratidão pelo vínculo especial entre vocês. É uma ligação que ninguém mais tem com ela."

"Será que estou destruindo esta ligação?"

Charles queria pegar um atalho. Ele tinha descoberto que a manipulação do ego o fazia sentir-se melhor e que, além disso, podia punir Kelly pela insegurança *dele*, em vez de tentar lidar com as ansiedades de relacionamento que o assaltavam havia anos. Agora, encarando suas apreensões de frente, esperei que ele fosse capaz de uma mudança real. Ele tinha se ligado ao conceito e percebi que se achava capaz de fazê-lo. Mas a grande questão que os pacientes enfrentam na psicoterapia é que a mudança emocional não ocorre porque falam dela em uma ou duas sessões ou porque choram. Não há descarga mágica que acabe com a dor para sempre. Isso ocorre praticando e programando direta e constantemente novos modos de lidar com as emoções que voltam uma e outra vez.

CHARLES

Charles mostrou pouco progresso nas sessões seguintes, e então trouxe Kelly. Pensei que fôssemos discutir como lidar com os ciúmes, mas ela tinha outra coisa em mente. "Charles", disse ela abruptamente depois que nos sentamos, "preciso lhe dizer uma coisa. Outro dia quando seu saí com o meu amigo Justin, acabamos indo pra cama". Ela o fitou com olhos de aço. Não parecia arrependida. Soou fria e punitiva.

Charles parecia um cervo diante dos faróis de um carro. "Eu não acredito", sussurrou. Ele virou o rosto para o lado, o peito arfando.

"Você me largou de lado, Charles. Achei que não estava mais a fim de mim."

"Mas eu estou. Eu..."

"O Justin me fez sentir como você costumava fazer. Eu precisava daquela atenção novamente."

"Kelly, eu não percebo nenhum remorso em você", intervim.

"Você tem razão. Estou com raiva dele." Ela começou a chorar.

"Você está tentando puni-lo."

"Eu quero terminar o relacionamento", disse ela, com uma firmeza ensurdecedora, e Charles gemeu.

"Kelly", disse eu, aumentando um pouco o tom de voz. "Quero que você pare agora. Não diga nada mais enquanto não examinarmos os seus sentimentos."

"Esqueça", respondeu ela. "Cansei. Primeiro, todo aquele fetiche dele e agora ele me ignora", afirmou com raiva narcisista.

"Eu sabia, sabia que isso ia acontecer", Charles falou abruptamente, completamente derrotado. "Eu sabia que em algum momento ela me trairia."

Eu tinha perdido o controle da sessão. Ótimo, pensei, depois de todo o trabalho que fizemos sobre as fantasias de traição, agora ele vai se traumatizar novamente. Quando Kelly foi embora, ele começou a enrijecer com o choque da revelação, como fizera no dia do seu casamento, deitado na cama. Seus olhos se esvaziaram, o rosto perdeu a expressão e seu corpo ficou catatônico.

"Charles, fique comigo", ordenei. "Fique no seu corpo. Levante-se. Respire. Bata o pé. Sinta, Charles. Você está seguro."

Ele cerrou os punhos e vi a expressão voltar aos seus olhos. Deu um berro profundo, e fiquei ao seu lado enquanto ele passava por diversas convulsões emocionais e, por fim, a fadiga.

Ele tinha provocado o que mais temia. Recriou o trauma original. Pôs Kelly no papel de que ele necessitava, apesar dos protestos dela. Ele a idealizou, depois pediu-lhe que encenasse o trauma no quarto e projetou seus medos nela fingindo que podia ser um conquistador, até que por fim provocou nela uma raiva que refletia a sua própria. Uma raiva aprisionada nos corredores profundos do seu ser por uma fantasia erótica que era como uma rolha na garrafa. Charles nunca completou sua reação ao incidente original; o processo tinha sido retardado. Ele vivera a dor, mas nunca avançou por seus estágios; não havia raiva, barganha ou aceitação — ele simplesmente tentou superar o sentimento sexualizando sua impotência diante dos caprichos de uma mulher.

Fiquei decepcionada ao ver que o ciclo de reatividade entre eles tinha levado à infidelidade. Eles amavam um ao outro de verdade. Perderam o controle com a ideia da traição e, por fim, Kelly a cometeu. Pensei nos modos como lidamos com este ciúme emocional enlouquecedor. Charles, Kelly, Rami, eu. Ninguém lidava diretamente com o medo — só o passava adiante como uma batata quente. Muitas pessoas vivem seus relacionamentos em uma espécie de equilíbrio entre a necessidade de amor e o medo dele. Mas, só para esclarecer, isso não é realmente medo do amor. Ninguém fica aterrorizado com o amor. O amor é maravilhoso. Mais precisamente, é o medo de perder o amor. Daí, colocamos uma responsabilidade imensa em outros para nos fazerem sentir seguros. A verdade é que ninguém pode dar segurança emocional, garantir fidelidade nem fazer as nossas inseguranças desaparecerem.

Basicamente, controlar nossos medos é um trabalho interior.

Charles continuou vindo. Ele percebeu que estava pronto para quebrar aquele ciclo. "Eu armei para ela. Eu provoquei isso. Preciso trabalhar este assunto", disse. Ele foi bem. Falou, conseguiu sair daquilo e abandonar a sexualização do trauma. Entendo por que era tão difícil. O ciúme, o medo

CHARLES

e a raiva são um triunvirato pesado e posso entender por que ele escolheu o atalho sexual.

Contudo, o ciúme refere-se, no fim das contas, à estabilidade do eu. Como a autoestima flui em harmonia com os relacionamentos, buscamos o equilíbrio para nos mantermos. Kelly traiu Charles para restabelecer sua percepção do eu como desejável, uma parte importante da sua identidade. O fato de ela também querer puni-lo era uma gratificação secundária para a sua ferida narcísica.

Quanto a mim, trabalhar com Charles me ajudou a encarar as mesmas preocupações. Observei a lenta deterioração da minha autoestima e o que eu estava fazendo a respeito. Contudo, em vez de jogar baldes de água gelada ou me mudar para o subúrbio, decidi me aferrar ao sentido do meu valor — custasse o que custasse. Eu podia responsabilizar Rami por seu comportamento, mas o que sentia com relação a mim mesma, isso era meu. Afinal, eu tinha dito a mim mesma no início do nosso relacionamento que queria abrir o coração e ser mais vulnerável.

Quanto à "situação das outras mulheres", eu precisava entender que não é justo fazer comparações. Em vez de me chatear pensando em como me saí, decidi relaxar e apreciar os dons alheios. Comecei a praticar isso. Quando saía com Rami e uma russa de rosto bonito ou uma bela jovem australiana se aproximava para cumprimentar o seu querido amigo Rami, eu me continha, respirava lentamente e me safava da situação.

Aquele foi um ponto decisivo muito consciente para lidar com as inseguranças que eu tinha acumulado. Eu não queria me sentir diminuída; queria abraçar minha própria beleza, desfrutar cada minuto dela e me orgulhar de cada passo que dava — mesmo que ele não notasse.

E as rugas? E daí? A crise não era por causa delas. Não era por Marcela, Luz ou Maria. Era sobre sanar o dano que eu tinha causado a mim mesma. Nenhuma ruga tiraria o meu brilho. Eu olhava para mim no espelho, não para as linhas no meu rosto. Eu via a mulher inteira e recordava quem eu era. Eu me aferraria ao meu sentido de autovalorização quando estivesse na presença de gente que admirava.

Isso é o que nos dá forças para lidar com as vulnerabilidades do amor.

O grupo de homens: euforia

Recebi um e-mail de um homem de quem pensava que nunca mais ouviria falar. Steve era um cara razoavelmente bonito e um corretor de imóveis bem-sucedido que possuía um belo veleiro. Tivemos um caso breve alguns anos antes de eu conhecer Rami.

Seu e-mail era direto: ele esperava que eu me lembrasse dele; disse que precisava me fazer uma pergunta importante e que eu não me preocupasse se estivesse casada ou envolvida com alguém. Suas intenções eram platônicas. "Eu agora vivo em San Francisco, mas terei prazer em viajar para onde você estiver, pois preciso conversar pessoalmente."

Isso era tudo. Nada de amabilidades, notícias sobre sua vida ou perguntas sobre a minha. Duvidei que o encontro servisse para outra coisa além de me entreter na hora do almoço e, para ser sincera, nunca mais tinha pensado em Steve depois de vê-lo pela última vez.

Naquela época, já tínhamos saído diversas vezes quando ele me levou à casa dele — uma cobertura na praia. Embora fosse mobiliado com bom gosto, o apartamento parecia mais um modelo decorado de uma imobiliária que um espaço habitado. Eu não vi fotos, correspondência, recordações pessoais etc. Ele podia ser minimalista ou simplesmente despojado, mas minha intuição indicava outra coisa. Ficamos na cama um tempo beijando-nos e, quando ele se desculpou e foi ao banheiro, eu pulei da cama e abri o armário. Totalmente vazio! Nem mesmo um par de meias sujas. Ai, meu Deus! Percebi que ele não vivia ali.

Confrontei-o e ele confessou que era casado — com filhos — e que tinha alugado aquela cobertura havia alguns anos para levar mulheres para lá. Fiquei mortificada. Ele explicou que estava preso em um casamento infe-

126 OS HOMENS NO MEU DIVÃ

liz e que aquela era a única saída. Mas não queria se divorciar da esposa enquanto não encontrasse alguém para amar — e confessou que tinha sentimentos genuínos por mim.

Aquilo não fazia diferença. Eu nunca confiaria em alguém que fosse capaz de tanta duplicidade, então fui embora imediatamente. Mas Steve não desistiu. Passou semanas enviando mensagens de texto e e-mails dizendo que tinha uma ligação especial comigo. Fazendo um grande sacrifício, chegou a dizer que deixaria de sair com outras mulheres. Eu seria a única. À exceção da sua esposa. Que honra! Eu seria a favorita do harém. Tudo o que precisava fazer era destituir a esposa e virar rainha.

Disse a ele que nunca mais me procurasse.

Eu não tinha motivo para encontrá-lo, mas fiquei curiosa. Pensei que poderia aprender algo útil para usar com os meus pacientes. Mandei um e-mail dizendo que vivia em Nova York e que ele seria bem-vindo para um encontro em um café. Steve respondeu dizendo que viria dali a poucos dias.

Enquanto isso, não pensei nele em momento algum. Estava ocupada demais. Além das sessões individuais, tinha um grupo de homens uma vez por semana. Eram cinco membros, e eu os recebia para sessões individuais também. Cada membro assinou um compromisso de confidencialidade, para que se sentissem seguros para falar abertamente.

O grupo não tinha tópico nem agenda. Todos podiam falar sobre o que quisessem, e eu nunca sabia onde aquilo ia dar. Tampouco havia uma estrutura, então qualquer um falava em qualquer ordem, e era muito interessante observar como reagiam a isso. Eu os despi dos seus papéis sociais; eles estavam em um campo igualitário.

Às vezes havia silêncios incômodos que traziam à tona todo tipo de ansiedades sociais, principalmente para ver quem começaria e quem achava que valia a pena que escutassem o que tinha a dizer. Quem assumiria a liderança? Quem monopolizaria o grupo? E quem reagiria? Alguém se sentiria um peso no grupo? Achavam que mereciam apoio? Eram capazes

O GRUPO DE HOMENS: EUFORIA

de recebê-lo? Saberiam compartilhar e realmente tolerar aquele tipo de intimidade pública? Precisavam ser o solucionador de problemas para alguém? Tentariam assumir o papel de líder ou se eximiriam dele? Eu achava fascinante ver surgir rivalidades e perceber que muitas vezes alguém se impunha como o macho alfa e os demais aceitavam papéis subordinados.

Os participantes eram Buddy, Oscar, John, Antoine e Andrew.

Antoine, um músico francês, era impressionantemente sexy e tentava se recuperar de uma decepção amorosa. Vestia-se como um James Dean jovem, e sua personalidade espelhava a do rebelde icônico. Estrangeiro, artista, nada convencional — sofrido e sentimental, com um belo rosto moreno.

Andrew preferia ternos e gravatas poderosas. Muitas vezes era cerimonioso, educado e não era bom de conversa fiada, como convinha a um funcionário de banco ou a uma pessoa totalmente deslocada. Estava solteiro havia dez anos, depois de decidir deixar a mulher porque já não a amava.

Buddy gerenciava uma sucursal dos correios. Magro, a caminho da calvície, cheio de si e tão impositivo quanto suas muitas opiniões; ele nunca concordava com ninguém.

John amava as mulheres — para alienar-se. O jeito arrumadinho de se vestir não correspondia ao seu discurso cheio de lábia. Infelizmente, ele não confiava nas mulheres o suficiente para ficar com uma por muito tempo.

Oscar era o típico membro do clube do Bolinha. Traía a mulher compulsivamente e repudiava as mulheres em geral. Era dono de uma empresa e não escondia a sua desconfiança de que eu o achava pessoalmente desagradável e não ligava muito para ele.

Certa noite, Oscar provocou uma grande confusão com a discussão sobre se continuava com a mulher, Nora, ou a deixava por uma jovem chinesa. Shelly era sua secretária, uma imigrante recente que ele contratara informalmente. Ela era mãe solteira. Eles dormiam juntos havia quase um ano e ele tinha montado um apartamento para ela, convenientemente próximo do seu escritório no Centro.

128   OS HOMENS NO MEU DIVÃ

Depois de passar um mês incansavelmente indeciso nas sessões individuais, ele decidiu levar o problema para o grupo. Esperava que as contribuições o ajudassem a ter certa clareza. "Não sei se realmente amo a Shelly", explicou. "Talvez seja só uma obsessão. Mas ao menos sinto *paixão*. Não sinto nada pela minha mulher. Acho que isso significa que a coisa com ela acabou."

"Que carências suas a Shelly preenche?", perguntou John. Ele era quem tinha mais tempo de tratamento individual e às vezes fazia perguntas usando a terminologia clínica.

"Carências? Tudo que não tenho com a minha mulher", respondeu Oscar. "Atenção, afeto, sexo. Nossa! A minha mulher vive tão voltada para as crianças que mal repara em mim quando chego do trabalho. A Shelly faz de tudo na cama."

A descrição provocante do entusiasmo sexual de Shelly atraiu a atenção imediata do grupo. "O que você quer dizer com *de tudo*?", perguntou John.

A resposta foi um suspense — e eu esperei que não nos desviássemos do assunto. Oscar explicou que Shelly fazia pequenos vídeos de si mesma se masturbando e os entregava a ele no escritório. "Levei um para casa e assisti enquanto a minha mulher estava com as crianças", contou. "E ela me pegou."

Houve um gemido coletivo no consultório. "Minha mulher ameaçou se divorciar, mas não cedi. Antes de sair, disse a ela que se me quisesse de volta tinha de satisfazer as minhas fantasias sexuais."

"E o que ela disse?", perguntei.

"Ela ficou furiosa."

As coisas pioraram. Alguns dias depois de Oscar contar a história no grupo, a mulher dele, Nora, me ligou. "Isto é muito doloroso", disse. "Em vez de dizer, 'Cuide-se, eu te amo', e falar alguma coisa sobre as crianças, ele me diz que tenho de satisfazer as fantasias sexuais dele e sai batendo a porta." Então ela assistiu ao vídeo — e alguns outros que encontrou escondidos em uma gaveta da escrivaninha. "Aquela puta enfiava... objetos inanimados no ânus!", disse ela chocada. "Não posso lhe dizer o que mais há naqueles vídeos, é tão asqueroso."

O GRUPO DE HOMENS: EUFORIA

Oscar acabou voltando para casa e Nora o recebeu, mas não o deixou dormir no quarto do casal. Ela parecia disposta a resolver os problemas entre eles. Porém, Oscar continuava em cima do muro e não sabia para onde pular. Talvez pareça louco que fosse ele quem queria pôr fim ao casamento, mas suspeito que em grande parte isso se devesse ao seu sentimento de impotência no relacionamento. Em uma sessão individual ele me contou que Nora era mais escolarizada do que ele e a família dela tinha dinheiro. "Não posso impressioná-la com status ou riqueza", queixou-se. "Isso é intimidante."

Na sessão de grupo seguinte eu levei essa ideia e disse a Oscar: "Da última vez, você disse que uma das coisas que despertava seu tesão por Shelly era que ela fazia de tudo na cama, e a sua exigência com Nora foi que para voltar ela teria de satisfazer as suas fantasias sexuais. Por que é tão importante que a mulher faça qualquer coisa por você?", perguntei.

Buddy apitou antes que Oscar pudesse responder. "Poder. Controle sexual total sobre alguém." Os outros homens assentiram com a cabeça em concordância.

"O que você pensa disso?", perguntei a Oscar.

"O que penso? É isso mesmo."

"Você tem uma empresa", disse John. "Isso não é poder suficiente?"

"Não é a mesma coisa", disse Oscar.

"Que o quê? Que exercê-lo sexualmente?", contrapôs John.

"Acho que o poder muda as pessoas. Ele me deixou ganancioso por mais poder", admitiu Oscar.

"Isso é verdade", disse Buddy. "A gente se embriaga com o poder e quer mais. Perde a perspectiva."

"Houve um momento na sua vida em que se sentiu impotente?", perguntou John, e me olhou pedindo a minha aprovação. Oscar meditou sobre aquilo. Impaciente, John começou a falar. "Acho que você...". Ergui a mão para calá-lo. John e Buddy, homens confiantes, em geral disputavam a liderança do grupo e rivalizavam pela minha atenção. Ambos se comportavam como estudantes modelo, e suas perguntas seguiam o meu estilo. Em geral, usavam a terminologia corretamente, mas aquilo não era prova de crescimento. John tinha forte tendência competitiva com outros homens, e Buddy reagia a ele. Eles estavam fazendo o *acting out* de seus próprios problemas e, se eu não fosse cautelosa, se apossariam da sessão. Pensei em chamar a atenção deles, mas Oscar estava a ponto de dizer algo.

"Vamos deixar Oscar pensar um instante", disse.

John se chateou. Ele não gostava de que lhe mandassem calar.

Por fim, Oscar desembuchou a resposta em um sussurro titubeante e tenso. "Eu sofri abuso sexual do meu irmão mais velho durante anos." Ele se forçou a manter contato visual com o grupo, que não estava pronto para aquela surpresa. "E não podia contar à minha mãe porque ela gostava mais dele." Ninguém sabia o que dizer diante daquela bomba inesperada — nem eu, que tampouco sabia daquilo. Um silêncio incômodo se instalou na sala.

"Vocês estão tão calados...", disse eu por fim. Com frequência o grupo tinha dificuldade de responder de modo empático, como a maioria dos homens, mas, agora que Oscar tinha se arriscado a se abrir, ele precisava de apoio. Oscar esperava, constrangido, e eu também me senti assim. Também sentia um pouco de raiva porque ninguém falava.

Buddy rompeu o silêncio. "Não sei o que dizer", defendeu-se.

"Ah, obrigado por compartilhar isso, cara", disse Antoine. Pensei que ele estivesse meditando em silêncio, mas ele estivera ouvindo.

"É, isso é horrível, cara", disse John.

"É, obrigada por dizer isso. O que levou você a contar esta história agora?", perguntei-lhe.

"Acho que ele me controlou sexualmente por todos aqueles anos", respondeu Oscar. "Agora, eu fico inebriado quando estou no controle. Por um tempo parecia que eu tinha controle total com Shelly, mas já não tenho mais, porque fui completamente fisgado."

"Você já se sentiu poderoso com a sua mulher?", perguntou Buddy.

"Não."

"Posso entender isso", disse Buddy com um sorriso irônico.

O GRUPO DE HOMENS: EUFORIA

"Minha mulher toma todas as decisões na casa", explicou Oscar. "Sei que isso acontece porque nunca estou presente, mas me sinto inútil quando estou lá. Para ela, eu sou só um cheque. Acho que ela não reconhece nada." Eu ouvia essa queixa dos homens com tanta frequência que queria que todas as mulheres soubessem disso. Ouçam com atenção: para o homem é muito importante sentir-se reconhecido.

"Então você tem raiva quando alguém te controla", disse Antoine.

"O que faz sentido, com uma história de abuso sexual", completei.

"Prefiro uma mulher pobre que reconhece o que lhe dou e faz qualquer coisa para me agradar", disse Oscar.

"O que faz você se sentir poderoso", afirmou Buddy que, pelo que eu podia ver, estava genuinamente identificado com Oscar.

"É, e agora estou viciado nisso, cara."

Homens com problema de poder costumam criar desequilíbrios de poder em ambas as direções. São propensos a ser atraídos tanto por mulheres que, na opinião deles, têm um status inferior, como por mulheres com status superior. Obviamente, Shelly tinha sido brilhante. Espertamente, ela intuiu a necessidade de poder de Oscar e capitalizou em cima dela. Ela se tornaria sua escrava sexual e o faria sentir-se poderoso como ele precisava. Ela chegaria a se humilhar. Em troca, ele a sustentaria financeiramente. Mas ela o estava pressionando para tornar aquele arranjo permanente. Queria que ele deixasse a mulher para se casar com ela. Oscar deixara claro que não se divorciaria de Nora, mas de qualquer modo Shelly continuou a pressioná-lo. Para aumentar a pressão, ela contava a ele no escritório que depois do trabalho ia a uma boate com as amigas para se embebedar — enquanto ele ficava em casa com a família. Depois, ela lhe enviava torpedos contando que estava se divertindo e que sentia saudades dele. Ela nunca o ameaçou diretamente, mas o deixava imaginar que a mulher atraente que realizava todas as suas fantasias era tecnicamente solteira e podia realizar as fantasias de qualquer homem que encontrasse.

A ameaça velada deixava Oscar temeroso. Shelly estava jogando com o sentimento de controle que Oscar tinha sobre ela. Ele ficava eufórico

132 OS HOMENS NO MEU DIVÃ

toda vez que ela continuava escolhendo-o em detrimento das ofertas em potencial — embora fossem todas ilusões criadas por Shelly. Ele passava a noite toda pensando no que ela podia estar fazendo. Estava obcecado. É bastante fácil fazer alguém ficar obcecado. Você simplesmente alimenta o ego da pessoa, depois fica fácil manipular qualquer um. O segredo é um dos princípios mais básicos dos estudos comportamentais: o reforço. Existe um reforço previsível e programado. Por exemplo, receber o pagamento toda sexta-feira, ou sempre fazer sexo no Dia dos Namorados. Você sabe que vai ter aquilo, o que garante a sua conformidade — aparecer no trabalho a semana toda ou levar para casa uma caixa de chocolates em forma de coração em junho. Mas isso também elimina parte da excitação.

O reforço intermitente é muito mais poderoso. A programação é aleatória. Você não consegue adivinhar quando terá a recompensa. Nesse caso, os ratos pressionam as alavancas como loucos, na esperança de que a pressão acabe gerando a liberação de uma guloseima. Para os humanos, o reforço intermitente é como os caça-níqueis de Las Vegas. Calculista ou apenas esperta, o caso é que Shelly tinha entendido tudo. Dar um pouco e depois tirar. Deixar Oscar confuso e, quando tivesse o que queria novamente, ele sentiria a emoção da adrenalina. Sim, sim, sim! Era isso que Oscar interpretava como paixão.

"Você alguma vez sentiu paixão pela sua mulher?", perguntou Buddy.

"Sim, por muito tempo. Eu amava a sua personalidade forte, agora ela tomou conta do relacionamento."

"Você parece ter muita raiva da sua mulher", disse eu. "Eu me pergunto se isso tem ligação com a raiva que tem do seu irmão... e da sua mãe, por preferir a ele."

"Você quer dizer que estou jogando isso na minha mulher?", perguntou Oscar.

"Talvez", respondi. "As situações de raiva intensa podem vir à tona e eclipsar o seu sentimento de amor. O amor pode ainda estar lá, mas fora do campo de visão. Isso acontece frequentemente. As pessoas pensam

O GRUPO DE HOMENS: EUFORIA

que o amor está morto, mas, na verdade, a raiva avisa que ainda há algo vivo ali."

"Quando uma coisa acaba, ela acaba", interveio Andrew. Por isso eu deixei a minha mulher, e foi uma boa decisão. Desde então, eu tenho me divertido."

"Então, por que você está se tratando?", retrucou Oscar. "Você está solteiro há dez anos. Qual é?"

Andrew tinha uma resposta pronta, que àquela altura fazia parte da sua natureza. "Eu ainda não encontrei ninguém com quem me sinta conectado", respondeu. "Aquela química, aquela mágica..."

Andrew era o *outsider* do grupo. Sempre colocava a sua cadeira um pouco separada dos demais. Só às vezes participava do papo informal antes e depois das sessões. Raramente falava muito quando outros pediam ajuda e, quando falava, opinava em um tom de superioridade.

Ele também era o mais arredio nas sessões individuais. Esperava que eu desse uma interpretação e depois decidia se eu estava certa ou errada. Ele tinha um jeito monótono, com uma raiva subjacente, mas dizia que não sentia muito emocionalmente. Na verdade, ele bebia para "intensificar" suas emoções, porque "a vida é uma terra desolada sem um bom uísque ou uma boa mulher". Ele odiava as banalidades da vida cotidiana e me encarava do jeito que encarava o uísque e as mulheres — esperando que eu lhe desse algo.

"Saio com mulheres o tempo todo, mas quando não é mais divertido eu as deixo. Não conheci ninguém suficientemente convincente para me fazer ficar", disse ele a Oscar, em um tom que indicava que não queria continuar explorando a questão.

"Talvez seja você quem não é convincente", devolveu Oscar.

Eu estava a ponto de intervir, mas Antoine se adiantou. "Se você quer sentir, precisa se importar com alguém, cara. Sei disso porque o meu problema é que eu me importo demais. Me apaixono perdidamente, não consigo esquecer uma mulher. Continuo amando todas as minhas ex-amantes."

Andrew cerrou os dentes e meneou a cabeça. "Andrew, no grupo você não

134 OS HOMENS NO MEU DIVÃ

faz nenhum esforço para nos conhecer", Antoine prosseguiu, "e presumo que faz o mesmo com as mulheres. Você precisa se *envolver* na vida, cara. Precisa se abrir para as mulheres, ver a beleza delas, encontrar a poesia delas. Todo ser humano é uma criatura importante — até você".

Para minha surpresa, Andrew não tentou refutar a análise de Antoine. "Eu achava que tinha uma vida boa, uma grande carreira, um apartamento legal", disse, encolhendo os ombros. "Mas nunca imaginei que me sentiria tão vazio."

"Eu pensava que amava demais as mulheres", disse Antoine. "Eu fantasio com todas elas. Fico fascinado com o rosto delas, encantado com seu corpo adorável, anseio pelo toque delas. Fico doente de amor, não consigo dormir quando estou sozinho, e não consigo escrever sem uma musa. Não funciono. Quando elas se vão, eu quero morrer."

"Mas agora eu percebo que simplesmente eu não me amava o suficiente", concluiu.

"Eu também quero ter esse sentimento de euforia", disse Andrew. "Sei que ele existe. Eu já senti isso antes."

"Andrew quer se sentir inebriado", disse eu ao grupo. "Isso é amor?"

Em essência, isso era o que cada um daqueles homens sentados em semicírculo diante de mim queria saber. Todos experimentavam sentimentos fortes, mas o que eles eram exatamente? Amor? Obsessão? Gratificação egoica? Um coquetel de hormônios? Algum deles seria suficiente para sustentar um relacionamento duradouro?

"Antoine levantou uma questão importante para todos aqui", disse eu. "O que cada um de vocês não está proporcionando a si mesmo?"

"Tenho uma ideia", respondeu Antoine. "Poderíamos fazer aquele exercício de meditação que fizemos há algumas sessões?"

Ninguém se opôs. Eles fecharam os olhos e eu os guiei em um exercício de visualização para criar sentimentos de amor por si mesmos. É uma intervenção que faço com frequência. Soa um pouco piegas, mas eu não ligo, porque funciona bem. Desta vez, vi lágrimas nos olhos de Oscar e de Andrew.

O GRUPO DE HOMENS: EUFORIA

Steve me encontrou numa terça-feira à tarde em um café do West Village. Cheguei alguns minutos atrasada, mas ele não tinha chegado, então escolhi uma mesa pequena no fundo, pedi um cappuccino e folheei o *New York Times*.

Por fim Steve chegou, com um sorriso largo e alguns quilos a mais, mas no resto parecia o mesmo. Ele não conhecia Manhattan e tinha se perdido no metrô. Estava muito animado e um pouco nervoso. Não quis café nem papo furado. "Vou direto ao assunto", disse. "Continuo casado e há pouco tempo contei à minha mulher sobre todos os meus casos e disse que estava infeliz em um casamento sem amor. Ela quer que fiquemos juntos e quer que tentemos criar um clima de romance. Disse a ela que tentaria por dez meses, até o nosso próximo aniversário de casamento. Se eu não me apaixonar por ela novamente, peço o divórcio."

Após uma pausa para recuperar o fôlego, ele prosseguiu: "Então, Brandy, tem uma coisa que preciso saber para ter paz de espírito antes de fazer um investimento emocional no meu casamento. Primeiro tenho que dizer que consegui tudo o que sempre sonhei: muito sucesso nos negócios, viagens pelo mundo, casos com centenas de mulheres. Mas nunca senti o entusiasmo que senti com você. Há anos venho pensando em você todos os dias. Por favor, não minta para mim, isto é muito importante para a minha vida. Preciso saber se você alguma vez sentiu o mesmo por mim."

O quê? Eu não conseguia nem responder. Mas o meu silêncio deixou Steve nervoso, então ele prosseguiu. "Sinto como se tivesse feito tantas coisas que tudo perdeu o halo do encantamento. Você foi a mulher mais luminosa que eu já conheci. O mundo parece que se acende quando estou com você."

Instintivamente, assumi um tom profissional. "Então, você quer se sentir vivo novamente."

"É, aquela euforia. Ela é mágica. As cores do mundo parecem mais vibrantes."

Steve estava disposto a abandonar a esposa para sair em busca daquele sentimento de euforia. Mas temia que aquilo não durasse, e não sabia se queria jogar fora tudo o que tinha construído para ter aquele "barato".

Então, queria saber se eu tinha sentido a mesma coisa por ele, mas tudo o que eu conseguia pensar era: *isso é o que ele pensa que é o amor?* É isso o que os homens — ou todos nós — buscamos? Entendi. A euforia era o tema do momento no meu grupo, e acho que eu ainda me aferrava a essa ideia com Rami. Mas eu estava começando a me desiludir com aquilo. A euforia é maravilhosa. Devemos aproveitá-la. Mas, como os meus pacientes e eu, Steve queria a experiência de pico *o tempo todo.* Obviamente, essa não é uma expectativa realista em um relacionamento. Ele parecia confundir entusiasmo com paixão. Não tolerava o seu estado normal. E tinha projetado em mim suas fantasias sobre o que o amor devia ser. Tive pena dele. Estava perdido e confuso, e preso no mesmo ponto em que se encontrava quando eu o vira pela última vez. Além de não estar de modo algum interessada nele, eu não sairia com um vampiro emocional que queria se alimentar da minha energia.

Eu tinha certeza de que ele percebera que não me convencera, então ele começou a contar que tinha se casado jovem porque ela era a garota mais bonita que ele já tinha visto. Mas logo percebeu que ela não era um bom par, e ele não gostava da sua companhia. Porém, era tarde demais, pois eles começaram a ter filhos cedo e ele sentia-se culpado em deixá-los. No seu entender, estava preso. Para compensar, ele procurou outras mulheres e outras metas, mas nunca aprendeu a ter o que queria.

Ele contou que, em mim, encontrou o que estava procurando: uma paixão para a vida toda, o gosto pelas pequenas coisas, a capacidade de descobrir aventuras no cotidiano, uma mente curiosa e o desejo de se conectar com as pessoas. O problema é que ele estava procurando aquilo em mim, e eu queria que ele entendesse que a felicidade vem do envolvimento com nossa própria vida.

"Claro que você se sente muito ligado a mim", disse eu. "É uma habilidade que eu desenvolvi. Sou paga para isso. Talvez você devesse aprender isso e tentar aplicar na sua mulher, em vez de exigir que ela o deslumbre."

"Você está tentando analisar os meus motivos, como se eu fosse um paciente", respondeu Steve. "Ouça, só quero saber se você sentiu a mesma coisa ou se passei anos inventando isso."

O GRUPO DE HOMENS: EUFORIA 137

"Nunca senti algo assim por você. Nunca mais pensei em você", respondi constrangida.

"Sou grato pela sua franqueza. Você me ajudou, obrigado."

Ele saiu do café aparentemente satisfeito. Desejei-lhe boa sorte no meu íntimo, mas sem muitas esperanças. Nunca mais soube dele.

Minha caderneta de terapeuta: o que os homens querem, duas conversas com Michael

Os homens me contam exatamente o que querem. Muitas vezes eles se jogam no divã, inclinam a cabeça e falam diretamente: "Quero sexo sem compromisso". "Quero sexo desinibido e selvagem." "Quero paixão." Um cavalheiro explicou o seguinte: "Eu só quero mulheres nuas", como quem diz: "Escute, moça, você está analisando demais."

De qualquer modo, parecia que meu interrogatório incessante acerca de seus comentários simples muitas vezes apontava verdades complexas.

Michael era um exemplo engraçado. Um cara solteiro de Oklahoma, conciso e espirituoso, ele adorava rir das minhas análises elaboradas e me desafiava com uma lógica simples que era difícil rebater, principalmente com seu adorável sotaque sulista.

"Eu me masturbo todos os dias e ainda assim preciso fazer sexo, isso é um problema?", perguntou, rindo consigo mesmo e me provocando um pouco por ser tão séria. Em vez de analisar sua necessidade de brincar, resolvi levá-lo a sério.

Eu: "Como você sabe que precisa fazer sexo?"
Michael: (sorrindo) "O que você quer dizer? Eu sei."
Eu: "Bem, como você se sente?"
Michael: "Fico agitado e penso coisas sobre todas as mulheres que passam por mim."
Eu: "Você se sente melhor quando se masturba?"

140 OS HOMENS NO MEU DIVÃ

MICHAEL: "Não. Talvez precise fazê-lo mais, talvez eu seja um cara com um forte impulso sexual. O que é se masturbar demais?"

EU: "Não sei quantificar, Michael, mas, se a masturbação diária não o satisfaz, não acho que demais seja a resposta. Talvez você queira algo mais. Quero ajudá-lo a ter mais consciência das suas motivações sexuais. O que é que você quer realmente?"

MICHAEL: "Juro que não sei, doutora. Quando as mulheres passam diante de mim, só consigo imaginá-las nuas."

EU: "Ok, mas você *fica* agitado. Vamos prestar atenção no que isso pode significar. Acho que a energia sexual em si é ótima. É uma fonte importante de vitalidade para as pessoas; nossos sentidos ficam aguçados, nos sentimos vivos e revigorados. Porém, você não está desfrutando disso; você está frustrado. Por quê?"

MICHAEL: "Porque não faço sexo há quatro meses."

EU: "Mas você tem uma descarga física todos os dias."

MICHAEL: "Mas não com uma mulher de verdade."

EU: "O que você quer de uma mulher de verdade?"

MICHAEL: "Toque, afeto, alguém pra namorar, conversar..."

EU: "Ok, então você está solitário?"

MICHAEL: "É. A verdade é essa. Só que eu não admito isso, acho."

EU: "Você está solitário. Como é admitir isso?"

MICHAEL: "Triste."

EU: "O que é triste?"

MICHAEL: "Eu me sinto um fracasso."

EU: "Como você evita os seus sentimentos, o desejo de se conectar com uma mulher se manifesta como tesão. Acho que você está substituindo uma motivação pela outra."

Como ocorre com muitos pacientes, na verdade Michael não sabia o que queria. Ele não reconhecia claramente a sua solidão e, em vez disso, seu corpo experimentava uma sensação de excitação sexual — uma sublimação física. Com ele, como com outros homens que orientei para que se conscientizassem da verdadeira natureza dos seus desejos, um monte de

MINHA CADERNETA DE TERAPEUTA

anseios emocionais afiguravam-se entrelaçados com o que eles achavam que queriam.

Muitas vezes vi isso ocorrer na psicoterapia. Há um período de intensidade emocional: um rompimento, uma mudança, a perda de alguém querido. O paciente é tomado pela emoção. Em um momento está inundado de dor e então, de repente, sente-se excitado e em seguida faz sexo de um modo abrasador ou se apaixona perdidamente. A questão em terapia é que eu sei que isso não é real, mas o paciente não sabe.

A mente tem muitos meandros interessantes para controlar a dor emocional: a paralisia, a dissociação, a projeção etc. Esse mecanismo particular é um dos exemplos mais sexy. É como tomar Ecstasy e depois, em vez de se sentir perdido ou com medo, ter vontade de abraçar todo mundo. Você não está aplacando seus sentimentos, na verdade só está modificando sua forma. Tento ensinar os pacientes a ficarem mais atentos a suas emoções e motivações essenciais. Mas sei que isso é um corta-tesão.

Michael tinha alguns problemas, como ficou claro com a sua urgência e agitação em obter sexo. Mas ele não acharia o que procurava se continuasse acreditando nas quimeras do seu inconsciente. Como vimos, ele não estava consciente da própria solidão. E, como veremos, havia outra camada por baixo dela.

Este exemplo assinala a importância da plena atenção sexual. A fantasia sexual e até mesmo a experiência física do tesão muitas vezes se superpõem a outros anseios que representam algo de que se necessita *fora* do sexo. Por que a sublimação? Por que não saber o que se quer e correr atrás? Por que o complexo labirinto emocional?

O diálogo seguinte ressalta por que saber o que se quer e correr atrás não são tão fáceis.

MICHAEL: "Eu só quero sexo. Não estou interessado em um relacionamento com uma mulher neste momento. Acho que procurar prostitutas seria mais pragmático. Pago e tenho o que quero, sem laços. Só queria ter sexo sem precisar pagar. Por que deveria pagar por isso? Por que sempre tem algum problema com as mulheres em relação a isso? Se estou com tesão, eu deveria poder dizer a uma mulher que estou com tesão e perguntar se podíamos trepar. Por que sempre precisa haver um relacionamento no meio? Por que sempre precisa haver emoções no meio? As mulheres não têm tesão também? Elas não gostam de simplesmente foder?"

EU: "Você já perguntou isso a alguma?"

MICHAEL: "Não, não quero me dar o trabalho. Encontrar uma mulher é difícil, abordá-la é difícil. Dá muito trabalho ler os sinais dela. Preferia não me ocupar com isso. É mais fácil chamar uma prostituta."

EU: "Bem, parece que a coisa está funcionando para você, então."

MICHAEL: "Só que é difícil encontrar prostitutas no estilo que eu gosto, que queiram fazer o que eu quero."

EU: "O que você quer?"

MICHAEL: (ele fica quieto, parece incomodado, desvia o olhar, se retorce) "Ha, ha. Você é meio dinamite, né?"

EU: "O que você quer é um tipo de ato sexual ou um tipo de interação?"

MICHAEL: "As duas coisas. Quero que elas façam coisas que não querem fazer, que vão contra as regras."

EU: "Como o quê?"

MICHAEL: "Tipo beijar. Preliminares. Sabe como é, agir como uma 'garota normal'."

EU: "Como se ela quisesse estar ali também, como se ela precisasse daquilo também?"

(Eu já tinha ouvido aquele desejo várias vezes.)

MICHAEL: "Exatamente. Quero que ela queira também. Como se precisasse de sexo também."

EU: "Então, não se trata só do orgasmo."

MICHAEL: "Exatamente."

EU: "Você precisa do toque, do contato humano, de afeto. Não tem só tesão..."

MICHAEL: "Estou solitário. Mas não estou procurando amor, doutora..."

EU: "Lembro que você me contou que um amigo sugeriu que você procurasse uma noiva de encomenda. Acho que pode ser uma boa ideia."

MICHAEL: "O quê? Por quê?"

MINHA CADERNETA DE TERAPEUTA 143

Eu: "É pragmático. Você evita procurar a mulher ou se aproximar dela, já que diz que é difícil."

Michael: "O que as pessoas vão pensar? Ia parecer que precisei comprar alguém."

Eu: "Bem, outro modo de ver isso é que é uma escolha sua. É uma maneira eficiente e rápida de resolver o dilema. E ela sempre estará disponível, você não precisaria procurar alguém quando tivesse tesão e, talvez, ela faça o que você quiser."

Michael: "Melhor pra ela fazer o que eu quero. Seria bom ter uma mulher bonita sempre disponível. Hum... Mas não. Aí ela estaria sempre ali. E se eu não quiser sair com ela? E se não tivermos nada em comum? Provavelmente ela não falaria inglês."

Eu: "Nada de inglês. Isso poderia funcionar para você."

Michael: "Você está enchendo o meu saco, doutora. Quero encontrar uma mulher com quem eu seja feliz. Eu não quero um relacionamento! Por que você não diz que eu preciso aprender a lidar com o medo das mulheres? O seu conselho é maluco. Acho que vou embora."

Eu: "Maluco? Estou usando a sua lógica. Por que isso te deixa zangado?"

Michael: "Você está dizendo que devo comprar alguém! Você está dizendo que não consigo uma mulher por minha conta." (ele olha para o lado)

Eu: "Não, eu não. Isso é o que você está dizendo."

Michael: (pensa, sorri) "Psicologia reversa?"

Eu: "Sim."

Michael: "Odeio você."

Eu: "Qual é! Você é adorável. Tenho certeza de que consegue uma mulher, sabia?"

Os desejos e fantasias de Michael revelavam não só a sua ansiedade diante das mulheres, mas o desejo de *evitá-la*. Quando levou a fantasia até o fim, percebeu que era insustentável. Ele revelou que, por trás da fanfarronice, queria *realmente* um relacionamento. O obstáculo aqui era que ele era socialmente inepto diante das mulheres, tinha medo delas. Ele procurava a interação paga para que o seu ego nunca fosse posto à prova. Quando tentava se justificar, ele soava razoável. Sim, os homens só querem foder, como disse, mas certamente aquela não era a sua única motivação.

A razão pela qual muitos pacientes não sabem o que querem é que não prestam muita atenção no que anseiam. Muitas vezes eles têm uma massa indistinta de anseios por *algo*, o desejo súbito de certo sentimento, e simplesmente agem sem pensar. O meu objetivo é ensinar-lhes a parar diante de um impulso sexual e refletir: o que eu realmente quero?

O grupo de homens: raiva

"As mulheres são todas putas", disse Will, um novo membro do grupo. Ele disse isso como um fato, não uma hipótese ou uma reação fugaz. Para ele, essa era a dura realidade. Passei os olhos pela sala para ver se alguém responderia à sua provocação. Ninguém disse uma palavra. Perguntei-me quantos ali pensavam o mesmo. Honestamente, fiquei preocupada com o silêncio. Esse pensamento não pode ser levado na brincadeira; ele causa muitas disfunções sexuais e nos relacionamentos.

Esperei que o silêncio fosse apenas resultado da dinâmica social do grupo. Will tinha uma personalidade agressiva de macho alfa e os outros homens não o desafiavam tanto quanto o faziam entre si. Por fim, acabei respondendo.

"É uma afirmação muito limitada sobre as mulheres, Will. Sei que você é inteligente e que sabe que as pessoas são complexas, então por que todas as mulheres são vilãs?"

"As mulheres têm poder e sabem disso", respondeu ele, fitando um ponto na parede, como se estivesse em transe. "Todas elas manipulam, controlam, seduzem."

"Como você se sente quando uma mulher tenta seduzir você?"

"Teve uma mulher que começou a me contar uma história triste da vida dela. Parecia que queria conselhos, mas já vi esse filme da donzela em apuros e não caio nessa!"

"Isso foi o que você pensou dela. Mas como se *sentiu* quando ela estava falando?"

"Vulnerável. Não quero que ela tenha aquele controle."

Antoine interveio. "Do que você tem medo, cara?"

"De me apaixonar", respondeu Will, como se estivesse orgulhoso de ter tudo sob controle.

146 OS HOMENS NO MEU DIVÃ

Nas sessões individuais com Will, eu tinha descoberto que, para ele, o amor estava associado à humilhação e à rejeição, devido às suas experiências anteriores. Ele as compensava rebaixando as mulheres e tentando administrar suas emoções.

Eu tinha um problema com ele nas sessões individuais. Ele me entediava. Isso já tinha ocorrido com outros pacientes. Depois da dança inicial do encontro, da novidade da história nova, de descobrir os segredos e estímulos sexuais de um homem e ouvir as contradições em seus relacionamentos, eu podia perder o interesse. Eu costumo ir fundo no trabalho com os pacientes, e às vezes tento lentamente construir sua autoestima tijolo por tijolo, sessão por sessão — mas de repente sinto que já extraí todo o sumo e acabo me irritando com o esforço deles.

Um dia, depois de uma sessão com Will, fui para casa e liguei para a minha mãe. "Psicoterapia é um tédio", declarei. "Esses caras são muito chatos! Sério, eu me divertia mais quando era garçonete! Talvez eu deva me dedicar a outra coisa."

"Brandy!", respondeu ela tentando adotar um tom maternal severo, mas rindo. Minha mãe, devo explicar, é uma linda sósia de Elizabeth Taylor, com cabelos negros brilhantes, enormes olhos azuis, pele branca e uma capacidade mágica de irradiar amor. Ela é uma mulher muito espiritualizada que distribui amor incansavelmente — gente com problemas mentais, pobres, e a mim, quando não o merecia. Tem uma luminosidade que se percebe naqueles que dedicam a vida à prática espiritual; é uma espécie de campo de força energético que irradia bondade. Para dar um exemplo, uma vez havia um estuprador solto na vizinhança que andava batendo às portas e estuprando as mulheres que abriam. Quando ele bateu na porta da minha mãe, ela não sabia quem ele era. Convidou-o a entrar e ele acabou conversando com ela, rezando e chorando. Depois, ela o levou à igreja. Sempre acho graça quando penso que ele não sabia onde estava se metendo quando bateu à porta dela.

Então, não surpreendeu que ela imediatamente saísse em defesa dos meus pacientes.

O GRUPO DE HOMENS: RAIVA 147

"Você precisa ter compaixão por eles", disse. "Não desanime, seja uma luz na escuridão."

"É. Sei que devo ter compaixão", respondi, deixando-me acalentar pela sua voz. "Mas acho que tem alguma coisa errada comigo. Será que devo ter compaixão *o tempo todo?*"

Aquilo soava como uma espécie de ideal espiritual. Não era normal. Quem sente compaixão por todo mundo o tempo todo? Sei que a minha terapia é melhor quando sinto compaixão pelos pacientes, mas a verdade é que nem sempre a sinto.

Contudo, eu *tinha* aprendido os procedimentos. Sabia o que dizer e como agir, mas, acredite, os pacientes reconhecem a diferença. É como sexo mecânico: as duas pessoas podem fazer todos os movimentos e não sentir nada. A verdade é visceral.

Este é um problema fundamental nos laços humanos, pensei; se eles não conseguem se conectar comigo, a pessoa a quem pagam para dizer a verdade, então com quem vão se conectar? Que tipo de sexo aqueles homens faziam, se não eram capazes de formar vínculos com uma mulher?

Tentei e tentei sentir compaixão por Will, mas só consegui quando ele fez aquele comentário no grupo expressando uma raiva irracional das mulheres. Foi um daqueles momentos esclarecedores: por muito tempo ele não tinha me dado nada que me fizesse estabelecer um contato com ele. Porém, quando respondeu francamente à pergunta de Antoine, percebi o sofrimento real por trás da fanfarronice. E consegui fazer a ligação.

Às vezes, nas sessões com homens, sinto que estou sentada em meio a árvores petrificadas, desertores da raça humana, robôs, com rostos rígidos, como se estivessem empalhados. Então, deixo o consultório cansada e derrotada e quero parar de fazer tanto esforço. Mas, naquele dia, percebi que aquele grupo de pacientes precisava muito de mim. Meu trabalho era puxar por eles, ajudá-los a encontrar seus sentimentos, senti-los e falar a respeito, para que eu pudesse me ligar a eles.

Para que houvesse sentimentos naquela sala, aqueles caras precisavam se arriscar e me deixar ver sob a superfície — e, suponho, o mesmo deve ocorrer no sexo. O eu deve estar presente para que haja paixão no sexo.

148 OS HOMENS NO MEU DIVÃ

Se o que eu via ali era uma indicação da incapacidade deles de criar laços reais em todas as áreas da vida, eu queria melhorar a capacidade deles de criar laços comigo e com o resto do grupo. Isso exigia entender que eles eram importantes e que a nossa relação terapêutica, mais do que um mero serviço, era uma relação significativa, que eu me importava com eles e era importante para eles, que outras pessoas nas suas vidas eram importantes e o sexo também era importante.

Decidi naquele momento ensinar-lhes a criar laços. Em vez de ficar entediada e frustrada porque eles não sabiam como fazê-lo, assumi a tarefa de puxar por eles e ajudá-los a se tornarem verdadeiros. Decidi que a maneira de fazer isso era tentar valorizar tudo neles, até as coisas que eu detestava. Por uma boa razão eles deviam ter aprendido a se fechar e abandonar a si mesmos e a mim. Eu faria o esforço deliberado de guiá-los em busca de sua psique e de seu corpo, das profundezas nebulosas do seu peitos e suas tripas e fazê-los levar para essas partes um pouco de calor, cuidado, compaixão. Eu procuraria o mínimo sinal de vida e dirigiria a minha atenção para lá.

"Sonhei que empurrava a minha mãe de um penhasco", disse Antoine subitamente. Aquela raiva profunda e primitiva era muito rara nele. O grupo parecia chocado, e eu também, mas por outro motivo. Só eu sabia que Antoine tivera raiva de mim na nossa sessão daquela semana. Recordei que ele tinha entrado no consultório meneando a cabeça decepcionado.

"Que cara é essa?"

"Que cara?"

"Não sei, Antoine. Estranha."

"Estou puto com você."

O momento em que o paciente dirige sua raiva a mim é importante. Não há nada melhor do que receber o material bruto. É uma boa oportunidade para a transformação — desde que eu não reaja a isso. Tenho uma defesa automática que tento manter sob controle, e era uma oportunidade de lidar com aquela raiva de modo a apoiá-lo e mudar o modo como ele se sentia com relação às mulheres em geral.

"O que houve?"

O GRUPO DE HOMENS: RAIVA

"Você traiu a minha confiança. Acho que não consigo mais me abrir com você."

"O que fiz para trair a sua confiança, Antoine?"

"Você disse no grupo que eu tenho ejaculação precoce. Eu não queria que eles soubessem. Você violou a minha privacidade."

Eu não me lembrava de ter dito aquilo. Nunca levo material clínico do paciente para o grupo, a menos que ele mesmo o diga diante de todos.

Antoine tinha um grave problema de ejaculação precoce. O exercício padrão em terapia sexual é o sujeito ir para casa e se masturbar até estar a ponto de gozar, então diminuir o ritmo, perder um pouco da ereção e começar o processo de novo várias vezes, até treinar sua resposta sexual para que seja mais lenta. Isso não funcionou com ele. Ele só conseguia aguentar por um minuto, então, embora só tivesse 25 anos, começou a tomar Viagra para durar mais tempo. Mas ele tinha uma vergonha terrível disso. Tínhamos percebido que ele costumava comer, beber, dirigir — e gozar — sem diminuir o passo ao desfrutar estas experiências. E atribuímos essa tendência à sua infância nas ruas de Paris, quando não sabia se obteria o necessário para sobreviver. Ele aprendera a consumir de modo rápido e ávido, sempre achando que não teria o suficiente.

"Na verdade, Antoine, acho que foi *você* quem falou disso há algumas semanas", disse eu. "Lembra daquele dia em que você falou no grupo que fazia tudo rápido demais?"

Antoine recordou, mas continuou decidido. "Acho que não posso continuar a terapia. Vou procurar outra pessoa. Não confio em você."

"Você não confia na *segurança*, Antoine", respondi. "Você nunca teve segurança na vida. Ficou órfão quando era pequeno e não sabe o que é ter uma base sólida. Mas está seguro comigo."

"Não me sinto seguro agora."

"Você está seguro. O que você sente está exposto. É verdade. Posso vê-lo por causa do nosso trabalho. Vejo você inteiro. Isso é intimidade. Não é confortável." Antoine se retorceu quando as minhas palavras o alcançaram. "Posso entender que você *sinta* como se eu o estivesse violando, mas pense bem. Não fuja. Quero que aguente isso. Você está seguro."

Falamos sobre a crise naquele momento, e agora ele vinha ao grupo com um sonho perturbador. De onde vinha a sua raiva?

"Foi perturbador. Eu tinha raiva. Queria destruí-la. Agora, me sinto um merda. Quem quer machucar a própria mãe?"

"Eu consigo me identificar com isso", disse Buddy. "Minha mãe me disse que quando era criança eu sempre estava com raiva — mas só dela. Acho que eu a ataquei uma vez, quando tinha 6 ou 7 anos."

"Eu nem falo com a minha mãe", disse Oscar. "Ela não acreditou em mim quando contei que o meu irmão abusava de mim. Ela entregou todo o afeto a ele e me ignorou. Disse que eu só queria chamar a atenção e que aquilo a repugnava."

"Eu também", disse Andrew. "A única pessoa de quem tenho raiva é minha mãe. Sei que é minha mãe, mas ela me deixa louco. Às vezes, não consigo enxergar direito. Ela é tão controladora e dominante. Tenho vontade de estrangulá-la."

"Eu sei. É como eu me sinto às vezes com a minha mulher", disse Oscar.

"Não se sinta mal, Antoine", disse John. "Eu já tive fantasias em que machucava a minha mãe, e ainda tenho."

"O que há por trás disso?", perguntei a John.

"Ela era muito crítica e sempre me comparou com os meus irmãos", disse. "Eu nunca fui muito bom na escola, e todos eles foram para as melhores faculdades. Eu não consegui. Nunca me sinto bem comigo mesmo quando estou perto dela. Acho que as mães deviam fazer os filhos se sentirem bem consigo mesmos."

Eles estavam disparando sem refletir sobre suas histórias individuais. Eu sentia hostilidade na sala e pensei no poder da maternidade. Todos temos grandes expectativas com relação às mães. Supostamente, a mãe deve nutrir e confortar, dar apoio, amor, ser atenta, protetora. Quando ela não é nem faz tudo o que necessitamos, a raiva irrompe em nós como um tsunami que ameaça destruir tudo pelo caminho.

"Como podem ver, é muito normal ter raiva quando não conseguimos o que queremos das pessoas que amamos", comentei depois que todos ha-

O GRUPO DE HOMENS: RAIVA

viam falado. "O problema é que, inevitavelmente, elas *vão* nos decepcionar. Ninguém consegue ter suas necessidades satisfeitas de um modo perfeito e incondicional. Então, o que se pode fazer com esta verdade?"

"É só não falar mais com ela", disse Andrew.

"É, foi o que eu fiz", acrescentou Oscar.

"E como isso ajudou na sua raiva?", perguntou Buddy.

"Você não a conhece", cortou Oscar. "Além disso, não faz sentido. As pessoas não mudam."

"Acho que a minha mãe é diferente", disse Buddy. "Hoje, tenho uma boa relação com ela. Só preciso aceitá-la como é, com as suas capacidades."

"Falar é fácil", disse Oscar. "Então, por que você não tenta isso com a sua mulher?"

Hora de intervir. "Ok, pessoal. Há muita raiva na sala; não vamos despejá-la nos outros. Acho que, se ajustarmos as nossas expectativas, não nos expomos à decepção. As mulheres não são totalmente capazes de satisfazer as suas necessidades, e não há justificativas para cortá-las para sempre, agredi-las ou traí-las. Que tal um pouco de compaixão pelas mulheres da nossa vida e as lutas que elas enfrentam?"

"Que tal pedir o que você necessita pra sua mulher ou pra sua mãe?", disse John.

"É sempre uma boa ideia", respondi.

"E quando elas não dão?", perguntou Oscar.

"Controle-as", disse Buddy rindo. "Amarre-as e force-as. Elas vão adorar."

"Venha cá, meu bem. Vou te dar atenção", brincou John.

"Vou te dar um pé na bunda. Que tal isso como atenção?", disse Oscar.

"Eu digo se vira. Você mesma pode resolver suas necessidades", disse Antoine.

"É, eu gosto de trepar comigo mesmo", disse Oscar.

"Eu também. Três vezes por dia", Buddy caiu na risada e o resto do grupo também.

Nada como o humor de vestiário esportivo para dissipar a raiva.

152 OS HOMENS NO MEU DIVÃ

Naquela noite, quando fazia anotações sobre a sessão, me assombrei ao constatar que estava cercada por um grupo de homens adultos cujas infâncias tinham produzido tanta raiva contra as suas mães. Eles tinham entrado num verdadeiro frenesi. Perguntei-me sobre a origem daquela raiva.

Os homens não necessariamente saem por aí cônscios da raiva originada na infância, pensei; eles têm muito presente a frustração de necessitar o amor de uma mulher. O que realmente provoca a sua ira é não conseguirem o que querem porque, em algum recesso do seu ser, não confiam em que a mulher lhes dará o que necessitam. Penso que a ânsia não satisfeita de amor está no cerne dos desejos inconscientes de matar, desonrar, punir e destruir as mulheres. Vemos isso simbolicamente à nossa volta e creio que é um protesto raivoso contra laços reais. Como um paciente me disse certa vez: "Eu a odeio porque a amo."

Acho fascinante que a capacidade de amar esteja ligada a um único indivíduo, a mãe. Quando o garoto tem uma mãe distante, fria ou cruel, sua visão das mulheres pode ser distorcida, negativa e dolorosa. A maioria dos homens do meu grupo teve uma relação ruim com as mães e uma forma própria de repudiar as mulheres subsequentes nas suas vidas. Não acho que quisessem conscientemente ser arredios. Quando os homens usam termos como "puta", "vaca" ou "louca" para descrever uma mulher, tento traçar esse sentimento à sua origem. É interessante que tenho encontrado soterrado sob o rancor um desejo profundo de uma relação amorosa. O problema é que, quando as mulheres que eles desejam os rejeitam, eles sentem vergonha e a projetam na mãe.

Além disso, também percebi que, quando as mulheres são promíscuas ou tratam o sexo com indiferença, como apenas uma trepada, são chamadas de "putas". Por que esta hostilidade vinda de um gênero e uma cultura que supostamente louva o sexo casual? Explorando a questão, meus pacientes revelam a preocupação de que o sexo, esta relação íntima, não tenha significado para ela e, o mais importante, que o homem não seja especial para ela. Os homens podem não sabê-lo sempre, mas querem que o sexo seja importante, especial. Contudo, alguns têm medo de admiti-lo.

O GRUPO DE HOMENS: RAIVA

Antes da sessão seguinte do grupo, encontrei Oscar e a sua mulher em uma sessão de casal. Ele queria explorar a possibilidade de trabalhar os problemas entre eles. Às vezes a muher expressava os seus sentimentos de um modo calmo e firme, mas de repente tinha acessos de raiva porque Oscar roubara a sua vida e a sua juventude e porque era um péssimo pai. Pedi que ela olhasse para mim, e não para ele, para acalmá-la enquanto falava. Mais uma vez a mulher soltou uma série de insultos e ataques ao caráter dele, e tive de calá-la e dizer que não podia permitir aquilo na sessão. Se, por um lado, compreendia perfeitamente a raiva dela e sabia que provinha de uma mágoa profunda, eu também me sentia mal por Oscar. Sabia que ele estava muito arrependido e estava se esforçando bastante para mudar. Oscar se abrira genuinamente e, em um momento de vulnerabilidade, ela o atacara.

Naquela noite eu conversei sobre a sessão com uma amiga e comentei: "Como cheguei à situação de defender este cara? O traidor. Eu entrei nisso para ajudar as mulheres." Ela riu e disse: "Você está ajudando. Mais do que imagina."

Na sessão seguinte individual com Oscar, ele me agradeceu por protegê--lo. Ele ficara comovido. Disse que sua mãe não o fizera quando o irmão abusou dele na infância. Ele expressou dúvidas quanto ao seu casamento; não sabia se conseguiria lidar com a raiva da esposa. Respondi que ela estava com raiva, mas não tinha decidido deixá-lo. Oscar a traíra, mas ela ainda o apoiava quando procurava tratamento, esperava por ele. Será que Oscar tinha pensado que isso poderia ser amor?

Oscar decidiu deixar a mulher e mudar-se para a casa de Shelly. Contou--me isso e fez uma declaração ousada, com o alerta implícito de que eu não deveria tentar fazê-lo mudar de ideia. Dei de ombros mas, para ser sincera, estava decepcionada. Tínhamos trabalhado tanto para descobrir o que era amor e o que era obsessão, e as diferenças entre ambos. Em vez disso, ele decidira que seus sentimentos por Shelly não eram obsessão. Ela o amava. Ele tinha certeza.

Dois dias depois, Shelly deixou Oscar por outro homem. Agora, ele estava só. Também foi a última vez que o vi. Ele me ligou dizendo que iria para a Espanha e pronto. Fiquei desanimada porque o nosso trabalho não tivera um resultado melhor, mas psicoterapia é assim; nem sempre é um fim e, para alguns, às vezes é só parte da jornada. O processo de mudança é lento e eu estava aprendendo a ser paciente. Os homens vinham semana após semana, ponderavam sobre as mesmas tentativas e repetiam os mesmos padrões que não funcionavam. Eu os via presos à depressão, raiva, tristeza e ansiedade, chafurdando lentamente no mesmo lixo. Porém, aprendi a ver a psicoterapia como uma arte semelhante à escultura; cinzelamos cuidadosamente uma massa informe até algo de belo começar a se materializar e ambos nos surpreendemos e nos deleitamos.

Sonhei com Antoine. No sonho, eu encontrava na praia um seixo polido pelo oceano. Eu escrevia na pedra "Você está seguro", e a entregava a ele para levá-la no bolso.

Em uma sessão contei-lhe o sonho e discutimos que Antoine precisava se agarrar a algum sentimento de segurança. Na verdade, ele não conseguiria ter um relacionamento com uma mulher a menos que aprendesse a tolerar o sentimento inquietante que a proximidade traz. Quando ele tentava se distanciar de mim — como quando imaginou que eu o tinha traído —, eu lhe dizia que precisava se acostumar a tolerar o desconforto, necessário para o seu crescimento.

Também conversamos sobre a sua crença nas mulheres como figuras idealizadas, poéticas ou sedutoras maléficas que queriam destruir a sua alma. "É tudo fantasia", disse eu. "Você precisa aprender a ver as mulheres como elas são."

"Como posso fazer isso?", perguntou. "Dê-me uma ferramenta. O que faço? Estou farto de falar disso."

"Feche os olhos", disse a ele. "Quero que você se imagine uma criança. Volte e busque uma imagem de si mesmo, como aquele garoto solitário e raivoso. Tente sentir aquilo de novo por um instante." Calei-me enquanto ele procurava a imagem. "Esse garotinho ainda é parte de você, Antoine. Quero que converse com ele agora, como o homem mais velho e mais sábio que você é."

O GRUPO DE HOMENS: RAIVA 155

"Repita mentalmente: 'Estou aqui para ajudá-lo... Sou a sua base sólida... Vou cuidar de você... Estarei sempre aqui... Sempre o amarei... Você terá tudo o que precisa... Pode ir mais devagar, não tem problema."

Depois, ficamos sentamos em silêncio. Os olhos de Antoine continuavam fechados. Queria poder abraçá-lo. Ao diabo com as regras e a ética da psicologia; às vezes, elas parecem desumanas.

Fiz uma pergunta ao grupo: "O que vocês querem das mulheres?" Eu os estava treinando individualmente para identificar suas carências emocionais e eles estavam aprendendo a responder a isso de um jeito novo.

"Quero que me confortem", disse John. "Quero que me façam sentir bem comigo mesmo."

"Quero que ela me anime porque não suporto ficar entediado", disse Andrew.

"Quero tudo isso das mulheres", disse Buddy. "Quero o status. Quero explorá-las. Quero sentir-me poderoso. Quero afeto. E, quando não tenho isso, fico puto. Então parto pra outra. O vazio está em mim", concluiu Buddy. "Não posso evitá-lo."

"Como você pode preencher esse vazio em vez de extraí-lo de uma mulher?", perguntei.

"Não sei", disse Will.

"Talvez tornar sua vida excitante?", perguntou John.

"Podemos nos amar, acho", disse Antoine. "A espiritualidade está funcionando para mim. Sinto o amor do criador."

"É. Gratidão, gostar de si mesmo", disse John.

"Que tal dar amor aos demais?", perguntei.

"É como o grupo, dar e receber apoio entre nós, como aqui", disse Antoine. "Não julgar, chega de competição, cara. Em vez disso, amar uns aos outros pelo que somos. Compaixão."

Mas eu também sabia que Antoine estava lentamente aprendendo a fazer o que mais precisava: se conter.

Por falar em lições aprendidas lentamente, Rami veio a Nova York de visita e saímos para um jantar romântico. Mas o encontro logo desandou e eu percebi que o seu velho padrão tinha voltado quando ele começou a flertar com a garçonete.

Foi o suficiente. Rompi o relacionamento, e ele foi para o Marrocos. Embora eu tivesse tomado a iniciativa, foi difícil. As semanas se passaram e eu fazia um esforço consciente para trabalhar, voltava para casa, deitava na ilha de travesseiros que chamava de cama e buscava a catatonia. Às vezes, ouvia sem parar uma canção triste de Sarah McLachlan e cantava junto com ela — alto. Minhas colegas de apartamento não reclamaram até que, uma tarde, quando pus a música para tocar pela centésima vez, elas entraram no meu quarto empunhando as escovas de cabelo como se fossem microfones e cantaram. Riram e se atiraram no chão, fingindo sofrer. Aquilo me arrancou um sorriso, mas não me tirou de casa quando elas saíram para uma festa.

Uma noite, uma delas, Doreen, trouxe uma amiga nova e, quando se arrumavam para sair, elas entraram no meu quarto e Doreen começou a oferecer minhas roupas à amiga. Eu saltei com os cabelos amassados, com um emaranhado de um lado da cabeça e comecei a gritar: "Saiam! Saiam da porra do meu quarto!"

A amiga ficou tão assustada que saiu do apartamento. Doreen disse: "Brandy, chega. Você precisa tomar banho. Mude de roupa. Vamos sair."

Depois, saí do quarto com uma camiseta regata verde-oliva e saia rosa de bailarina.

"Você vai sair *assim*?", perguntou Doreen.

Assenti com a cabeça.

"Tem certeza?", perguntou ela educadamente.

"É." Eu queria parecer tão louca quanto me sentia.

A amiga dela queria ir a uma boate no Soho, mas eu insisti em ir a um lounge/danceteria no West Village. Naquela noite conheci Khalid, um egípcio alto, belo e de pele morena. Dei em cima dele. Ele tinha chegado aos Estados Unidos há uma semana. Trabalhava na pizzaria do irmão. Tinha

O GRUPO DE HOMENS: RAIVA 157

25 anos. Não falava inglês. Então comecei um relacionamento precipitado e "não verbal".

Minhas amigas, que adoravam o Rami, mas não os meus humores, a princípio não aceitaram aquilo. Lembro-me que Doreen perguntou: "Como é mesmo o nome dele?"

"Khalid."

"Quê?"

"Khalid."

"Legal. Vou chamá-lo de Pizza Boy."

Levei Khalid a toda parte em Nova York. Estávamos apaixonados, éramos intensos. Eu estava resplandecente, sorria o tempo todo. Será que eu o conhecia? Achei que sim. Pensava que podia "sentir" que nos comunicávamos com os olhos, com o toque.

Claro, o relacionamento não poderia durar e, depois de alguns meses, quando Rami bateu à nossa porta, fiquei contente em vê-lo.

Casey

No início, Casey parecia incrédulo. Quando ligou pedindo uma entrevista, ele perguntou: "O que é terapia sexual exatamente? Há... sexo envolvido?" Esse cara está de brincadeira, pensei, mas ele realmente queria se assegurar de que eu não oferecia algum tipo de "serviço sexual" e perguntou tudo sobre as minhas credenciais acadêmicas. Quando chegou, percebi que ele era muito reprimido. Encurvou-se no divã e, relutante, disse por que precisava de ajuda. "Eu prefiro pornografia a fazer sexo com a minha namorada", disse. "O que há de errado comigo?" Sua expressão constrangida implorava por ajuda para sair daquele aperto.

Fiz algumas perguntas preliminares, como faço com todos os pacientes novos, e expliquei o objetivo da terapia. Percebi que Casey avaliava o meu tom de voz, tentando determinar se eu seria uma boa ouvinte, alguém com quem poderia ser franco e sentir-se seguro. Quando pedi que falasse mais sobre a sua atração pela pornografia, ele insistiu em falar da namorada.

"Sou louco pela Amy", disse. "E não estou aqui para me queixar do meu relacionamento." Ele a descreveu como uma mulher refinada do Upper East Side, sofisticada e com uma postura altiva. Casey se deixara seduzir pelo inocente namoro de verão, as noites passadas caminhando pelo Greenwich Village namorando e rindo. "Quando estávamos juntos, nada me preocupava."

Contudo, meses depois de se apaixonar, ele passava muito tempo sozinho, diante do computador, vendo pornografia explícita de mulheres — como confessou quando por fim parou de falar sobre Amy — que não o atraíam. Ele gostava principalmente das mulheres que de algum modo pareciam desleixadas: cabelos embaraçados, maquiagem barrada, cobertas de suor ou de sêmen. Um grande contraste com Amy, que Casey comparou a uma boneca de porcelana.

"Você provavelmente vai achar isso repugnante ou bizarro", disse, "mas é o que me dá tesão". Ele acrescentou que não conseguia se imaginar fazendo nada do que via na tela com a namorada. O resultado é que perdera interesse no sexo com Amy. "Ela quer fazer sexo quando eu só quero fazer amor", disse ele. "Mas isso é tão rotineiro e banal."

Meu pensamento involuntário e talvez grosseiro foi de que Casey *parecia* meio banal: um americano comum, branco, de trinta e poucos anos, com camisa azul de botão e calça cinza. Não conseguia imaginá-lo tendo pensamentos que não fossem banais. Ironicamente, isso o tornou mais interessante para mim, pois me animei com a possibilidade de ouvir as fantasias do tipo de homem inexpressivo pelos quais eu passava nas ruas todas as manhãs a caminho do trabalho.

Suas preferências o incomodavam profundamente. "Fico no meu escritório me masturbando diante do computador", disse ele quando lhe pedi que descrevesse uma situação típica, "enquanto Amy, a *mulher real* que eu amo, espera por mim lá embaixo. Acho que sou um homem respeitável quando, na verdade, não passo de um pervertido".

À medida que ele falava mais de si, comecei a entender a origem da sua autocrítica. Intelectual formado em uma universidade de elite, Casey fora criado por uma mãe feminista. Orgulhava-se de ser um homem evoluído que rejeitava os papéis patriarcais de gênero tradicionais. Ele valorizava a igualdade social e sentia-se incomodado em "objetificar as mulheres". Tinha uma espécie de retidão que beirava o perfeccionismo moral, e por isso ficava constrangido com aquele interesse sexual que entrava em conflito com sua autoimagem de homem educado e politicamente correto.

O desdém de Casey por si mesmo era palpável, e quaisquer julgamentos apressados que ele pudesse temer de mim não se equiparariam à avaliação negativa que tinha de si mesmo. Porém, notei que não me sentia inclinada a julgá-lo; na verdade, minha temerária reatividade às histórias dos pacientes estava sumindo. Eu tinha concluído que qualquer comportamento sexual, não importa o quão disfuncional fosse, tem motivos que podem ser explorados e compreendidos, em vez de serem imediatamente patologizados.

"Você se maltrata muito", comentei. "Mas vamos considerar a perspectiva de que o motivo para você procurar pornografia venha de uma boa fonte."

"O quê? Não vejo como isso possa ser *bom*."

"Bem, neste momento parece que você compartimentalizou sua sexualidade. Você é amoroso e sensível com Amy, mas seu lado erótico está reprimido. Talvez ele também queira ganhar expressão. Parte da sua vitalidade está lutando pela própria vida."

"Mas por que fico olhando essas coisas malucas? Será *isso* a minha natureza erótica?

Era uma boa pergunta. Eu não sabia a resposta. É difícil saber a natureza erótica de alguém quando esta se deixa turvar pela pornografia. Devido à ubiquidade da pornografia na internet, podemos cometer o erro de pensar que, se os homens assistem a ela, isso é o que querem. É preciso ter cuidado.

A pornografia não revela certas verdades irremediáveis sobre os homens.

A pornografia na internet oferece uma variedade interminável de imagens novas, grotescas e explícitas, concebidas para proporcionar uma gratificação instantânea que não se encontra na vida real. O corpo da maior parte das pessoas reais responde às imagens, e elas têm um impacto intenso no cérebro, cada orgasmo é reforçado por uma mistura poderosa de recompensas neuroquímicas. A ereção é uma resposta biologicamente condicionada que pode estar ligada a qualquer tipo de imagem com a qual alguém se masturba, e Casey tinha condicionado suas ereções às moças descabeladas do ciberespaço.

Porém, nada daquilo lhe ensinava algo sobre a sua natureza erótica.

Expliquei a ele que a pornografia virtual era um falso erotismo. É o produto de um empreendimento comercial. A meta de um site na internet é competir por renda criando cenários sexuais. Eles pegam uma diversidade de atos sexuais e acrescentam uma variedade muito limitada de temas emocionais concebidos para brincar com a psicologia do internauta. Os temas mais comuns são demonstrações de poder e de raiva. Já conversei

162 OS HOMENS NO MEU DIVÃ

com gente da indústria pornô, e eles intencionalmente pervertem os nossos impulsos sádicos e masoquistas. Embora os internautas do sexo masculino sejam seres complexos, cuja sexualidade não se limita a duas ereções, esses temas deliberadamente apelam às motivações mais básicas dos homens. Esses sites querem aumentar os lucros exibindo imagens exageradas dos conflitos emocionais subjacentes porque elas têm uma propensão maior de levar a uma compulsão. Pelo visto, os executivos da pornografia leem Freud.

Sei que os defensores da pornografia argumentam que o objetivo dela é vender fantasias inofensivas para excitar e inspirar adultos, mas o efeito em alguns dos meus pacientes é a alienação de si mesmos e das pessoas reais com as quais dormem. Minhas amigas costumam fazer piadas sobre os caras que exageram na pornografia. Em geral sabíamos de imediato de onde os caras com quem saíamos tiravam inspiração para o seu comportamento na cama. Se fosse alguém inclinado a criar cenários fantasiosos em vez de demonstrar interesse real por um contato conosco, dizíamos: "Saí com um cara pornô." Eram caras que queriam viver a fantasia da menina de colégio na primeira ou segunda vez que dormiam com uma de nós. Fiquei contente porque o meu homem tinha crescido com a *Playboy* em vez da internet. Faz muita diferença.

Uma amiga saiu algumas vezes com um jovem médico residente e, depois que dormiram juntos, ela me contou que no início a experiência foi muito afetiva e sensual e ela pensou que estavam expressando sua apreciação mútua até que, do nada, ele disse: "Me diz que você é uma putinha gostosa!"

"Fiquei tão surpresa que gelei", disse ela. O rompante foi tão arbitrário e incongruente com o momento e com os sentimentos que ela estava começando a ter por ele, que ela nunca mais o viu — embora ele continuasse a procurá-la.

Perguntei-me sobre esta desconexão entre homens e mulheres quanto ao significado do sexo. É um ato de intimidade, um jogo ou ambos? Claro que eu preferia não pensar na realidade da ubiquidade da pornografia. Queria viver minha própria realidade, minha própria construção do que os atos sexuais significavam para mim. Eu não levava em conta que o meu parceiro podia ter ideias muito diferentes. Eu tinha uma mentalidade do tipo "comigo não". Ao menos eu sabia que Rami não ficava vendo pornografia enquanto eu o esperava no quarto. Mas me perguntei se ele a usava quando eu não estava por perto. Afinal, tínhamos um relacionamento de longa distância.

Impulsiva como sou, resolvi ligar para ele. "Rami", perguntei, "quando não está comigo, você vê pornografia?"

"Sim", respondeu ele sem hesitar.

Não!, pensei. Fui inundada por pensamentos irracionais. Uma traição! Como ele se atrevia a ter um mundo secreto desconhecido para mim! Como se atrevia a não me contar todos os seus pensamentos e desejos! Por um instante, minha sensação da realidade se esvaziou. Depois eu me controlei.

"Que tipo de pornografia?", perguntei, aparentando indiferença e espontaneidade.

"Eu assisto ao *Showtime* algumas vezes por semana e vejo um filme adulto."

Aquela pornografia leve não era tão ruim. "E na internet?"

"No computador, não. Não sei usar."

"Você se masturba quando assiste?"

"Às vezes", respondeu ele diretamente.

No fim de semana seguinte, no apartamento dele na Flórida, tive um surto paranoico. Fui ao quarto dele e comecei a fuçar. Encontrei, em uma gaveta, uma pilha de DVDs que pareciam caseiros com jovens seminuas na capa. Pirei. Com os vídeos na mão, eu o confrontei. "Quem me deu isso foi o Yousif", explicou, quando os pus na mesa diante dele. Yousif era um dos amigos casados de Rami. Sempre o achei sórdido, e ele me irritava. "Yousif é um pervertido", disse Rami. "Ele passa o dia vendo pornografia no escritório. Ele fez as cópias e me deu. Juro por Deus que nunca assisti."

"Então, por que não joga fora?"

Rami não respondeu, mas livrou-se daquilo imediatamente.

Eu poderia ter analisado infinitamente a razão para ele guardar os vídeos, mas preferi aceitar em prol da minha paz de espírito. Tentei me lembrar de não cair na armadilha de pensar que eu tinha alguma deficiência só porque ele gostava do que via.

164 OS HOMENS NO MEU DIVÃ

Pensei naquele outro paciente de 24 anos que, como Casey, me procurou preocupado porque assistir a pornografia demais na internet diminuía o seu interesse pela namorada. Ele disse que a amava muito, mas que sexualmente só conseguia pensar no que tinha visto na rede. Disse que se sentia "poluído" e queria encontrá-la de um "lugar melhor". Aquilo parecia uma afirmação madura para alguém tão jovem. Quando lhe pedi que descrevesse a sua vida sexual *antes* de começar a assistir à pornografia, ele disse: "*Jamais* existiu um momento em que a pornografia na internet não tenha feito parte da minha vida."

Nossa! Assombrei-me com a onipresença da internet na formação dos seus desejos; os dois pareciam inextricavelmente ligados, e aquele jovem queria tirar as amarras da sua sexualidade. Ele queria se tornar mais consciente da própria sexualidade e perguntei-me se seria possível para ele e para Casey liberar seus anseios daquilo de que tinham aprendido a gostar, ou se simplesmente deveriam aceitar o que lhes dava tesão e compartilhá-lo com suas parceiras.

Perguntei a Casey se alguma vez tinha partilhado o seu lado que gostava de pornografia com Amy.

"Sei que ela não gostaria."

"Mas você tentou?"

"Ela é mais romântica, a dela é fazer amor."

"Então você não tentou."

Casey queria descartar a pergunta. "Tentei um pouco. Sugeri algumas coisas", disse. "Mas veja bem: eu a respeito e admiro muito. Não me sentiria à vontade fazendo com ela nada do que vejo na internet. Não quero que ela saiba das merdas malucas a que assisto, tá legal? E há coisas que eu não faria com ela. Eu a respeito demais."

"Claro que você não quer fazer a *maioria* das coisas com ela, mas o importante não é o conteúdo das imagens que você vê; é que parece não haver erotismo no relacionamento. O *não* compartilhar o seu lado erótico cria uma parte desta desconexão."

"Você não entende? Amo a Amy e quero ter tesão fazendo amor com ela", disse ele. "Mas vou ser sincero com você: eu fico entediado."

CASEY 165

"Então você acha que fazer amor é entediante, mas quer que eu o ajude a ter tesão com isso? Acho que você se entedia porque não está sendo suficientemente erótico."

"Não quero ofendê-la."

"Por que isto seria ruim?"

Casey me olhou de um jeito cortante como quem pergunta: "Onde isso vai parar?" Tínhamos começado a nos desentender.

Estava tentando fazê-lo entender que o seu medo da reação de Amy era parte do problema. Ele estava tão preocupado com o que ela pensaria que os seus desejos eróticos eram reprimidos e depois sublimados, e emergiam em outro lado com a pornografia.

Mas eu nunca conseguiria que ele juntasse as duas peças disparatadas da sua sexualidade, a menos que conseguisse fazê-lo se livrar da vergonha. Queria que ele se livrasse da autocrítica para que pudéssemos fazer uma exploração genuína. Pedi a ele que considerasse a sua ideia da "merda maluca" por um instante. O que aquilo significava realmente? "Já ouvi muitas fantasias sexuais e aprendi que, em geral, o que dá tesão nas pessoas não é nada politicamente correto", expliquei. "O bizarro, o repulsivo, a exploração costumam nos surpreender e nos deixam confusos. Mas o que *mais* parece incomodar você é a esperança de que os seus desejos eróticos não sejam realmente você — e a preocupação de que sejam."

Para adquirir maior consciência sexual, primeiro ele precisava aceitar que nós seres humanos somos simplesmente predispostos a responder a imagens sexuais de todo tipo. Então ele tinha uma ereção com isso — nada de mais.

Casey estava preso ao conteúdo da pornografia, mas o que importava aqui não era o conteúdo; era a sua relação pessoal com ela. A pornografia pode ter várias funções do ponto de vista psicológico. Os que a usam em substituição ao encontro sexual real eludem a ansiedade que a intimidade lhes provoca. A pornografia os faz sentir-se seguros. Não há rejeição. Você pode fazer sexo com a mulher que quiser. Ela está sempre pronta e disposta a fazer o que você desejar. Não há envolvimento emocional, nem pressão quanto ao desempenho. E, o melhor, ela está sempre excitada por estar com você.

Casey pensou que a sua ligação com a pornografia havia provocado o problema, mas a questão era mais profunda. Ele não conseguia chegar a um acordo sobre o fato de que, na verdade, era um ser erótico. Tivemos de descobrir o que aquilo significava. De outro modo, ele permaneceria preso a um ciclo de repressão e *acting out*. Eu não quis fazê-lo compartilhar isso com Amy naquele ponto; só queria que entendesse que a falta de comunicação era parte do motivo da sua identidade sexual fraturada. Casey ainda precisaria trabalhar muito consigo mesmo. Eu queria ir além do condicionamento cultural superficial e da sua psicologia e chegar à essência de quem ele era sexualmente. Queria que encontrasse sua própria criatividade, e isso envolveria algumas explorações conscientes, em vez de responder passivamente ao que estava mais à mão.

Decidimos examinar o seu desenvolvimento sexual. Quando os pais dele, hippies da geração Woodstock, conversaram com ele sobre sexo, enfatizaram a necessidade de respeitar as mulheres e considerar o ato sexual como algo sagrado. "Concordo com isso", disse ele. "Ainda quero esse ideal. Mas, quando era adolescente, eu não fazia muito sexo, então os filmes piratas dos meus amigos eram a melhor coisa disponível. Eu assisto à pornografia há tanto tempo e, francamente, considerava isso o comportamento masculino normal."

"Então você aprendeu a ir direto à pornografia para a descarga erótica. O que isso lhe ensinou sobre você mesmo?"

Ele riu. "Que fico com tesão fazendo coisas que a minha mãe disse para eu não fazer?"

Claro, o ato subversivo em oposição aos ideais próprios pode ser inerentemente sexy. Mas de onde vinha aquela aparência "desleixada" de que ele gostava? Certamente não da mãe nem da namorada.

"Sério, Casey, o que você aprendeu sobre si mesmo?"

"Se eu parar pra pensar... o que observo... hum... acho que fico excitado com a agressão, a dominação, a ausência de sentimentos. É duro admitir isso", prosseguiu, "porque vai contra tudo em que quis acreditar."

CASEY

Casey estava perplexo. "Mas eu não tenho problemas esquisitos de poder com os meus pais, juro. Não me sinto impotente na vida. Não me sinto inseguro com relação à Amy. Eu simplesmente gosto."

Francamente, para mim era difícil ouvir sobre homens que ficavam furtivamente excitados ao ver mulheres em posições submissas, especialmente de pacientes com mais consciência social. Talvez não fosse necessária uma análise profunda. Talvez aquilo fosse simples: o poder dá prazer. E a pornografia oferece a ele/aos homens um modo de dominar e usufruir disso. "Talvez à custa de uma mulher", disse eu.

"'À custa de uma mulher.' Puxa, soa egoísta colocado desse jeito", disse Casey. "Mas os homens obtêm muito reforço quando no controle de uma mulher. É uma questão de status."

Aquele me parecia um modo vulgar de sentir prazer. Desde que encontrei uma pilha de revistas de mulheres em um "forte" usado por garotos da vizinhança, fiquei curiosa em saber o que os homens olhavam e por que compartilhavam aquilo entre si. Pensei que fosse uma forma de contar histórias sobre a masculinidade, com mensagens passadas de uma geração a outra. Se fosse assim, talvez eu conseguisse contornar aquela alegoria cultural sobre dominação, ainda que para um só homem. No seu desespero em se entender consigo mesmo, Casey parecia bastante aberto, e eu estava agradecida de que estivesse disposto a explorar a questão. Tipicamente, eu havia encontrado caras muito defensivos quanto à pornografia, prontos para minimizar seu efeito deletério. Era como se eu estivesse fazendo piada com a vaca sagrada, algum direito sagrado que as mulheres deveriam simplesmente aceitar como a normalidade masculina inofensiva e nunca questionar. "Os homens passam mensagens entre si que determinam o que pensam ser sexy", disse eu. "Mas nisso tudo, onde está o seu eu verdadeiro?"

"Nunca pensei nisso. Como encontro a mim mesmo?"

"E se você começar considerando outras fontes de erotismo que não seja a pornografia virtual?"

"Como por exemplo?"

"Literatura erótica, poesia erótica, tantra, a sua própria imaginação...?"

"*Nessa* talvez eu até pudesse fazer a Amy embarcar", respondeu. "Seria mais como fazer amor..."

Agora tínhamos um começo. O que Casey queria era ter uma relação sexual com Amy que incluísse atos que ele também achasse eróticos. Bom. O erotismo não é ruim. O problema era a sua separação entre amor e erotismo.

Eu não sabia aonde aquela exploração poderia levar. Ainda não tinha um plano para ele. Só pensava que devia haver um modo de ele e Amy serem eróticos juntos, algo que ele pudesse integrar à sua identidade, aos seus ideais, ao seu amor por ela. Eu não podia falar por ela, pois só tinha o ponto de vista dele, mas obviamente ela o inibia. Ele não tinha segurança emocional para a autoexploração na presença dela. O fato de a pornografia conseguir fazê-lo se soltar e provocar uma satisfação temporária só criava mais confusão sobre o que ele queria. Eu esperava que ele conseguisse deter aquele ciclo e construísse uma ponte sobre a sua identidade cindida.

Eu tinha minhas próprias ideias sobre o que constituía o sexo erótico e precisava ser cuidadosa e atenta para não as impor a Casey. Eu gostava da ideia de celebrar o ato, de celebrar o corpo do outro. Não gostava do tema mais comum na pornografia que transformava o pênis e o sêmen em armas de destruição, quando, afinal, sua função era gerar vida.

Em geral, defino "o erótico" como uma experiência carnal, animal ou baseada no prazer. É uma sensualidade generalizada, terrena, elementar. Não está verdadeiramente separado do amor, como Casey parecia pensar, mas *é* separado do conceito de suavidade e dos laços do amor em que Amy, segundo Casey, estava mais ligada.

Ao pensar na nossa natureza erótica, é importante recordar a influência do contexto cultural. É muito redutor simplesmente observar os costumes modernos e fazer generalizações. Ao estudar as tendências históricas e transculturais das expressões eróticas, eu descobri um leque enorme. Cheguei a pensar que o jogo de poder seria um tesão universal, até descobrir tradições populares, como no taoísmo, no tantra e na cultura europeia anterior às grandes religiões, que eram muito afirmativas do sexo tanto para os homens *como* para as mulheres (depois isso mudaria em todas estas culturas). Mas é importante observar que houve um período importante na história humana em que as pessoas pareciam não precisar dos temas do domínio para se excitarem. Na China antiga, quando o pensamento taoísta era popular, quase não há evidências de comportamento sadomasoquista, e as anatomias masculina e feminina não eram mencionadas de modo pejorativo como são hoje. Em vez de "caralho" ou "boceta", eles usavam palavras como "talo de jade" e "vaso de jade". As mulheres eram consideradas altamente sexuais e acreditava-se que seus orgasmos traziam saúde e vitalidade para os dois sexos, então frequentemente os homens eram treinados para mantê-las satisfeitas.

Mesmo a arte antiga reflete tais ideias. Lendo um livro sobre o assunto, comparei imagens de mulheres da arte europeia pré-histórica com a pornografia moderna. Parecia não haver sugestão de obscenidade nem mesmo esse conceito nos materiais antigos. As imagens de seios e corpos nus eram símbolos de fertilidade. O sexo simplesmente celebrava a vida. Os significados atribuídos ao sexo tinham relação com criação, fartura, potência e energia vital.

Gosto dessas perspectivas antigas. Na verdade, penso que são muito eróticas; os pagãos no campo fazendo sexo, esperando ajudar a fertilidade do solo, é uma ideia sexy. Descobri também que historicamente as mulheres eram percebidas como muito sexuais, mais até que os homens. Gosto de imaginar que esse contexto cultural causou impacto na libido feminina. Na verdade, a noção de que as mulheres são menos sexuais que os homens surgiu há uns cem anos apenas. Na história europeia, elas foram consideradas muito sexuais até a queda do feudalismo e o surgimento do capitalismo. Em pouco tempo, mulheres sexualmente agressivas seriam queimadas como bruxas, e as mulheres ocidentais foram criadas para serem passivas e espelhar os desejos dos maridos.

Então, o meu argumento é que o contexto cultural é muito importante para entender o comportamento sexual masculino, porque em alguma medida ele expressa o que está no meio social. Hoje em dia, as nossas psiques são fortemente inculcadas com domínio, competição e poder.

170   OS HOMENS NO MEU DIVÃ

Quando Casey chegou para a sessão seguinte, imediatamente percebi que algo tinha acontecido. Ele começou a falar antes que entrássemos no consultório, e de um modo acentuadamente distinto do homem controlado, cerebral e autocrítico que eu conhecia. Era como se uma espécie de torneira tivesse sido aberta, como se ele tivesse apertado o botão do "foda-se" e decidido ser livre, livrar-se da pele morta da inibição e revelar um espírito animado e vibrante.

"Entendi", disse ele animado. Sua voz estava segura, os olhos abertos, a postura confiante. "Esta manhã eu estava caminhando na Washington Square e vi uma mulher. Reparei no corpo dela como teria reparado em qualquer mulher atraente que passasse. Mas dei meia-volta e a segui. Foi uma coisa impulsiva; nunca faço isso. Mas comecei a segui-la e não conseguia tirar os olhos do formato da sua bunda enquanto ela caminhava na minha frente."

"Como você se sentiu?"

"Fervendo por dentro. Senti-me como um animal que caça, e só queria pular em cima dela e fodê-la." De repente, o Casey que eu conhecia apareceu. "Isso é ofensivo?"

"Gosto da sua sinceridade", respondi. "Você está ficando real, é um passo." Impactada por sua paixão que irradiava na sala como uma corrente elétrica, cheguei a ficar um pouco excitada.

"Só queria me permitir sentir o que sentia sem me censurar."

"O que foi que você entendeu?"

"Senti que podia devorar aquela mulher. Queria ser impetuoso, penetrar. Queria tê-la imprensado contra uma árvore e mordido a carne dela. Eu não estava com raiva — só primal, acho. Me senti um pouco culpado, mas estou cansado dessa rotina monótona e lenta. Estou faminto. Quero foder!"

Fiquei um pouco perturbada com a intensidade dele. Acomodei-me na cadeira, me compus, me endireitei e me inclinei para um lado, subitamente consciente das minhas próprias curvas ao perceber o seu olhar passeando pela lateral do meu corpo quando girei a cintura. Mais tarde, perguntei-me se não teria me exibido inconscientemente — se em algum lugar nas profundezas da minha natureza primal eu não estaria respondendo a ele.

CASEY

"Culpado? De quê?"

"Pensei que o objetivo disto era que você queria que eu encontrasse o meu lado suave para encaixar melhor com a Amy."

"Não, quero que encontre o seu eu verdadeiro. Os impulsos agressivos não são ruins, Casey. Eles refletem a sua paixão."

"Senti assim: isto é o que eu quero, isto é o que eu sou!"

"Vamos comemorar a humanidade desse anseio. Isso é vitalidade. Mas a pergunta seguinte é: você consegue dirigir isso para Amy?"

"Normalmente não. Mas... acho que estou pronto para tentar." Embora originalmente Casey tivesse sido seduzido pelo romantismo de Amy, cansou-se do que percebeu como limites ao fazer amor, que era só isso: *fazer amor*. Ele queria foder. Ele se lembrou de como costumava foder com as mulheres e queria mais. Tinha um desejo profundo de se apoderar da carne, penetrar vigorosamente, mas estava bloqueado pela sutileza de Amy e o medo de romper isso nela. Mas naquele dia ele expressou uma agressividade saudável, diferente da agressão da pornografia, aquela mistura venenosa de ódio, sadismo e subversão. Ele se sentia bem com a paixão inflamada por um magnetismo corpóreo selvagem e estava disposto a assumi-la.

Casey saiu da cidade por algumas semanas e, quando ligou para marcar a próxima consulta, perguntou se poderia trazer a sua amada Amy. Claro, eu estava curiosa.

Quando chegaram, entendi por que ele estava tão enlevado com ela. Amy tinha uma presença poderosa. Movia-se com o cuidado gracioso de uma bailarina, os ombros orgulhosamente encaixados para trás, a cabeça erguida. O efeito exibia as curvas delicadas da sua figura flexível.

Fui pega de surpresa quando entrei na sala de espera e descobri que ela não tinha asas, nem halo, nem um vestido longo, esvoaçante e diáfano. Amy usava um conjunto caro e artístico de alta moda — mas que não necessariamente a favorecia. Ela fazia o tipo de escolhas estilísticas que chamam mais a atenção das mulheres que dos homens. O penteado e as unhas feitas eram tão meticulosos que ela parecia estranhamente desconectada de

172 OS HOMENS NO MEU DIVÃ

qualquer sensação de sensualidade crua. Estar diante dela era como estar em uma destas casas perfeitamente *clean*, quase como cenários, onde você admira a estética, mas não se sente confortável para sentar.

Eu sorri e fui quase obsequiosa na hospitalidade com que a acolhi no consultório e, no entanto, ela foi contida ao me cumprimentar, o que foi decepcionante: eu estava pronta para me deixar levar pelo seu famoso charme. Casey e Amy não pareciam muito amorosos quando entraram no consultório e se sentaram. Eu não conseguia imaginar as caminhadas no West Village ao vê-los sentados em cada ponta do divã, a linguagem corporal dele derrotada e a dela tensa e fechada. Eles evitaram o contato visual entre si e só se dirigiam a mim. O primeiro assunto dela foi deixar-me saber como o meu paciente estava "perturbado", como se o estivesse entregando ou me recriminando, eu não podia dizer. Sua fala era tensa, com um tom de repreensão, e sua graciosidade se esvaía à medida que a ansiedade aumentava.

"Algo mudou", disse ela depreciativamente. "Ele está tão obcecado com sexo, sempre sugerindo novas posições, novos lugares, *bondage* etc. Entendo que queira apimentar a coisa, mas, para ser sincera, parece que ele só liga para sexo. É para isso que ele vem aqui? Isso é o que você disse a ele para fazer?"

Em vez de responder, perguntei: "Como você se sente com isso?"

Em resposta, ela descartou a minha pergunta. "E o pior, ele me pediu para assistir à pornografia com ele." Por isso Casey parecia tão abatido.

"Eu me sinto traída", ela continuou. "E então? Eu já não basto?" Ela fez a pergunta a mim, mas se dirigia a Casey. Ele desviou o olhar.

"Parece que você não se sente amada por Casey neste momento."

"Não há nada amoroso nisso. Sinto-me usada."

"Não será que ele quer apimentar o sexo *porque* te ama?"

"O quê? É assim que ele demonstra amor?", perguntou ela com sarcasmo.

"Além do comportamento sexual recente, você tem provas ou razões para pensar que Casey não a ama?"

"Não. Por isso estou confusa."

"Você teme que isso possa significar o quê?"

"Que ele esteja se *desapaixonando*. Que já não ligue; acho que ele só quer me usar para gozar."

"Essa é uma suposição forte."

Amy me fulminou com o olhar.

"Será que Casey não estará pedindo a você que compartilhe o seu lado erótico como um gesto de intimidade?"

Casey se encolheu em um gesto envergonhado enquanto a raiva de Amy alimentava a sua culpa e bloqueava a busca por autenticidade em que estivéramos trabalhando. Queria que ele me ajudasse participando, mas ele se acovardou diante da frustração dela.

"Vocês discutiram sobre estas mudanças na sua vida sexual?"

"Não conversamos sobre a nossa vida sexual", disse Amy.

"Por que não?"

"Se nos amamos, ela será naturalmente boa."

Silenciei e deixei a declaração dela pairar no ar. "Esse mito é perigoso, Amy", respondi por fim. "O sexo *nem sempre* é bom, mesmo quando as pessoas se amam profundamente." Os dois me fitaram como se nunca tivessem ouvido algo tão absurdo — ou não acreditassem. "Se não houver comunicação, vocês se expõem a todo tipo de mal-entendidos. Casey, você impôs suas novas ideias a Amy *sem* conversar com ela antes. Ela não tem a menor ideia do que isso significa para você. E você, Amy, assumiu automaticamente que a mudança significava que ele não a ama, e sentiu-se traída."

Ela assentiu lentamente com a cabeça. Casey só ficou lá, sentado.

As solicitações sexuais masculinas podem provocar reações muito fortes nas mulheres. Nem sempre entendemos de onde vêm. Somos sensíveis a sermos "usadas" ou objetificadas. É uma situação terrível para mulheres como Amy, ou para mim, que crescemos apaixonadas pelo amor e vemos a relação amorosa e a adoração como confirmações de nossa singularidade. É uma interação altamente pessoal, uma forma de objetificação reversa que não é principalmente sexual. O homem torna-se um "objeto amoroso".

Amy limitava o sexo à ideia de "fazer amor" e ao que imaginava que isso era e como devia ser experimentado. Qualquer outra expressão sexual era

174 OS HOMENS NO MEU DIVÃ

ameaçadora e significava que ela não estava sendo amada. Eu não podia culpá-la, diante da história de como o sexo tem sido usado para prejudicar as mulheres, roubar o seu poder, humilhá-las, puni-las, degradá-las etc. Os atos sexuais têm sido brandidos como uma arma sexual contra as mulheres de tantos modos na história e nas culturas, e muito tem sido escrito sobre isso, então não vou me alongar aqui.

Contudo, quero ressaltar uma questão: há boas razões para que certas demandas sexuais masculinas provoquem temores profundos nas mulheres. Penso que as mulheres foram privadas da liberdade de desfrutar desses atos. O "fazer amor" é uma zona de conforto boa, segura e protegida. Mas ela não respira, não cresce, a vida estanca. As duas partes terminam se sentindo limitadas. Isso cheira a controle temeroso, e não a amor. Para Amy e Casey, a dança do sexo não era fluida, não havia troca de criatividade nem liberdade de compartilhar desejos espontâneos.

Verdade seja dita, não penso que homens e mulheres tenham impulsos tão diferentes. Acho que ambos querem amor, e ambos querem foder. Francamente, acho que separar o fazer amor do foder é uma dicotomia falsa. É uma questão de percepção. Temos de observar os significados que atribuímos à variedade de atos sexuais.

Permitam-me uma pequena digressão para ilustrar como um ato sexual pode adquirir diversos significados. De vez em quando transcrevo na minha caderneta alguma sessão particularmente fascinante. Hank (nome fictício) era um desses casos, e assim que ele saiu do consultório comecei a escrever.

Ele tinha vociferado de um modo intenso, maníaco e raivoso contra a esposa que se recusava a fazer boquetes nele. Com cada milímetro da sua raiva justificada, ele queria que eu soubesse que ele merecia o boquete. Deixei-o desafogar sem tentar detê-lo e estruturar a conversa. Limitei-me a ouvi-lo atentamente, fiz anotações mentais sobre suas preocupações e às vezes respondia afirmativamente. Esta diatribe forneceu um material muito rico sobre o seu panorama psicológico.

CASEY 175

HANK: "Você assistiu ao filme *Don Juan*? Aquele sou eu. Sou um sedutor treinado. Ela sabe quem eu sou? Sabe das mulheres que consigo pegar? Tive tantas mulheres e me apaixonei por ela, optei pela monogamia e agora sou como um garanhão encurralado numa baia!"

EU: "Você está dizendo que ela não reconhece o grande amante que você é?"

HANK: "Isso mesmo. Ela não me reconhece. Desperdiço as minhas habilidades com ela. Eu devia encontrar outra pessoa que me aprecie. [pausa]. Sabe o que mais? Quero ser seduzido. Minha mulher é tão passiva, eu faço sexo oral nela o tempo todo e ela nunca retribui! Preciso pedir a ela que faça um boquete e devo dizer que pra ela isso é um esforço. É como se estivesse me fazendo um favor. Ela não entende. É como se eu estivesse lidando com uma adolescente inexperiente. É tão chato. Quero a dança. Em vez disso, ela age como se estivesse cansada ou ocupada. Então... o quê? Eu sou um peso pra ela? Ela encontra tempo pra tudo o mais; eu não sou suficientemente importante? Estou de saco cheio de ser ignorado. Disse a ela que ou ela começa a me fazer boquetes ou vamos nos divorciar."

EU: "Você se sente rejeitado."

HANK: "Ela traiu o meu amor. Desisti de tudo por ela."

EU: "Desistiu das outras mulheres?"

HANK: "Totalmente. Eu a trato como se fosse um diamante valioso. Eu a adoro e dou e dou. Não recebo nada em troca."

EU: "Então, o boquete significaria que ela valoriza você. Adora você. Que quer se dar a você."

HANK: "É isso mesmo."

EU: "Parece que você está dando o que quer. Será que ela sabe que o boquete representa tudo isso para você?"

Repare no significado do boquete para Hank. Ele equipara a felação a ser valorizado e amado pela mulher. Ele condiciona o amor ao sexo de um modo neurótico. Pensa que o boquete é a sua necessidade primária, mas, na verdade, primária é a sua necessidade de amor.

176 OS HOMENS NO MEU DIVÃ

A felação é particularmente carregada de significado. Costuma ser associada à subjugação e às vezes à humilhação, ou uma ferramenta para obter algo — geralmente pelo homem — mas o poder pode ter mão dupla. Mas e a felação como um ato de amor? Como uma dádiva?

Aprendi que, sempre que um paciente é fervoroso a respeito de um ato sexual, muitas vezes tem um problema de confiança. Não acredita que alguém satisfaça seus desejos de modo consistente.

Quando uma necessidade emocional é inconscientemente mesclada à necessidade física, torna-se uma rejeição enorme quando o indivíduo recebe um não. Ele sente aquilo como algo pessoal.

Hank tinha criado expectativas sexuais irrealistas com relação à esposa: se você faz um boquete, você me ama; se não faz, é porque não me ama. Mas ele não enxergava a distorção. Muitos homens só enxergam a necessidade emocional e, quando se decepcionam, culpam a monogamia.

Outro paciente, que estava prestes a se casar, reforçou isso ao dizer: "Se tenho de parar de dormir com muitas mulheres diferentes, ou ao menos pensar que tenho esta opção, e me casar e só fazer sexo com uma pessoa para o resto da vida, então o sexo tem de ser bom."

Isso é que é pressão sobre a mulher! Contudo, falando sério, os homens podem ter conflitos internos com estes dois desejos rivais: quantidade *versus* monogamia. Mas não é como uma batalha em que um lado ganha e o outro é derrotado, a "quantidade" derrotada para sempre pela monogamia, a vencedora vitoriosa. É mais como uma corrida perpétua em que um desejo ganha a dianteira a duras penas enquanto o outro se estrebucha ferozmente logo atrás. Embora o desejo por amor e companheirismo possa vencer a competição, ainda existe aquele sentimento de direito que, como *ele a escolheu* para ser a única, o que para ele é uma escolha magnânima, a vida com ela tem de ser boa e valer a pena.

Esse processo mental é um erro completo para os homens. Quando, operando pelo medo, eles se veem diante da dicotomia sexual de uma *versus* muitas, estão preparando o terreno para o fracasso. O cara quixotesco citado anteriormente amava genuinamente a noiva e disse que estava *feliz* com a escolha de fazer sexo só com ela. Mas a expectativa cheia de pressão de que estava desistindo de algo, e por isso o sexo com a noiva *tinha* de ser bom, o levaria à decepção, pois a expectativa era irracional e muito exigente.

Nenhum relacionamento sexual é sempre bom. E, se alguém quiser dizer a si mesmo que a vida de solteiro é mais atrativa e estar casado leva ao tédio, então é isso mesmo o que terá. Os caras que exercem tanta pressão sobre suas mulheres em geral são os menos escolados no quesito sedução.

Homens com egos sexuais baseados no número de mulheres com que dormiram tendem a ter mais dificuldade com a monogamia, para não falar do enorme sentimento de que têm direito a tudo e das ideias falsas sobre sua perícia sexual. Um paciente me contou que uma noite em que estava a fim, mas a mulher não estava, ficou tão frustrado e teve tanta raiva que disse: "Você sabe quantas mulheres são a fim de mim?"

A verdadeira resposta à pergunta era "nenhuma".

Muitos homens temem que um relacionamento signifique abandonar o âmbito das oportunidades infinitas e perder-se no terrível apocalipse matrimonial: o casamento sem sexo. Eles visualizam o "fim dos tempos", só que sem arroubos, sem sabor e sem paraíso. Ficaram para trás. Enquanto isso, o resto, os caras solteiros, está por aí se dando bem.

Esse temor faz sentido. É como se os homens perdessem o vigor, a força vital. Como disse uma amiga: "Sexo é vida."

É verdade, pensei, e de um modo fundamental. Mas é também uma questão existencial. A pulsão sexual tem a ver com expressar a vida, a vitalidade e a criatividade. A preocupação masculina em se prender num casamento sem sexo não se deve a que sejam criaturas biologicamente mais sexualizadas. Não se trata, como afirmam alguns colegas de profissão, simplesmente do medo da morte. A morte do sexo no casamento *é* uma morte real, a morte do espírito, a morte da esperança.

Provavelmente Amy ficaria surpresa com uma verdade que descobri com muitos pacientes homens — e que também me deixou surpresa: o assunto que mais lhes interessa na terapia sexual... *é o amor.*

178 OS HOMENS NO MEU DIVÃ

Contudo, pode ser difícil enxergar isso porque os sentimentos deles sobre o amor frequentemente estão mesclados com impulsos aparentemente contrários que surgem durante o sexo — como agressão e medo — que os deixam confusos e muitas vezes assustados. Eles se preocupam: vou perder o poder, o controle? Seus pensamentos oscilam: odeio esta necessidade incontrolável de aprovação. Sinto-me dependente e odeio isso. Odeio o poder dela sobre mim. Eu não lhe basto? Esqueça, ela é um lixo. Ou, do lado masoquista: quero ser dominado e subjugado. Isso me faz sentir-me seguro.

Parece-me que a abordagem contraintuitiva seria mais producente. Abandonar a ideia de que homens e mulheres têm naturezas sexuais completamente diferentes. Se homens e mulheres conseguissem reconhecer o "outro" em si mesmos, poderiam começar a explorar a sexualidade como um casal.

Eu meio que esperava uma ligação de Amy depois da nossa sessão conjunta tão difícil, e meu instinto funcionou. Ela pediu uma sessão individual. Sentia-se deprimida e não conseguia sair disso. "Pensei que era a namorada ideal", disse. "Agora não tenho tanta certeza."

Amy se acomodou no divã e veio com uma surpresa. Ela entrara no computador de Casey para buscar os sites pornôs que ele costumava visitar, na esperança de descobrir o que tanto o encantava e por que ela "não bastava". O que descobriu foi além da sua imaginação. "Meu primeiro impulso foi me comparar às mulheres e observá-las por partes: rostos, corpos, roupas — o pouco que usavam. Mas, quanto mais olhava, mais absurdo aquilo parecia. Na verdade, comecei a rir. E então, bem... fiquei excitada — e mortificada — com cenas de sexo que eu me recusaria a fazer se Casey me pedisse. E depois me masturbei."

Amy tinha experimentado o mundo de Casey, e isso a deixou confusa. "A pornografia me causou repulsa e me excitou", disse ela, fitando-me com um olhar de intensa perplexidade. "Quero saber o que isso significa. Eu preciso saber."

Não fiquei muito surpresa de que ela se excitasse vendo pornografia, embora mentalmente ela não se interessasse pelo que via na tela. O corpo e a mente podem ser discordantes nas mulheres.

Isso me fez recordar um estudo fascinante em que sexólogos exibiram cenas filmadas de uma variedade de atos sexuais a grupos de homens e mulheres conectados a um pletismógrafo, um aparelho que mede o fluxo sanguíneo — um sinal da excitação sexual — nos genitais. Os dois grupos assistiram a imagens de encontros sexuais heterossexuais, homossexuais masculinos e femininos, de um homem se masturbando, de uma mulher se masturbando, de um homem bonito caminhando pela praia, de uma mulher nua fazendo exercícios, e de bonobos — uma espécie de macaco — acasalando. A todos foi perguntado se as cenas os deixaram excitados — e as respostas foram comparadas às leituras do pletismógrafo.

O que os homens disseram que os deixara excitados era compatível com suas respostas corporais. Os homens heterossexuais responderam com aumento do fluxo sanguíneo diante de imagens de mulheres e sexo heterossexual; não houve resposta corporal ao observar outros homens. Os homens gays responderam às imagens homossexuais masculinas.

Porém, os resultados das mulheres foram totalmente diferentes. O corpo delas respondera a tudo, até às cenas que diziam não tê-las afetado. Elas responderam ao sexo heterossexual, ao sexo homossexual masculino, à mulher se exercitando e até aos bonobos!

Esse estudo certamente parece indicar que a sexualidade feminina é muito mais expansiva ou, como dizem os chineses, incansável. Os famosos pesquisadores sexuais Masters e Johnson afirmaram que a "capacidade da mulher para o prazer envergonharia qualquer homem".

Eu sabia o que tinha deixado Amy excitada, então perguntei-lhe o que a havia repugnado.

"As imagens eram ofensivas. Animais, meninas menores de idade, avós, mulheres sendo tratadas como lixo. Sério, que diabos há de errado com as pessoas? Não consigo me imaginar fazendo o que vi ali."

"O que isso significaria para você?"

"Não quero me colocar em uma posição degradante para o prazer dele", respondeu com um desdém enfático na palavra "dele".

"Entendo que isso a impeça de querer fazer alguma coisa erótica", disse eu.

180 OS HOMENS NO MEU DIVÃ

"Erótica? O fato de ele se excitar com aquela imundície me deixa absolutamente furiosa."

A ideia de si mesma como um objeto a ser profanado a incomodava. Eu a entendia. Ela queria que o homem visse seu corpo como sagrado e o fato de oferecê-lo a ele como uma dádiva. Eu sentia a mesma coisa, e às vezes me perguntava se a alma do sexo teria se perdido. Amy e eu éramos filhas de pais conservadores que não falavam abertamente sobre sexo, que preferiam relacionamentos trancados no que fomos levadas a acreditar que seria um estágio eufórico interminável — apesar do que víamos às vezes com nossos próprios olhos.

Amy não tinha saído daquilo e muitas vezes se deixava levar pelos jogos sexuais de Casey para trabalhar o relacionamento. Quando ele expôs seus desejos, tocou nos medos dela de ser apenas para "o prazer dele". Muitas vezes há significados mais profundos nos papéis de dar ou receber prazer. Amy tinha a opção de como perceber o dar prazer a ele, mas primeiro eu precisava entender o que isso significava para ela agora.

"O que a deixa furiosa nisso?", perguntei de modo exploratório e decididamente imparcial.

"Que ele queira me desrespeitar", respondeu, o semblante carregado e o olhar intenso assinalando que ela estava afundando em uma raiva desdenhosa por trás da superfície controlada.

"O que há de ruim nisso?"

Ela me olhou com raiva por fazer a pergunta, como se a resposta fosse óbvia, mas eu apenas queria conduzi-la ao cerne da raiva.

"Quero que ele me ame", disse ela suavemente.

"Então, é importante sentir-se amada. E, quando a atividade sexual começa a se afastar do que parece um tom amoroso, isso a ameaça?"

"Eu gosto de sexo 'normal'. Gosto quando ele quer fazer amor."

"Claro. No entanto, algo daquela pornografia a deixou excitada..."

"Sim... e não entendo por quê."

"Significa que você prefere sexo em um tom romântico, mas talvez haja espaço para expandir a sua experiência."

"Não vou fazer nada degradante", insistiu.

CASEY 181

"Amy, você continua reagindo ao que viu na internet", disse eu. "Não a culpo. Mas você concorda que a internet não é a *única* fonte de erotismo?" Talvez ela respondesse à sugestão que eu fizera a Casey.

"Não sei."

"Vamos tentar com o recurso mais importante: sua própria mente. Talvez haja um modo como você possa ter uma experiência erótica sem se sentir degradada."

"Como isso é possível? O que você quer dizer?"

"Você consegue ser erótica, mas continua ligada ao seu amor. Muito do que viu na rede foi concebido para ser lascivo e ultrajante para chamar a atenção. A maioria segue roteiros sexuais masculinos muito básicos. Mas, e se você criar o *seu próprio* roteiro, que a faça sentir-se bem sendo erótica?"

Ela perguntou o que deveria fazer. "Um pouco de reprogramação", respondi gentilmente. "Mas primeiro, fora isso, você acredita que Casey a ame?"

"Sim. Acho que sim. Quer dizer, se não fosse pela..."

Cortei-a. "Então é sim."

"Sim."

"Primeiro precisa parar de usar o sexo para legitimar o fato de ser amada. Você pode fazer isso porque sabe que é amada."

"Acho sim."

Ela continuava confusa. "O que quero dizer é: esqueça o que os homens querem. Você será mais sexualmente atraente para Casey se souber o que te deixa com tesão. Sei que você se excita 'fazendo amor', mas você achava que isso era a única coisa que a excitava. Agora você sabe que não. Então, se tiver qualquer fantasia, desfrute-a, *além de* fazer amor, porque você sabe que não importa o que Casey queira, ele não estará usando você. Ele a ama e a respeita."

Amy pediu para fazer terapia individual comigo e, depois de consultar Casey, concordei.

À medida que as semanas passavam eu a fui conhecendo. Ela tinha 38 anos e vivera em um apartamento alugado no Upper East Side por 15 anos.

182 OS HOMENS NO MEU DIVÃ

Era formada em administração em Dallas, Texas, mas subitamente decidiu se mudar para Manhattan — poucos dos meus pacientes eram realmente de Nova York — para fazer carreira no mundo da moda. Seus pais não gostaram, mas aquilo foi uma virada para ela. Amy iniciou uma carreira razoavelmente bem-sucedida como estilista autônoma para diversos catálogos. Contrariamente à minha primeira impressão, ela era uma moça alegre e conversadora que gostava de ter amigas e sempre estava experimentando com suas roupas e uma série de conjuntos e acessórios arrojados. Cada vez que ela entrava eu levava um tempo absorvendo aquela festa visual para não acabar me distraindo com os tecidos ousados e descombinados ou com seus brincos grandes e anacrônicos — e perdíamos um tempo precioso da sessão com elogios mútuos às nossas roupas. Ela facilmente poderia ter sido minha amiga, e eu precisava ficar alerta porque ela era uma paciente.

Amy era psicologicamente hábil e confessou ser obcecada por livros de autoajuda. Mas Casey a provocava e dizia que, embora ela tivesse uma biblioteca cheia de conselhos, nunca os punha em prática.

Obviamente ela cuidava da sua aparência, mas não com um propósito sexual; ela era mais como uma peça de arte animada que gostava de ser vista e não queria ser vulgarizada pela "baixeza" inerente à sexualidade. Amy era um pouco assexuada. Meu desafio era ensiná-la a se tornar um ser sexual que transcendesse as limitações que tinha criado para si e, por extensão, para Casey. Freud fala muito de como constantemente reprimimos nossos instintos sexuais. Bem, pensei, se somos capazes de reprimi-los, somos capazes de aumentá-los. Se é questão de percepção, então é uma opção. Pode-se aprender a sexualizar qualquer coisa e qualquer pessoa.

Amy pode ter achado aquilo idealista, mas decidi começar pelo básico: cultivar sua energia sexual. Todos a possuímos, mesmo que seja uma centelha obscurecida pelo ritmo frenético do nosso corpo. A energia sexual está à nossa volta, como uma grande corrente que tudo atravessa. Às vezes só necessitamos relaxar para senti-la, mas muitas vezes também precisamos vê-la para percebê-la. Há o óbvio: música sensual, um tecido macio, o brilho de uma vela, poesia. Além disso, existe a habilidade de nos sintonizarmos com uma força vital maior que os esforços do nosso ego; a capacidade de nos deleitarmos com os sentidos e de desenvolvermos um gosto fino, como o de um *connoisseur* ou artista, um olhar cultivado que vê beleza em qualquer coisa ou, neste caso, *sexualidade* em qualquer coisa. Para mim, foram as dunas de areia móveis do Marrocos. Como também um pequeno quarto de hotel no Southwest, uma conversa intensa tomando vinho em um café parisiense, o Cirque du Soleil em Montreal, uma margem de rio lamacenta, ouvir jazz em um bar vagabundo, ou visitar um cemitério em Nova Orleans. O Golfo do México à noite no calor do verão, quando a água está a 27 graus. Ser girada e conduzida por latinos desconhecidos em um clube de salsa em Nova York com tanta rapidez que você só sabe o que aconteceu quando a música acaba, o cara segue em frente e você sai tropeçando, zonza, sorrindo, toda descabelada.

Usamos nosso corpo o dia todo para tantas funções utilitárias que é fácil perder contato com o nosso ser físico como algo sensual. Tentei explicar a Amy como se conectar, mas isso não é cerebral ou abstrato, é visceral. Então, peguei na gaveta uma barra de chocolate amargo artesanal temperado com canela e pimenta.

"Tome isto", disse, entregando-lhe um quadradinho para um exercício muito básico. "Feche os olhos. Respire fundo e morda o chocolate. Não mastigue. Deixe-o na boca. Sinta a textura e aperte-o contra o céu da boca com a língua. Sente o ardor da pimenta? Agora, engula o chocolate e repare no sabor que restou. Note que aparece o sabor da canela. Respire o aroma da canela e mude o foco para a sua capacidade de fazer cada parte do seu corpo se animar e experimentar prazer."

Amy fez como instruí. "Agora, preste atenção. Inale e depois exale suavemente, imaginando que a exalação sai pela vagina. Contraia levemente os músculos vaginais e imagine que os seus genitais se despertam. Mais uma vez. Perceba a sensação e relaxe com ela. Novamente. Agora, quero que diga a si mesma silenciosamente: 'Tenho direito de sentir prazer. Tenho direito de sentir prazer.'"

184 OS HOMENS NO MEU DIVÃ

"Repare se surgir alguma imagem. Deixe a sua mente vagar por algum cenário que a faça sentir prazer."

A respiração dela se acelerou ligeiramente.

"Agora repita para si: 'eu sou um ser sexual.' Imagine-se abraçando e desfrutando da sua sexualidade, do direito de sentir prazer. Repare como vê e sente isso. Ok, abra os olhos."

Ela tinha os olhos marejados.

"Como foi?", perguntei, exibindo um sorriso encorajador.

"Esqueci como estava brava com o Casey. E não consigo acreditar que jamais parei para pensar no que eu quero", disse ela.

"Muito bom. Quero que você se sinta com poder, e não ameaçada."

Para diminuir o ressentimento dela com Casey por ele reivindicar o seu direito ao prazer, queria que ela também se sentisse nesse direito, e o primeiro passo era que se permitisse isso. Se ela conseguisse sentir-se confortável em receber prazer, dar prazer a ele já não seria como dar-lhe poder.

"Com que frequência você pensa em sexo durante o dia?", perguntei a Amy certa tarde.

"Ha! Nunca." Interessante, pensei. Como o sexo podia ficar fora da sua vida cotidiana?

"Quer fazer uma experiência?"

"Diga-me primeiro do que se trata". Ela continuava cautelosa quanto ao sexo.

"Pensar intencionalmente sobre sexo por ao menos três minutos, três vezes ao dia. Pode ser em qualquer lugar — no metrô, caminhando na rua. Quero que você perceba a energia sexual à sua volta."

"No mercado? Os produtos podem ser bastante eróticos", brincou.

"É. Qualquer coisa pode ser sensual. Então, permita que os cenários sexuais penetrem na sua mente. Não os julgue, apenas comece a notar o que lhe vem à mente. Isso serve para colocá-la em contato com a sua imaginação sexual."

"Ok, vou tentar."

CASEY

Casey continuava com as sessões individuais. Embora o episódio na Washington Square o tivesse posto em contato com o próprio desejo, ele ainda tinha muito a fazer. Ele permanecia incapaz de dividir seus pensamentos eróticos com Amy, por temer que ela não os aprovasse.

Pedi-lhe que se perguntasse por que a aprovação dela era tão mais importante que as suas necessidades. Em um relacionamento, não se trata de obter aprovação constante do parceiro. Às vezes há desacordo ou desaprovação, mas as pessoas continuam se amando.

O sexo é um lugar vulnerável. Somos suscetíveis quando alguém diz "Eca" ou "Isso é nojento". Mas devemos estar dispostos a tolerar esse julgamento, porque o ato de compartilhar é mais importante para a nossa própria integridade.

Eu não só pergunto constantemente aos pacientes "O que *você* quer?" como lhes digo para ser quem são. Penso que devemos honrar a nós mesmos primeiro e ser totalmente autênticos mesmo ante a desaprovação. De outro modo, você estará vendendo gato por lebre e a mentira acaba sendo descoberta.

Casey e Amy haviam começado em polos opostos, ela centrada em expressões do amor e ele vendo pornografia. Olhando de fora, eles pareciam muito diferentes, mas o que tinham em comum era que ambos haviam sido sequestrados pelas repressões sociais. Eu tinha tentado guiá-los através do emaranhado das mensagens sociais, do simbolismo pessoal e dos significados emocionais para chegar a alguma clareira. Precisei atender Amy individualmente para que ela fosse menos reativa às propensões de Casey do que quando ele estava sentado ao lado dela. Consegui mantê-la focada em si mesma ao invés de focar nele e tive cuidado de planejar as minhas intervenções no aspecto do crescimento pessoal. Mas o meu objetivo era conduzi-los de volta um para o outro enquanto faziam jornadas pessoais de quase um ano de sessões.

"Você conseguiu criar um cenário sexual?", perguntei a Amy na sessão seguinte.

"Sim. A princípio era como uma obrigação, um dever de casa para pensar em alguma coisa, mas no final foi divertido. Fiz isso por mais de três minutos, três vezes por dia. Senti como se estivesse descobrindo o mundo à minha volta. Comi os caras da academia com os olhos, imaginando-os sem camisa. Matriculei-me em um curso de judô, essa luta me pareceu sexy. Fui passear em uma galeria de arte e algumas pinturas de cores vibrantes me pareceram cheias de tensão sexual. Cheguei a flertar com um funcionário da Trader Joe's.

"E tomei a iniciativa no sexo com Casey, o que normalmente não faço. Eu costumava esperar que ele tivesse vontade."

"Como ele reagiu?"

"Ele gostou, e sinto que nas últimas duas semanas está mais carinhoso comigo."

Casey já tinha me dito como reagira, e que o desejo dela de assumir seu lado sexual ajudou a despertar o lado amoroso dele. "Você está fazendo um bom trabalho, Amy. Parece muito animada com o seu desenvolvimento sexual", respondi.

"Estou sim", disse ela.

A Amy que Casey descrevera na primeira sessão se tornava cada vez mais presente. Ela era brilhante, entusiasta e comprometida. Eu gostava dela.

O esforço com as suas fantasias lhe deu uma nova vitalidade. A reação de Casey foi apenas um efeito colateral agradável. Quanto a ele, sentia-se cada vez mais próximo dela. E com mais tesão.

Outro efeito colateral notável: ele tinha muito menos interesse em pornografia.

Mark

Eu estava começando a gostar muito da prática psicoterapêutica com homens, exceto que, após algumas sessões, começava a me sentir inútil. Se eu pudesse resumir em uma frase o assunto de uma sessão, seria: "Tá bem. Entendi. Já resolvi o problema." Contudo, o corpo os traía por completo. Eu via mandíbulas contraídas, joelhos martelando, cenhos franzidos. Era visível que o homem no meu divã estava sentindo *algo* e se contendo, o seu corpo lutando contra uma revelação. Às vezes, enquanto me diziam como se sentiam bem, eles beliscavam o rosto ou o pescoço como se estivessem apertando a boca de um balão. Obviamente, se você comprime a boca de um balão, o ar fica preso lá dentro. Quando isso acontece, eu não posso avançar com a terapia enquanto não lhes pergunto o que significa ter sentimentos e, mais importante — peço-lhes que os demonstrem.

A própria natureza da terapia entra em colisão com as crenças masculinas comuns sobre a masculinidade. Então eu paro e faço uma pergunta importante: "O que significa ser homem?" O momento pode parecer estranho, porque, obviamente, eu não sou homem. No entanto, como alguém que trabalha regularmente com pacientes para redefinir a masculinidade, me vejo como uma espécie de antropóloga do homem — uma "andropóloga", se você quiser chamar assim — observando, anotando, categorizando comportamentos incomuns e classificando subespécies.

Quando indago sobre a reticência deles em expressar emoções, em geral ouço versões desta resposta: "Fraqueza." Todos querem ser o homem de Marlboro, acho. Uma exceção notável foi um jovem banqueiro de investimentos do Bear Sterns com expressão pétrea que, ao entrar no consultório, disse em um tom robótico: "Quero aprender a sentir. Você pode me ensinar? Quero que você me faça chorar."

188 OS HOMENS NO MEU DIVÃ

A maioria defende o seu estoicismo. Certa vez o meu paciente David me disse: "O que você está tentando fazer comigo? As mulheres não querem um cara legal." Outro paciente, Paul, disse: "Não quero parecer mole. A gente não pode deixar as mulheres saberem o quanto são amadas."

Quando digo que ser forte na verdade é permitir e expressar o sentimento, alguns caras me olham como se eu fosse doida por lhes pedir que sejam pouco varonis. Um paciente gritou: "Você está tentando me fazer falar como uma mulherzinha." Ao que respondi: "Qual é o problema de admitir os seus sentimentos? É natural. É parte da experiência humana. Eles falam de você." Sei que alguns homens tendem a descartar este ponto de vista porque, claro, são as *mulheres* que elogiam as virtudes dos sentimentos — mas, lá no fundo, eles sabem que digo a verdade. Dito isto, sei que compartilhar sentimentos não é funcional em certos ambientes competitivos onde os homens atuam — esportes, negócios, bolsa de valores. Entendo que um soldado não possa dizer: "Ô, sargento, fiquei chateado com o que você disse", mas, quando se trata de psicoterapia e, o mais importante, de suas relações pessoais, talvez os homens pudessem tirar o colete à prova de bala.

Essa ideia de fraqueza não se aplica só aos homens que choram ou ficam tristes. Frequentemente ela se estende a outros sentimentos, como insegurança, medo e até amor. Alguns homens inibem a expressão do amor por medo de parecerem bobos ou fracotes. A consequência de evitar conversas sobre sentimentos pode levar o sexo a se tornar o repositório de emoções não expressas e necessidades não correspondidas. Como resultado, esses homens buscam a sua masculinidade no sexo em vez de trazer a masculinidade *para* o sexo.

Para ser justa, os homens temem demonstrar suas emoções em parte porque isso traz consequências no mundo real. Eles creem que perderão o respeito das mulheres ou, pior ainda, o relacionamento. E há algo de verdade nisso, principalmente no concernente ao sexo. Há pouco conversei com algumas amigas sobre os arquétipos masculinos que seriam fetiches, e todas responderam com ideias como policial, bombeiro, soldado e até mafioso. Ninguém queria dormir com Eckhart Tolle. Uma amiga me disse no tom mais agressivo que eu já tinha ouvido sair da sua boca, que em geral é doce e feminina: "Às vezes eu só quero ser maltratada. Quero que acabem comigo." Aquelas damas queriam vilões, vampiros e Christian Grey.

Acho que as mulheres estão famintas por desfrutar a masculinidade nos homens. Querem sentir sua força, tanto dos bíceps quanto da musculatura interna. Quando um homem se concentra demais em agradar e fica ansioso porque quer ter um bom desempenho, muitas vezes ele parece servil — tipo "Está bom assim?", ou "O que você quer que eu faça?", ou "Estou te machucando?"

Isso não soa como um homem que sabe o que está fazendo. Ele está dando o controle à mulher em um momento em que ela não quer ter controle.

Desmotivadas com a falta de confiança, muitas mulheres saem em busca do macho alfa e acabam encontrando um cretino, um cara que toma e não dá nada em troca, que as explora e às vezes maltrata. Não é o tipo de masculinidade que as mulheres querem.

Certa vez, um homem me disse que havia dois tipos de homens: o Gladiador e o Jardineiro. O primeiro é o tipo forte, o macho agressivo bom de cama, mas que não é muito companheiro fora do quarto, enquanto o tipo Jardineiro é sensível e poético. Ele penteia o seu cabelo e traz sorvete quando você está na TPM, mas pode não ser tão bom de cama. Ele fará amor com você, mas sem a força e a firmeza que demonstrem sua masculinidade.

Pessoalmente, nunca quis nenhum dos dois. O gladiador puro é poderoso, mas destrutivo. Um jardineiro puro torna-se inerte e impotente. Mas, quando os dois aspectos se misturam, então você tem um homem que pode combinar força e ternura. Em geral, penso (embora estes atributos não sejam tecnicamente específicos de um gênero) que as mulheres são atraídas por homens que sabem ser decididos, que assumem o controle, sabem o que fazer, que incorporam aquela energia sexual movida a testosterona e a expressam no desejo pela mulher. Elas amam o homem que exala paixão, o que, claro, requer *emoção*.

190   OS HOMENS NO MEU DIVÃ

Então, tipicamente, quando trabalhamos e "converso sobre o que significa ser homem", oferecer um lugar seguro para os pacientes compartilharem seus sentimentos termina abrindo as comportas. Embora alguns me deem muito trabalho, no final parecem realmente dispostos. Só preciso de permissão. Nada me deixa mais orgulhosa do que quando um cara durão do Queens me diz que se sente "mais conectado" consigo mesmo ou que naquele dia está um pouco triste. Respondo: "Isso é maravilhoso. Parabéns. Você é um ser humano. É capaz de sentir, amar — e de dizê-lo. Não é preciso entrar em pânico."

Um dos meus pacientes mais inesquecíveis foi Mark. Um afável homem do meio-oeste com o charme genuíno do bom caráter, ele era adorável de imediato. Talvez fosse por sua natureza implacavelmente agradável e simpática, ou pelo sorriso fácil que espalhava as sardas salpicadas por seu nariz e suas bochechas, emprestando-lhe um ar juvenil apesar de ter mais de 30 anos. Ele era solteiro e trabalhava no departamento de criação de uma agência de propaganda. Quando chegou para a primeira sessão, Mark começou a falar umas abobrinhas estranhamente superficiais sobre as excentricidades de Nova York e um recém-lançado livro de ficção que trazia em mãos. Parecia que ele queria se desviar do início da terapia com aquela conversa fiada nervosa.

Quando por fim comecei a indagar do motivo da sua vinda — disfunção erétil —, Mark me cortou e disse abruptamente que havia algo mais.

"É que... estou buscando um relacionamento, mas, se eu disser a uma mulher como eu *realmente* sou, não terei a menor chance." Esperei, sem querer interrompê-lo. Parecia desesperado para vomitar a verdade e também terrivelmente medroso. Eu não conseguia imaginar o que estaria ocultando.

"Está tudo bem", disse eu. "Este lugar é seguro."

Mark falou de uma vez só. "Eu sou sádico. Preciso bater na mulher para ficar excitado."

A incongruência entre sua sexualidade e sua fala aquiescente tornava mais difícil processar aquilo. Fiquei ali sentada, escaneando aquela espécie de Peter Pan diante de mim, que mexia nervosamente na sacola com o livro. Ele usava uma camiseta com grafismos e tênis All-Star, o tipo de roupa que diz: "Não sou um executivo, não preciso ir a um escritório e, portanto, não preciso parecer adulto." Não exatamente o tipo de cara que exala a autoridade necessária para despertar fantasias sádicas.

"Faço parte da comunidade S&M underground da cidade", explicou. Ele contou que tinha uma coleção elaborada de palmatórias e chicotes e patrocinava um antro de sexo só para sócios em Midtown, a alguns quarteirões das atrações turísticas da Times Square. "É lá que conheço as mulheres. Nunca nos relacionamos no plano pessoal. Não sei onde vivem nem o que fazem. Em geral, nem mesmo sei o nome verdadeiro delas. A única informação que tenho são os seus limites e preferências sexuais e a 'senha' para eu saber quando querem que eu pare".

"Mas fora dali sou tímido e não consigo me aproximar das mulheres", disse ele com um ar humilhado.

Quero fazer uma pausa para falar o que penso das comunidades sado-masoquistas. São adultos que têm controle sobre o seu comportamento sexual, definem seus limites, divertem-se brincando de se subjugarem e com o prazer causado pela dor. Isso é muito diferente dos homens mencionados nos capítulos anteriores, que queriam dominar as mulheres por considerá-las inferiores e queriam que a mulher não tivesse escolha nem controle. Dito isso, sempre abordo as escolhas sexuais dos clientes com curiosidade, e não com aceitação incondicional, pois penso que isso fecha a porta para a análise e o crescimento.

Fiquei intrigada com aquela criatura dicotômica que facilmente podia ser o vizinho do lado, um colega de trabalho discreto ou aquele cara que você dispensou no segundo encontro porque ele era bonzinho demais. Para entender realmente o que o impulsionava, precisava entender exatamente o que lhe dava tesão. Suas fantasias sexuais me dariam pistas sobre suas necessidades sexuais e seus conflitos emocionais não resolvidos. Era visível que ele estava desconfortável e vacilante comigo, então fui decididamente neutra, mas direta.

Pedi-lhe que fosse específico sobre o que acontecia no clube, e se ele ficava ansioso quando estava lá. "Na verdade, não. Sinto o oposto", disse. "São cenários estruturados. Posso me ocultar e me perder no *role-playing*. Posso ser outra pessoa."

"De que tipo de cenário você gosta?"

"Gosto de ter a mulher de joelhos, amarrada. Eu circulo à sua volta lentamente, inspecionando o seu corpo. Bato aleatoriamente com o chicote em alguma parte do corpo dela, na bunda, nas costas ou nos peitos. Gosto de ver a pele ficar vermelha, inchada, e os olhos que começam a marejar."

A postura de Mark enrijeceu perceptivelmente. "Gosto do olhar de medo no rosto dela quando pede para não bater novamente. Ela promete que vai me agradar se eu a soltar. Que fará o que eu quiser. Eu a ignoro e crio uma espera entre cada golpe, então ela teme antecipadamente o próximo. Gosto muito quando ela me implora para parar. Mas claro que é só um jogo e ela na verdade não quer que eu pare."

"Você está provocando medo."

"É."

"E quem tem medo é ela, e não você."

"Isso."

"O que te agrada ao vê-la sofrer?"

"Isso a força a ceder."

"Como você se sente com isso?"

"Confiante, no controle, poderoso."

Uma inversão muito interessante, pensei. Se ele estiver projetando seu medo nelas, então sua psique de algum modo tenta superar o medo dominando-o.

"E depois vocês fazem sexo?"

"Raramente", Mark murmurou. "Eu sei, eu sei. É estranho. Mas, embora eu fique de pau duro nas preliminares, sempre acabo perdendo a ereção."

O fato de ele perder a ereção era um aspecto interessante, mas preferi não explorá-lo no momento. "Ok, então parece que temos informações sobre o que você gostaria de sentir diante das mulheres. Veja se consegue ligar isso a algum relacionamento seu..."

"Fora do clube eu me considero sensível e até romântico, e talvez ache as mulheres intimidadoras", disse com certo embaraço.

"De que modo?"

"É difícil satisfazê-las. Minha última namorada, Kathy, era muito dominadora. Eu fazia tantas coisas por ela, mas ela não reconhecia e, quanto mais eu fazia, mais exigente ela ficava."

"O que você fazia por ela?"

Ele revirou os olhos como quem diz, O que eu não fazia por ela? "Vou lhe dar um exemplo", disse. "Ela tinha um cachorro, um maldito chihuahua chamado Rudy. Ele era tão nervoso que mijava por todo lado, o tempo todo. Kathy amarrava nele um superabsorvente dela, com um elástico de cabelo rosa. Uma vez Rudy saiu na rua com ele e ela me fez correr atrás dele pela Houston Street."

Prendi o riso.

"Olha, eu sei que tento agradar", disse Mark, saindo à frente como se quisesse evitar uma crítica imaginária. "Sou assim no trabalho também. Minha chefe é superexigente e sempre faço hora extra e ela me dá trabalho extra. Nunca reclamo. Sou como o cavalo de *Fazenda modelo*, um trabalhador ansioso por agradar o patrão."

Agora eu tinha uma vaga ideia de ao menos dois lados da vida de Mark — e devia haver mais. Mas como eles se mesclavam? "Como era o sexo com Kathy?", perguntei. "Ela sabia da..."

Mark me cortou. "Ela não tinha ideia de que eu era do clube S&M. Sabia que ela não ia gostar, então nunca sugeri. Nós fazíamos principalmente o que *ela* queria. *Fazíamos amor.*"

Outro refrão familiar, tipicamente repleto de ressentimento contra o que meus pacientes consideravam os limitados parâmetros femininos para o sexo "bom" ou aceitável.

"Como era isso para você?"

"Na verdade, era bastante bom", respondeu ele a contragosto, "mas muitas vezes eu perdia a ereção bem na hora do sexo".

Daí a razão assumida da sua visita — que não soava "bastante boa" para mim. Com essa abertura, eu poderia começar a explorar a disfunção erétil de Mark, mas queria mergulhar na sua vida bifurcada e compartimenta-lizada. "Então, você mantém oculta uma parte importante do seu ser?" "Acho que sim." Ele ficou em silêncio, recordando algo. "Mas fazíamos um jogo de que nós dois gostávamos, o de criado e patroa. Eu andava pelo apartamento dela de cuecas e ela me mandava lavar os pratos ou varrer o chão. Ela dava ordens como um sargento e, enquanto eu cumpria as tare-fas, ela me distraía, me acariciando gentilmente e dizendo 'bom menino' com uma voz doce."

Fosse no clube S&M, fosse no mundo exterior, a vida sexual de Mark estava pautada pela obediência. Com mulheres anônimas ele estava no comando. Com Kathy, ela exercia o poder. Embora Mark se sentisse im-potente fora dos limites do clube, ele tinha erotizado essa falta de poder. Mas algo não encaixava.

"Se Kathy gostava da cena do criado, o que o impediu de contar a ela sobre as suas outras fantasias?"

"Ela era muito crítica. Não queria chateá-la."

"Como você ficava quando ela se chateava?"

"Ela ficava com raiva e me insultava, recusava-se a falar comigo", disse, querendo ir em frente. "Então, eu evitava chateá-la." Reparei que ele tinha travado a mandíbula.

"Estou percebendo certo ressentimento."

"Ah, não. Não, não. Nenhum."

Mark me dera a oportunidade de espelhar sua resposta. "Ah, então você gosta do autossacrifício?"

De repente, ele ficou sem resposta. "Parece que Kathy comandava o show no relacionamento entre vocês."

"Bem, eu não sou egoísta", respondeu na defensiva. "Orgulho-me de trabalhar muito e de ser alguém que doa. Sempre acreditei que esses prin-cípios são importantes e tenho um senso de justiça muito desenvolvido..."

Ele prosseguiu, pontificando sobre as virtudes de servir os demais. Eu tinha topado com uma barricada rígida que o fazia sentir-se superior. Embora eu ainda não soubesse do que se tratava, sua justificativa era uma chave que o impedia de *sentir*. Talvez fosse a raiva que eu percebia escorrer

MARK

atrás dos sorrisos, que me irritava por contágio. Imaginei que, por trás da fachada perfeitamente educada e correta, Mark apenas quisesse arrebentar a cara de alguém.

Quando nos despedimos, percebi que, apesar da minha irritação no final, eu tinha — curiosamente — gostado da sessão com ele. Mark me interessava. Ele tinha o charme genuíno do bom caráter temperado com sensatez e, em geral, parecia o cara legal por excelência. Ironicamente, isso talvez fosse parte do problema, e a razão pela qual não conseguia manter a ereção, pensei. Penetrar uma mulher exige agressividade. Talvez Mark tivesse um conflito inconsciente que, na vida real, o mantivesse preso a um papel passivo.

Pensando na passividade de Mark, recordei o que uma amiga me dissera certa manhã quando caminhávamos pelo Central Park. Ela havia começado a sair com um sujeito. Estava muito animada, olhos brilhando. Ele parecia um daqueles caras perfeitos no papel: bonito, bem-sucedido, superinteligente, interessante, educado... tudo em ordem. Mas o ponto fraco era que não conseguia tomar uma decisão por conta própria. Ela explicou que até marcar um encontro era um processo exaustivo.

"Ele quer saber o tipo de comida de que eu gosto, quais restaurantes me interessam, que lado da cidade seria melhor. Então liga para saber se a hora da reserva é conveniente — embora eu já tenha dito que tinha a noite toda para ele. Por que ele não diz simplesmente, 'Fiz reservas neste restaurante e te pego às oito?', reclamou. Assuma o comando!"

"Como ele é na cama?", perguntei de brincadeira. O seu olhar me disse que ela ainda não tinha chegado lá — e tinha começado a se perguntar sobre isso.

"O que devo fazer? Quando digo para ele decidir, ele fica meio chateado."

Rami às vezes era assim. "Uma vez, Rami e eu estávamos caminhando pelo Lower East Side procurando um restaurante", contei a ela, "e ele dizia 'O que você quiser'. Achei que eu ia gritar se ouvisse aquilo mais uma vez. Disse a ele: 'Rami, diga o que *você* quer!' E ele respondeu: 'Pra mim tanto faz, o que *você* quiser.'"

"O que você fez?"

196   OS HOMENS NO MEU DIVÃ

"Fiz a primeira coisa que passou pela minha cabeça. Gritei: 'Decida agora mesmo ou vou te largar no meio da rua!' E comecei a caminhar."

"E ele decidiu?"

"Ele me pegou pelo cotovelo e me arrastou para uma espécie de restaurante mexicano aleatório ali perto. Odiei a comida, mas fiquei contente."

Naquele fim de semana, no táxi a caminho do aeroporto para visitar Rami, sentei no banco traseiro e, através da divisória de acrílico, olhei para a licença do motorista.

"Ei, Mohammed, você é casado?"

"Sou."

"E quem tem mais controle, você ou sua mulher?"

Ele deu uma gargalhada. "A minha mulher controla tudo. *Um krone*."

"*Um krone*? O que significa isso?"

"Uma mulher com chifre. É a palavra que usamos para a mulher que tem um pé na cabeça do homem."

"É um elogio ou um palavrão?"

"Ah, é um palavrão muito feio."

"Mas o que há de tão ruim assim deixar que a mulher assuma o controle?"

"É errado pra qualquer um ficar no controle", ele disse. "Tem um antigo provérbio árabe que diz: chame alguém de mestre e ele vai mandá-lo para o mercado de escravos."

Não me pareceu tão ruim ser uma "mulher com chifre", nesse sentido. Eu também queria que o meu homem fosse assim. A energia fluindo, os dois parceiros sendo capazes de manter um forte sentido de poder pessoal, essa batalha pode criar a tensão certa para a paixão sexual.

Mark veio para a sessão seguinte e começou com a conversa fiada de sempre enquanto se sentava no canto do divã e colocava uma almofada no colo para se proteger. Fitou-me ansioso. Sorri, mas não disse nada. Ele tampouco. Notei que a sua passividade despertava o meu lado controlador, e que estava se criando um padrão; quanto mais ele cedia, mais eu impunha a minha agenda. Eu tinha certeza de que ele obtinha a mesma resposta de outras pessoas. Decidi que precisávamos analisar aquela dinâmica, então intencionalmente assumi o papel passivo. Notei seu incômodo com o silêncio, mas mantive a boca fechada enquanto ambos passeávamos o olhar pela sala e de volta ao outro.

"Você sabia que tem um buraco na parede junto à sua mesa?", disse ele.

"Ah, hum", respondi, sem me preocupar em olhar o buraco.

"Você está calada hoje, doutora."

"Estou esperando você começar."

"Isso não é o *seu* trabalho?"

"Você quer que *eu* decida sobre o que vamos falar?"

"Não é para isso que eu lhe pago?", disse ele com um sorriso tenso.

"Você paga para que alguém lhe diga o que fazer?"

"Não sei sobre o que falar hoje."

"Ok, eu espero", respondi. Coloquei a mão no colo e distraidamente trancei o cabelo, sem tirar os olhos dele.

"Acho que não estou ganhando muito com isso", disse ele por fim. Irritado, ele pegou a bolsa a tiracolo, uma ameaça implícita de que estava a ponto de ir embora.

"Você parece chateado comigo", disse eu, afirmando o óbvio de um modo proposital.

"Ficar sentado aqui olhando um para o outro não vai me ajudar", resmungou.

"Bem, você está pagando uma grana para trabalharmos *você*", respondi. "Acho que deveria ser mais pró-ativo a respeito."

"Sinto-me empacado", disse ele.

"Compreendo", respondi. "Você está acostumado a que as mulheres na sua vida lhe digam o que fazer. Pensei que não gostasse disso."

"Você tem razão."

"Então, por que está me pedindo que lhe diga o que fazer? Percebe que está irritado comigo por não conduzi-lo? Em algum nível, você quer que outra pessoa lidere. Se eu fizer isso, o que você vai aprender comigo?"

Aquela foi uma manobra desconfortável da minha parte, porque odeio o silêncio e a inação. Eles trazem à tona meus próprios medos de ser incompetente, minha necessidade de dizer ou fazer algo. Claro, eu não queria que meus pacientes se irritassem comigo, mas a técnica geralmente funcionava. Deixei Mark pensar naquilo. Enquanto isso, perguntei-me se o seu desejo de que o outro assumisse a responsabilidade não teria origem em algum incidente significativo na sua infância. Perguntei e, com alguma orientação, ele explicou que o pai morrera subitamente, de infarto, quando ele tinha 12 anos. A dor da mãe a deixara fora de si, ela se tornara depressiva e praticamente incapaz de trabalhar, e muito menos de criar os dois filhos.

Mark era o mais velho e estava penosamente ciente da tristeza da mãe. Não queria fazer nada que a deixasse ainda pior. "Só queria que estivesse contente", disse. Por isso, ele ajudava em casa e se comportava. Ele também cuidou do irmão menor e evitava que ele perturbasse a mãe. Quando o irmão desobedecia, Mark o repreendia. "Mas nunca ficava com raiva."

"Então, você assumiu o papel do bom menino?"

"Foi."

"Você não teve chance de viver a fase da rebeldia?"

"Não, eu não podia, estava ocupado tentando deixar mamãe contente. Não podia discordar nem desobedecer-lhe."

"O que teria acontecido?"

"Ela era tão frágil e ansiosa. Eu não suportava ver aquilo. Teria me sentido muito culpado, então ficava no papel do bom garoto e tentava me orgulhar disso. Meu irmão foi quem se rebelou e eu o odiava por isso."

"Parece que você continua interpretando esse papel com as mulheres."

"É, com a minha ex-namorada e no trabalho."

"O que isso lhe custa?"

"O que quer dizer?"

"O que você é por causa deste papel? O que aconteceu com você?"

"Eu não me defendo?", perguntou. "Eu... eu deixo as mulheres me tripudiarem?"

Mark tinha acertado na mosca. "Você não está disposto a ser desobediente, a ter raiva, a sair pelo mundo e pirar."

Ironicamente, o problema dele não podia ser resolvido com as técnicas tradicionais da terapia sexual, porque a sua gênese não era sexual. A infância de Mark provocara uma ruptura na sua personalidade. Ele tinha um desejo superdesenvolvido de ser responsável, ao passo que o desejo de ser independente espreitava na sombra e só se manifestava quando ele usava a sexualidade como uma muleta. Seu mundo de fantasia compensava a carência no dia a dia, mas também atrapalhava o que ele realmente queria em um relacionamento.

Meu objetivo era ajudá-lo a integrar seus mundos, então precisava me concentrar não no seu comportamento sexual, mas em que tivesse acesso à raiva da mãe. Talvez ele conseguisse encontrar um sentido mais consistente de força pessoal, em vez do papel de força fingida que ele encenava no antro S&M.

Quando não se importava com a mulher, Mark sentia-se à vontade de pedir o que queria, contudo, em um relacionamento, ficava obcecado em manter a namorada contente à custa do que ele próprio queria. Assim que a mulher adquiria importância, ele regredia à antiga dinâmica entre ele e a mãe. Pensei que devia estar projetando aquela raiva inconscientemente.

"Então, quando você não consegue o que quer, e não pede, você culpa a mulher e fica com raiva dela."

"Na maior parte do tempo nem percebo que estou com raiva. Apenas fico irritado e deprimido. E nunca deixo que ela perceba até que decido romper, como fiz com Kathy. Isso foi há dois anos, e continuo me sentindo culpado. Ela parecia tão magoada. Ela ainda me amava." Ele silenciou. "Por que fiz isso?"

"Você precisava de espaço porque não conseguia ser você mesmo. Reprimir a raiva e outras expressões pessoais espontâneas pode facilmente levar à irritação e à depressão."

"Talvez seja por isso que me senti tão livre ao deixá-la. Não estava nem triste. Mas a culpa não desapareceu."

"Agora vemos por que é tão difícil para você ter raiva. A emoção que o bloqueia é a culpa; você continua protegendo a sua mãe frágil."

Uma recordação passou pelo seu rosto e ele me contou uma história. "Ela sentava à mesa da cozinha sem dizer nada, fitando uma pilha de contas. Certa vez, o meu irmão caiu da bicicleta e levou um corte grande

200   OS HOMENS NO MEU DIVÃ

no rosto. Quando a minha mãe viu aquilo, começou a chorar, e depois ficou zangada. Ela o agarrou. Tinha a expressão de quem estava prestes a perder o controle, pirar. Entrei em pânico e intervim. Mas nunca esqueci essa imagem."

Sentir-se tão responsável pela estabilidade da mãe foi uma carga muito pesada para Mark.

"Quem era a sua rocha?", perguntei.

Ele deu de ombros. "Eu não tinha uma. Então fazia o que podia para deixá-la contente. Mantinha a casa limpa. Mantinha o meu irmão menor na linha. Quando ela parava de chorar e sorria, tudo ficava bem e eu podia ter paz."

"Todo o seu sentimento de estabilidade consistia em mantê-la feliz. Isso significa que você nunca conseguia se expressar?"

Eu tinha certeza de que a raiva subjacente à passividade de Mark era a chave de ouro, aquele momento na terapia que abre a porta e permite mudar o paradigma pessoal e aceder à própria força. As pessoas costumam ver a raiva como uma emoção negativa, que deve ser evitada por motivos óbvios, mas ela é uma das minhas emoções favoritas porque quando você a emprega de modo produtivo ela indica um sentido do eu. Isso significa que os direitos e limites foram transgredidos e merecem ser respeitados. Mark estava bloqueado e eu precisava ajudá-lo a manter o amor pela mãe e, ao mesmo tempo, aceder ao seu sentido do eu.

Usamos a famosa técnica da "cadeira vazia" da Gestalt-terapia e fingimos que a mãe dele estava sentada no consultório. Pedi-lhe que a encarasse naquela cadeira e lhe dissesse tudo o que sentira na adolescência. Saí do seu campo de visão, intervindo de vez em quando para espelhar suavemente os seus sentimentos. Como sempre, tentei intensificar suas emoções. Mark esforçou-se por um instante para dizer alguma coisa, e as suas primeiras palavras foram vazias. "Vamos lá, diga a ela do que *você* precisava", instei-o.

De repente, ele se soltou. "Eu precisava que você parasse com aquela porra de choro e fosse uma mãe." Depois se encolheu um pouco, talvez tentando conter uma onda de emoção a ponto de explodir. Mas era tarde demais.

"Diga-lhe o que mais você precisava", disse eu calmamente.

MARK

"Precisava que você me visse, mas você estava ocupada demais com a sua dor. Por que você não conseguiu se recuperar?", gritou.

"Você tem muita raiva dela", cutuquei.

"Era como se eu não existisse. Você se esqueceu de nós. Não estava lá." Com o rosto vermelho e tremendo, ele inclinou-se para a visão da mãe. "Eu tive de fazer *tudo*. Tive de ser o pai." Mark cerrou os punhos. "Eu estava em uma armadilha. Uma armadilha fodida."

Digo que gosto da raiva, mas, quando estou sentada no consultório com a raiva crua e desgovernada do paciente, na verdade ela me assusta. Quanto mais Mark se zangava, mais eu esperava que ele não se descontrolasse por completo. Por outro lado, ele *precisava* daquela raiva, e a pior coisa que eu poderia fazer seria criar um curto-circuito como o que ele vivera durante anos. E mais, ele precisava que uma mulher — eu — fosse forte o bastante para aguentar aqueles sentimentos.

O peito dele arfava. "Papai morreu... e você também me abandonou."

Finalmente a dor de Mark atravessava a raiva e vinha à tona. Ele cobriu o rosto com as mãos e me deu as costas. Tudo o que eu via eram os seus ombros em convulsão e os soluços das lágrimas desatadas. Depois de um tempo entreguei-lhe uma almofada e disse que a agarrasse com força. Era terrivelmente comovente ver alguém sofrer. Não queria chorar com ele, mas não tinha como permanecer distante. Caí no choro.

Agora que Mark por fim tinha começado a liberar sua raiva e sua dor, a questão era o que faria com aquela experiência poderosa. Superaria a culpa e usaria a raiva e a dor de modo construtivo, ou se fecharia novamente e voltaria aos padrões conhecidos? Seria capaz de exigir a sua voz própria? Conseguiria aproveitar a oportunidade e terminar de se tornar um homem?

Eu tinha outra sessão naquela tarde, então saí para uma volta em Bryant Park. Queria encontrar um jogo de xadrez. Estava pensando em terminar com Rami — mais uma vez —, mas desta vez seria de verdade, a ruptura final, a Grande. Eu tinha começado a me preparar mentalmente, criando um plano de segurança e reunindo provisões.

202 OS HOMENS NO MEU DIVÃ

Mentalmente, revia o que tinha acontecido alguns meses mais cedo, depois de um dos vários pequenos rompimentos que tivemos, quando Rami voou a Nova York sem avisar e me convidou para um pequeno restaurante espanhol no East Village. Ele veio com aquela conversa de "eu estava aqui perto tomando um drinque" e me pediu para encontrá-lo. Meu coração disparou, ao mesmo tempo empolgado e ansioso, mas eu o conhecia o suficiente para saber que por trás do tom despreocupado ele na verdade queria me ver. E isso significava que não queria deixar a coisa como estava.

Ainda assim, cheguei ao restaurante decidida a não concordar em voltar, só queria conversar, jantar, tomar um vinho. Bem, meia garrafa de vinho depois, já havíamos reatado e sonhávamos com a vida que queríamos compartilhar. Ele tomou as minhas mãos e disse: "*Habibi*, você não precisa trabalhar. Não precisa se preocupar com nada. Eu cuidarei de suas despesas com estudos, de tudo. Viajaremos para onde quisermos, você pode escrever ou fazer o que a deixar feliz."

Que proposta! Senti aquela euforia cálida familiar. Demo-nos as mãos. Nunca pensei que me livraria do trabalho e do financiamento universitário. Venho de uma família de classe média e sempre esperei trabalhar duro. Na verdade, nunca cheguei a crer que o estilo de vida de Rami pudesse ser real para mim, mas suas promessas tocaram o meu desejo mais profundo de ser salva, resgatada, cuidada por aquela figura bela, mais velha, paternalmente benevolente. Juntos, viveríamos em alegria despreocupada.

"Também quero que você melhore o seu árabe para o caso de querer passar um tempo na casa de Al-Bireh", disse ele.

Fiquei cheia de ideias, praticamente arfando com a vida de sonhos diante dos meus olhos. Tive visões de narguilés e jasmim árabe e de todos os lugares que queria visitar. Queria explorar todo o Oriente Médio — Tunísia, Líbano, Jordânia. Sim, eu seria uma Freya Stark moderna, a famosa escritora viajante e primeira mulher a explorar o Oriente Médio. Viajar a qualquer parte, a qualquer momento, em busca de um objetivo criativo? Quem não aproveitaria esta oportunidade?, pensei. Vislumbrei trabalho sem fins lucrativos, um livro, um documentário. Queria ir ao Brasil, à Tanzânia, à Grécia. Naquela época eu estava obcecada com Guanajuato,

MARK

uma cidadezinha no centro do México, uma antiga produtora de prata famosa por sua beleza e por enaltecer o romance.

Queria uma vida exótica, extraordinária. Talvez conseguíssemos fazer o relacionamento funcionar. De algum modo.

"A nossa base será na Flórida", disse Rami.

Meu estômago deu um nó. Essa história de novo. Uma declaração carregada. Rami leu a minha expressão.

"Rami", disse eu. "Você *sabe* que não quero viver na Flórida!"

Ele riu. "Não se preocupe. Você nunca vai estar em casa."

Deixar Nova York? Nem pensar! Era bem possível que eu estivesse mais apaixonada pela cidade do que por Rami. Não queria voltar para a Flórida. Não queria deixar os meus amigos, a minha carreira. Estava feliz, satisfeita. Reconheci que havia um grande custo naquela oferta: tudo o que tinha no momento. Se eu aceitasse, ganharia tudo ou perderia tudo?

Agora, sentada no parque, pensei no jantar que tivemos na noite anterior. Rami do outro lado da mesa, quieto, os olhos fixos em algum ponto atrás dos meus ombros. Ele não demonstrou interesse no que eu tinha a dizer sobre viagens, política, meu trabalho, sua vida. Foi como conversar com uma cenoura. Perguntei-me se eu o entediava. Será que ele conhecia tão bem as minhas histórias que não conseguia nem fingir interesse? Senti-me como um vestido favorito que tenho há tanto tempo que já não consigo enxergar sua beleza, apesar da sua qualidade atemporal.

Aquele tumulto todo estava cobrando o seu preço, e o meu pior medo se tornava realidade. Nossa paixão estava minguando. E mais, Rami estava estressado e preocupado. A economia estava em colapso e ele estava perdendo muito dinheiro nos seus negócios. Teria sido mais fácil se ele simplesmente tivesse me dito isso, mas não era o seu estilo. Ele se recolheu naquele closet clandestino nas profundezas da psique masculina, o pequeno "centro de comando" onde os homens resolvem sozinhos todos os problemas do mundo. De um jeito verdadeiramente machista, ele não queria que eu soubesse que estava à beira do desespero. Contudo, seus olhos vagavam novamente, e nunca me senti tão invisível. Cada vez que rompíamos, voltávamos conectados principalmente

204 OS HOMENS NO MEU DIVÃ

pelas fantasias sobre o futuro. Havia um breve período de euforia, nos inebriávamos com o coquetel das nossas imaginações, e acordávamos alguns meses depois, de ressaca e olhando-nos inexpressivamente por cima do prato de macarrão.

Eu sabia que precisava deixar Rami. Naquela noite, sozinha no apartamento, comecei a entender que a perda dos sonhos era mais desalentadora que a perda do homem.

Tudo o que eu precisava fazer era descobrir como criar uma vida de sonhos por conta própria.

Certo dia, Mark chegou totalmente deprimido. Na verdade, era uma boa mudança da sua fachada constantemente agradável. Quando perguntei como se sentia, respondeu: "Difícil, mas é bom ser simplesmente real. Andei falando no trabalho e foi um alívio tão grande."

"Esse é um grande passo!", eu estava orgulhosa dele. Nos últimos meses, Mark *estava* lentamente se afirmando em todas as áreas da vida. Queria apoiar aquela nova autenticidade e disse isso a ele. "Fica mais fácil o contato com você. Mais próximo. Isso vai ajudar nos seus relacionamentos."

"Bem, já que estamos falando disso, tenho que lhe contar uma coisa", disse ele, subitamente animado. "Tenho tesão em você."

"É mesmo?", foi tudo o que consegui dizer. Fiquei ruborizada e um pouco estupefata, mas não totalmente surpresa. Tinha percebido alguma coisa no ar e, para ser honesta, eu também tinha um pouco de tesão nele. Estávamos trabalhando juntos havia vários meses, e eu ansiava pelas nossas sessões. Uma vez me peguei retocando a maquiagem antes de ele chegar.

Eu provoquei isso? Nossa, espero não ter feito nada para estimular o tesão dele. Tinha começado a flertar sutilmente? Voltei atrás buscando na memória momentos em que pudesse ter flertado um pouco. Sentia-me mais ligada a ele do que à maioria dos pacientes; às vezes a conversa era mais natural do que terapêutica. Decidi manter o foco nele, e não em mim.

"Conte-me mais sobre este sentimento."

"Sinto que você me entende."

MARK 205

O meu estômago se agitou involuntariamente. "Isso parece ser uma experiência nova para você. Como é ter alguém que realmente tenta entendê-lo?", perguntei.

"Nunca me senti tão observado e tão cuidado. Nunca tive um relacionamento assim com uma mulher. Nem com a minha mãe."

Eu estava sendo uma figura feminina forte para Mark, capaz de fazer fluir a sua raiva de um modo calmo e influente — algo que a mãe dele não pôde fazer por causa da sua dor. Eu me lembrei das palavras de um ex--orientador: "Sempre dê ao paciente a sensação da sua musculatura interna; a intervenção é a sua própria força. As pessoas respondem instintivamente a isso. Isso as faz sentirem-se seguras." Eu tinha criado um lugar de proteção para Mark largar o papel do filho obediente e crescer como ser humano.

"É, esta é uma relação poderosa", expliquei. "Você gosta que alguém possa vê-lo, o seu eu verdadeiro. Eu o aceito incondicionalmente. É o que você procura na sua vida."

Esperava que Mark compreendesse que o tesão provinha da natureza básica da relação terapêutica exitosa: que eu conhecia e aceitava o seu ser mais profundo. Sempre me surpreendo com a ânsia das pessoas em serem ouvidas. Este era o meu trabalho, mas não era algo especial sobre *mim* especificamente. Mark não sabia como eu era fora do consultório, nem das minhas relações românticas.

"Sinto-me um idiota dizendo isso a você", disse ele, desviando o olhar. Não gostei de vê-lo constrangido.

"É preciso coragem para ser sincero", respondi. "Respeito isso."

"Queria fazer isso com outras mulheres que conheço", prosseguiu. "Saí com um grupo de amigos do trabalho neste fim de semana e acabei conversando com uma garota. Eu iniciei a conversa, o que foi novo para mim. Ela era muito inteligente e interessante; conversamos a noite toda e saímos juntos do bar. Fomos conversando até o apartamento dela e nos beijamos diante da portaria. Então — e isso me deixou surpreso — ela começou a acariciar a minha virilha e me convidou para subir. Mas eu disse não. Sabia que não conseguiria manter a ereção."

Minha primeira reação foi um lampejo de ciúmes. Depois, alívio de que ele tivesse mudado o tema para outra mulher. Era justamente do que ele precisava: começar a conhecer outras mulheres em ambientes sociais comuns. Eu devia me manter clínica, quase mecânica, para me defender da reação estranha que estava tendo. "O bom disso é que você se conectou com alguém e tomou a iniciativa. Quando o encontro foi para o lado sexual, a ansiedade surgiu, então vamos examinar isso."

"Gostei que ela fosse agressiva. Gostei disso nela logo de cara."

"Por quê?"

"Tira a pressão de cima de mim."

Disse-lhe que pensava que ele devia encarar a pressão em vez de evitá-la.

"Ok. Bem, então, eu venho tendo uma fantasia sexual com você", disse ele abruptamente.

Ah, não, de volta para mim. Será que ele queria me bater? Agora, querendo ou não, eu tinha de ouvir o conteúdo da sua fantasia e usá-la terapeuticamente.

"Está bem, fale-me sobre isso."

"Não sei..."

"É óbvio que você quer que eu saiba", disse eu, um pouco confusa e até nervosa com essa nova assertividade comigo. "Não precisa me contar os detalhes. Há um tema?"

"Calor, toques suaves, beijos ardentes. Imagino você no meu apartamento, deitada na minha cama, nossos corpos unidos."

"Como você se sente nessa fantasia?"

"Com tesão com a minha ternura por você."

"Quero que você pense no que esse desejo lhe diz sobre o que você precisa para a sua vida agora." Para minha alegria, Mark deu o salto.

"Que sou capaz de ter sentimentos amorosos e tesão ao mesmo tempo?"

Era um grande avanço. O amor tinha se instalado no seu mundo de fantasias e ele estava mais assertivo na vida cotidiana. Junto com a confiança recém-adquirida, parecia menos raivoso. A atmosfera no consultório ficou mais leve. Seus sorrisos já não eram a tampa de um caldeirão de raiva. Mark era um cara genuinamente mais feliz.

MARK

Ao se levantar para ir embora, ele caminhou em direção à porta mais devagar do que de costume e parou diante de mim, contemplando algo. Sorri e não disse nada. Mas me ruborizei e fantasiei que ele me imprensava contra a porta e me beijava. Fui para trás da cadeira, protegendo-me inconscientemente das minhas próprias fantasias — e, Deus queira, da minha transparência. Aquilo era muito estranho. Nunca tinha sentido isso por um paciente e, acredite, muitos homens atraentes e interessantes sentaram-se no meu divã, alguns deles conquistadores insaciáveis. Mas eu nunca me sentira atraída por nenhum.

Mark passou por mim com um olhar persistente e me deixou só, tropeçando pelo consultório, sentindo-me confusa e perdida — e culpada — como se tivesse feito algo muito errado.

Ao refletir sobre a sessão, reconheci que acabara de testemunhar algo que ia além da simples atração que pode ocorrer em qualquer relação terapêutica. Percebi que estava ocorrendo uma mudança importante na personalidade de Mark com relação a mim. Ele estava se transformando de um tipo de homem dividido entre passivo e agressivo em um que era assertivo, ousado e corajoso. Não era nem Gladiador nem Jardineiro, mas estava se convertendo em um homem integrado.

Mark se arriscou ao me contar o que sentia, e sua revelação me inspirou. A coragem é necessária para manter um relacionamento. Mark estava demonstrando uma qualidade que eu mesma não tinha na minha vida. Eu gostava de romper com Rami, ou ao menos fantasiar que rompia, em vez de encarar os nossos problemas diretamente. Contudo, não poderia dar as costas aos meus pacientes. Precisava estar com eles e proporcionar-lhes o sentimento de aceitação incondicional, e esse processo me trouxe uma força nova que nunca havia conhecido com um homem. Não estou falando da filosofia de codependência do tipo "fique" ao lado do seu homem, mas de ter a coragem de agir com ousadia em vez de buscar a autogratificação covarde que traz segurança. É fácil decidir que você quer um relacionamento porque gosta do companheirismo ou de ser amada, mas o ato de dar amor exige riscos e tolerância à incerteza.

A intimidade requer bravura. Mark me permitiu ver os seus desejos, talvez sabendo que seria rejeitado, e eu gostaria de ter lhe dado uma medalha de honra por isso. Tantos pacientes não fazem mudanças reais na sua sexualidade porque têm dificuldade em expor os seus desejos eróticos. Por quê? Isso desperta dúvidas, medo da rejeição e medo de ser diferente ou estranho. Por isso o trabalho da terapia sexual muitas vezes é um trabalho sobre autoconfiança, necessária para lidar com a intimidade. A abertura de Mark comigo foi um passo em direção à autoaceitação e, finalmente, em direção a um relacionamento para ele.

Quando penso nos ideais da masculinidade, em essência eles são os mesmos para que uma relação seja boa. Conversar com os homens sobre o tipo de homem que eles *querem* ser em um relacionamento ajudou-me a identificar aspectos importantes que as mulheres devem levar em conta quando procuram um homem. Como ele lida com a emoção? Ele consegue lidar com a raiva e a tristeza, ou explode ou as engole? Ele parte para a ação e ataca, ou se recolhe? Como ele lida com o estresse, porque a vida está cheia disso e a mulher deve saber se o homem com quem compartilha a sua vida pode passar por isso com ela. Ele fica à vontade com o amor, em dar e receber? Pode haver apoio mútuo, cada um sendo a rocha e o lugar seguro do outro? Ele pode sustentar o seu amor quando ela o frustra e as coisas ficam difíceis entre ambos? O amor entre eles pode não ser o lugar onde perdem a si mesmos e as suas vozes individuais, mas onde as encontram?

Lembro-me de ter comentado preocupada com uma amiga que, no início da minha prática no consultório, eu queria ajudar as mulheres, mas estava trabalhando principalmente com homens, e me perguntava se teria perdido a minha visão original. "Você está ajudando as mulheres", disse ela, "mais do que imagina". Pensei no meu papel ajudando a moldar o modo como meus pacientes se relacionavam com as mulheres. Muitas vezes encontrei variações do condicionamento cultural gladiatório da masculinidade, mesmo em homens com modos aparentemente mais suaves, e considero isso um obstáculo genuíno ao seu crescimento pessoal. Estava determinada a contribuir para redefinir o que significa ser homem. Queria ajudar os homens a alcançar sua própria suavidade natural, além da musculatura interna. Queria ajudá-los a redefinir o que significava para cada um individualmente ser homem. Pensei no que era para mim o homem ideal. Ele permanece estável diante das incertezas do amor; permanece inalterado diante da mulher que esperneia, grita e ameaça deixá-lo; usa o seu poder para construir e criar. Ele não se torna poderoso tomando dos outros (especialmente não das mulheres), mas compartilhando e dando. E faz isso sendo uma força útil no mundo. Ele trabalha para facilitar a grandeza alheia, inclusive da sua mulher. Sente profundo respeito por si mesmo e pela pessoa que ama. Ele não enxerga o sucesso dos demais como uma ameaça, pois tem certeza do próprio valor. Não precisa explorar as fraquezas alheias para criar a própria força.

Não era fácil para aqueles caras, nem para mim, colocar esses ideais em ação. Quando me frustrava com os pacientes, eu ligava para a minha mãe e dizia que queria desistir. "Por que estou ajudando esta pessoa?", perguntava em momentos de desdém. Uma vez ela me disse para ler Coríntios I, capítulo 13:4, na Bíblia. "Leia a primeira linha." Li. Dizia: "O amor é paciente." Entediante, pensei. Próximo.

Espere, há um problema. Na verdade, eu estava lutando com a minha capacidade de amar. O amor não era nada fácil, não era como o romance. Não era apenas um sentimento cálido; o amor exigia certa dureza, uma força interior. Eu compreendera que os homens eram frustrantes e imperfeitos. Eles não vivem para ser exatamente o que queremos — e se o fizessem, provavelmente nós os odiaríamos por isso. A verdade é que nenhum homem é meu salvador, meu Jesus, meu Buda, ou minha mãe. É só um homem.

Quando se trata de tolerar a intimidade, todos temos limites do quanto podemos realmente aguentar em um relacionamento. Rami e eu estávamos vivendo uma confusão. Eu me aproximava, ele se retraía. Eu me afastava, ele vinha para perto. Ninguém queria ser o mais próximo. Ambos queríamos ser perseguidos. Ele se abria comigo e depois começava a brigar. Eu me sentia vulnerável e começava a brigar. Tudo aquilo era fruto da insegurança, e não da paixão. Ninguém estava sendo corajoso nem ousado.

210 OS HOMENS NO MEU DIVÃ

Escrevi muito no meu diário durante minha relação com Rami, principalmente listas confusas e páginas intermináveis sobre a minha busca de clareza. No cerne das ruminações parecia estar a indagação: "Será que ele realmente me ama?"

Mas a verdadeira pergunta era: "Sou capaz de amar?"

Como a pergunta de David sobre si mesmo.

Paciência, coragem, tolerância. Essas qualidades determinam a resposta. Como eu tinha feito esta mesma pergunta aos meus pacientes e os ajudara a responder por si mesmos, comecei a aprender as lições do que representa a capacidade de amar. Eram as partes menos glamourosas do amor e sempre negligenciadas.

Mark disse que estava indo com menos frequência ao clube S&M e passava mais tempo com suas amigas. Ir menos ao clube não tinha sido um objetivo da terapia, porque não reformo a rotina sexual de alguém, a menos que isso lhe crie problemas. Mas a terapia ajudou Mark a ser mais decidido para ir além das suas fronteiras, o que obviamente reequilibrou suas necessidades. Quanto mais poderoso ele se sentia, menos parecia interessado em açoitar mulheres — embora admitisse que isso sempre faria parte do repertório das coisas que lhe davam tesão. Porém, naquele momento ele só queria ter um relacionamento amoroso.

Nossas sessões seguintes foram improdutivas, repletas de conversas sem profundidade emocional. Não falamos sobre o que acontecera entre nós. Eu poderia ter pedido que ele discutisse o impasse diretamente; sabia o que fazer quando encontrava resistência. Mas preferi não fazê-lo. Queria evitar a conversa porque no fundo eu sabia que seria a última vez que o veria. Mark rompeu o silêncio.

"Tenho sentimentos verdadeiros por você", disse ele com confiança. "Não estou apenas projetando uma fantasia em você. Acredite. Então quero lhe fazer uma pergunta, sem interpretações psicológicas. Deixe de ser a minha terapeuta e seja apenas você."

"Qual é a pergunta?"

"Você também sentiu isso?"

MARK 211

Queria dizer que não. Queria mentir, mas não queria roubar a verdade dele. Eu promovia a autenticidade, e a verdade era que tinha sentido alguma coisa e não queria que ele colocasse em dúvida a sua intuição. "Sim, mas...", gaguejei. "Esta é uma relação unilateral, Mark. Você acha que *realmente* me conhece? Não acho isso possível."

"Isso é bobagem. Eu conheço você, Brandy. Posso não saber onde vive e de onde vem. Você não fala de si, mas conheço o seu olhar, o modo como sorri, e a sua afetividade, a sua inteligência. Conheço-os bem. Conheço você há um ano. Você não pode se esconder."

Fui pega totalmente desprevenida. Ele tinha razão. Eu sentia alguma coisa. O que era? Eu não tinha certeza. Talvez estivesse lisonjeada. Talvez ele tivesse tocado a minha necessidade de ser vista. Meus pacientes raramente tentavam me conhecer e em geral se limitavam a perguntar sobre as minhas qualificações para ter certeza de que eu poderia ajudá-los. Quase tudo o que sabiam sobre mim se baseava nas suas próprias projeções. Eu sentia como se eu — o meu eu real, a mulher por trás da psicoterapeuta — estivesse me tornando invisível. Eu encorajava a autenticidade neles, mas estava ocupada enterrando a minha própria autenticidade, trabalhosamente ocultando meu humor e meus pensamentos a toda hora. Eu podia estar entediada, cansada, preocupada ou tomada de uma alegria exuberante, mas trocava o sorriso no rosto pela atenção implacavelmente séria necessária para criar um receptáculo seguro no qual eles podiam despejar as suas lágrimas, seus medos e seu desespero. Eu observava atentamente cada lampejo súbito de emoção expressada no corpo deles, extrapolava as nuances da sua linguagem — o tom, a escolha das palavras — buscando microscopicamente o seu substrato e espelhando o que nem eles conseguiam perceber, ao passo que a minha alegria era eclipsada pelas suas sombras imensas na minha pequena sala escura.

Eu queria caminhar ao sol, contar minhas histórias, revelar coisas minhas. Às vezes contava sobre a viagem no metrô, a peça a que tinha assistido na noite anterior, o livro que tinha lido. Mas muitas vezes me deparava com um apaziguamento apressado, a mensagem de que os psicólogos não devem usar o tempo pago dos clientes para falar de si mesmos.

212 OS HOMENS NO MEU DIVÃ

A terapia é, em grande medida, uma relação parasitária. Algumas vezes eu me sentia usada, ressentida. Mark queria *me* conhecer; ele tinha cinzelado a minha fachada, e sua atenção pôs uma energia nova correndo nas minhas veias, reanimou o meu espírito manco como água em uma planta murcha e me trouxe de volta à vida. Nunca tinha vivido aquilo antes. Queria me revelar a ele, e isso me fez sentir-me culpada.

Eu não podia interpretar aquilo, como fazia com outros pacientes que agiam daquela forma comigo ou com todas as mulheres que encontravam, como David. Com eles, eu usava a estratégia ensaiada de espelhar o modo como eles se relacionavam com as mulheres. Aquilo era novo para Mark. Ele estava correndo um risco real e foi sincero. Eu quis ser muito cuidadosa com os sentimentos dele.

"Sim, Mark", respondi por fim. "Eu também tenho sentimentos românticos por você, mas não seria adequado fazer alguma coisa a respeito disso."

"Isso é ridículo", respondeu. "As pessoas se encontram em todo tipo de lugares; acontece que a terapia é o contexto em que nos encontramos. Você está querendo dizer que se tivéssemos nos encontrado em outro ambiente, tudo teria sido diferente?"

"Às vezes nos ligamos a alguém que não podemos ter."

"Verifiquei os regulamentos da psicologia", retrucou. "Depois de dois anos poderíamos ficar juntos."

"Mark, eu nunca consideraria ter um relacionamento romântico com você. Trabalhar com você foi muito importante para mim, como você sabe, mas o meu papel na sua vida foi ajudá-lo a crescer. E esse papel é temporário."

Aquela foi a minha sessão final com Mark. Concordamos que não ajudaria continuar trabalhando juntos. Disse-lhe que o recomendaria a outra pessoa. Enviei-o a um terapeuta do Lower East Side. Eu sabia que era o protocolo ético adequado; nunca imaginei que viveria aquela situação.

A verdade é que me buscar foi, para Mark, um sucesso de alguma forma. Sua capacidade de expressar sua verdade foi admirável; havia coragem na sua vulnerabilidade, na decisão de enfrentar a minha rejeição. Aquilo foi definitivamente sexy. Seu olhar era determinado. Eu estava diante de um homem novo. Ele parecia forte, poderoso. Eu o reabilitara para ser o tipo de homem que eu admirava, o tipo de homem que eu realmente queria.

Pensei muito sobre a minha reação a ele. Depois do estágio inicial difícil, nossas conversas costumavam fluir facilmente. Eu tinha um sentimento de irmandade, o conforto de uma alma familiar. Sentia-me mais solta e leve na sua presença e, embora tivesse de conduzir as sessões e sempre estivesse ciente de que aquele era o meu trabalho, de algum modo *era eu* mesma com ele.

Mark não era exótico. Era um cara honesto, classe média, americano médio, de aparência mediana, situação financeira média e inteligência mediana. Não havia lugar para projeções, fantasias de cores borbulhantes à sua volta, não havia promessas de aventuras remotas. A interação era despojada, íntegra e pura na sua afinidade. Eu o vi como uma pessoa verdadeira e sua presença me deixava alegre. Mark me ensinou uma coisa importante sobre o que me faltava: um laço baseado no homem genuíno, e não no que eu necessitava dele, não baseado no que eu queria que ele fosse ou no que pensava em que poderia transformá-lo. Aquela interação era entre duas pessoas de verdade que gostavam uma da outra como realmente eram.

No entanto, embora me sentisse atraída por Mark, fiquei perturbada ao constatar como ele se parecia comigo. Assim como eu segurava espelhos para os pacientes, Mark, inadvertidamente — e de um modo revelador —, havia sido o meu espelho. Eu me via nele, uma parte renegada de mim, aquela menina simples de uma cidadezinha da Flórida e o que eu pensava que era a vida medíocre, insossa e morta da qual queria escapar. Contudo, em Mark vi uma beleza que me ajudou a desvelar essa percepção errônea e aceitar a realidade.

Algumas semanas depois, Rami telefonou. "Comprei passagens para o México", disse. "Para aquele lugar de que você falou, Guanajuato..."

Bill

Muitas vezes os pacientes ficam circunspectos quando encontram o terapeuta pela primeira vez, e eu estava acostumada a ser testada nas sessões iniciais. Penso na troca como algo similar ao que acontece quando saímos para um encontro: sentar-se cara a cara em um restaurante romântico, o casal em potencial perguntando-se: "Será que nos entenderemos? Nós combinamos? Teremos um bom relacionamento?"

Contudo, Bill não queria esperar. "Antes de começarmos, preciso saber como você será", disse ele, recostado, braços cruzados no peito. A corte estava em sessão e ele estava pronto para julgar.

"Você se pergunta se serei capaz de ajudá-lo?", perguntei, erguendo a sobrancelha e sorrindo.

"Isso mesmo."

Muitas perguntas têm por fim descobrir se serei útil ou não. Ouvi perguntas sobre o meu histórico profissional, a faculdade onde estudei, ou se tinha experiência pessoal com o problema do paciente. A resposta pode não ser a que ele quer ouvir, então aprendi a ser ágil. "Sou uma mulher solteira, mas tratei casais com êxito. Não tenho filhos, mas já tratei mães. Trato homens com disfunção erétil, embora não tenha pênis. Posso não ser capaz de me identificar pessoalmente com a sua circunstância de vida, mas você me paga por um conjunto de capacidades especializadas, e não por similaridades."

Em raras ocasiões, fui julgada ainda antes de falar. Certa vez, uma mulher mais velha entrou na sala de espera e, quando abri a porta para cumprimentá-la, ela me olhou e disse "Ah, não", e imediatamente foi embora. Eu a segui pelo corredor e pedi que entrasse e me dissesse o que estava acontecendo. Ela concordou e disse que não acreditava que alguém

216 OS HOMENS NO MEU DIVÃ

tão jovem pudesse ajudá-la. Por sorte ela me deixou explorar aquilo um pouco mais e no final disse que tinha vergonha de pedir ajuda a alguém mais jovem. Ela acabou trabalhando comigo e, depois de vencer a resistência inicial, tudo correu bem.

Mas com Bill, a sua incredulidade era muito maior do que a média; era como se ele partisse do pressuposto de que eu não teria utilidade nem disponibilidade para ele. Ele parecia um sujeito carente que não esperava que alguém suprisse as suas necessidades. Eu estava me defendendo mesmo antes de começarmos.

"Diga-me o que você necessita de um terapeuta."

"Não quero alguém que só fique sentado aí e assinta com a cabeça por uma hora", disse Bill.

"Então você só quer uma condução direta?"

"É, mas ainda não tenho certeza sobre você." Bill me olhou de modo apreciativo e disse: "Talvez eu devesse ter procurado um homem. Você pode me distrair."

"Nesse caso, posso ser *exatamente* o que você precisa." Afirmei que, se eu provocava alguma reação, então quem melhor para lidar com ela?

"É, talvez", concordou, com uma risada. "De qualquer modo, você não faz o meu tipo. Preciso muito de ajuda. Talvez eu devesse vir diariamente."

Outro teste: o da minha disponibilidade.

"Você tem muita urgência em obter a ajuda de que precisa", comentei.

"Bem, sou viciado em sexo. Você tem ideia do que é o vício em sexo?"

Seus desafios começavam a me irritar, mas tentei ser paciente. "Por que você não me conta como é isso para você", respondi.

Bill se aprumou e explicou. "Vou lhe dizer como é para mim... Adoro pôr os meus filhos para dormir. Adoro vê-los adormecer em paz enquanto leio para eles. No entanto, esse amor profundo está mesclado com a antevisão do que farei quando estiverem em sono profundo. Você deve achar que me sinto culpado pelo que estou a ponto de fazer, mas não. Isso só vem depois. Naquele momento, só consigo pensar no que quero."

"Que é?"

"O barato de conhecer alguém novo pela primeira vez. Adoro sair do meu bairro dirigindo, ir para longe daquelas casas suburbanas, ir para o Bronx. É perigoso e incerto."

"Você quer um barato."

"Nunca sei o que vai acontecer. Sinto-me como quando era adolescente e circulava pela cidade com meus amigos na sexta à noite em busca de algum tipo de excitação. Podíamos pegar umas garotas, nos meter numa briga ou entrar de penetra em uma boate privê. É, eu gosto do barato da adrenalina. Da expectativa. Mas às vezes o ritual de conseguir tudo isso é mais excitante que a coisa em si."

"E o que você sente com isso?"

"Decepção. É o anticlímax. Então procuro mais, até obter o que quero."

"Mais de quê?"

"Mais mulheres. Posso ter quatro ou cinco em uma noite. O máximo foi dez numa noite."

"É difícil acreditar."

"Você está me julgando?"

"Não, apenas estou surpresa. Este número soa impraticável. Como isso é possível?", eu sorri. Eu também estava um tanto surpresa de não sentir desprezo, repugnância ou vontade de espicaçar suas frágeis defesas. Estava calma, mas não entorpecida. Percebi que conseguia tolerar o que Bill dizia e permanecer centrada, empenhada e empática, sem escapar pensando em outras coisas. Eu estava bem ali com ele, e sentia uma mescla de gentileza e força interior. Sempre entendi esse estado como algo que devia incorporar, e naquele momento eu realmente sentia-me assim.

"É, mas eu não necessariamente faço sexo com elas", explicou. "Se gosto de uma mulher, fico com ela. Você tem de entender que me importo muito com o que você pensa disso. Não me entenda mal: tenho tudo. Tive sorte nos negócios, tenho uma esposa bonita e amo os meus filhos acima de qualquer coisa. Mas sinto-me inquieto, ansioso. Tipo, *É só isso? Não devia haver mais?*"

Bill era um investidor imobiliário semiaposentado de cinquenta e poucos anos que tinha ganho muito dinheiro com a alta do mercado. Ele vivia em Connecticut e trabalhava em Manhattan quando lhe dava vontade. Para divertir-se, jogava golfe e conversava online com prostitutas. Usava sempre suéteres Ralph Lauren chamativos nas cores rosa-choque, vermelho ou amarelo-canário. Seu comportamento era um pouco apagado, só os suéteres nas cores do arco-íris sugeriam alguma luzinha interna. Bill conhecia o prazer, mas não a felicidade. Penso que ele estava confuso por ver que o estilo de vida pelo qual aspirara por tanto tempo, a proverbial "vida mansa", que implicava a gratificação diária dos pequenos e grandes prazeres da vida, não lhe tinha trazido realização. Eu já tinha visto isso antes, é o dilema do homem que não precisa trabalhar. Já não há desafios, nada a conquistar, nada a criar. Em vez disso, seus dias sem estrutura lhe trazem liberdade e todas as crises existenciais que a acompanham. Aposentado, Bill não tinha sonhos nem aspirações. Não tinha muitos motivos para levantar da cama pela manhã. Nada realmente acendia o seu fogo; ele não tinha paixão, pulsão nem propósito.

Então, ele se deparou com um muro inesperado. Seu contador lhe disse que ele havia gasto a metade dos rendimentos do ano anterior nas suas aventuras extraconjugais. Em pânico, pediu conselho a um amigo, que me recomendou.

"Esta coisa do dinheiro ficou totalmente descontrolada", disse ele. "Eu costumava manter isso sob controle, mas já não consigo. Como vou esconder isso da minha mulher?"

"Quanto você gastou?"

"Duzentos mil."

Fiz uma careta involuntária.

Algumas noites depois, durante o jantar, contei a algumas amigas que tinha um novo paciente: um viciado em sexo. Talvez tenha sido o vinho, mas elas riram ceticamente. "Espera aí", disse Margaret. "Você está falando sério? Os caras fazem isso desde o começo do mundo e agora, de repente, é um transtorno mental? Isso não é patologizar o comportamento masculino normal?"

"É, é só uma desculpa para justificar a galinhagem", disse Jane. "Esse é o diagnóstico da psicologia pop do dia, para esses cretinos se safarem. Agora devemos ter pena deles. Pobrezinhos, eles têm um transtorno infeliz que os impede de manter o pênis dentro da calça!"

"Acho que sou uma compulsiva sexual", deduziu uma amiga que vive no mesmo apartamento. Todas olhamos para ela.

"É, com certeza", respondemos meio de brincadeira meio a sério, já que na noite anterior ela tinha trazido para casa mais um cara e só se lembrou de perguntar o nome dele quando já estavam no táxi.

"Você tem mesmo pena deles, Brandy?", perguntou Margaret. Ela havia sido traída recentemente.

"Bem, neste caso consigo ter empatia com o sujeito", respondi.

"Então talvez você devesse abrir uma ONG para esses pobres vagabundos", disse ela.

"Não estou sugerindo que vocês tenham pena de homens com compulsão sexual, nem que desculpem o comportamento deles. Ou que os justifiquem. Ou os perdoem pelos males que causam, se não houver motivo. Só digo que são enfermos, falíveis e merecem compaixão — ao menos no meu consultório."

Não me surpreendi com aquelas reações. A adicção sexual ainda era um campo de estudos em desenvolvimento. Esse diagnóstico — não listado formalmente no DSM, o manual diagnóstico e estatístico de transtornos mentais — ainda era motivo de debates acalorados.

Contudo, o comportamento é evidentemente real, e há uma grande diferença entre viciados em sexo e mulherengos. Os viciados em geral têm vergonha do seu comportamento e sentem-se descontrolados. Muitas vezes são deprimidos. Os mulherengos sentem-se muito bem e no controle. Reparei que os mulherengos buscam a gratificação egoica, ao passo que os compulsivos parecem estar buscando algo mais.

220   OS HOMENS NO MEU DIVÃ

Os viciados em sexo perdem o senso de proporção e o controle, e sua atividade sexual compulsiva tem consequências que podem destruir a vida deles, como esvaziar uma conta bancária pagando por serviços sexuais, masturbar-se com tanta frequência que chegam a sangrar ou perder o emprego por usar o dinheiro da empresa para surfar obsessivamente em sites pornográficos. Eles sofrem as consequências — mas nem assim conseguem parar. Com o tempo, isso pode se tornar uma condição fisiológica com as mesmas alterações neurológicas que ocorrem no cérebro de um viciado em drogas. Como nesse caso, o cérebro torna-se incapaz de sentir prazer. Isso se chama "surdez ao prazer". O limiar do prazer muda e torna-se tão alto que o viciado precisa de mais e mais encontros sexuais para senti-lo. Então, se os motivos emocionais por trás desse comportamento ainda não forem suficientemente convincentes para os céticos, o vício se entrincheira ainda mais na necessidade física.

Tento guiar estes pacientes para que sejam mais conscientes da natureza real dos seus desejos. Quero jogar luz sobre suas motivações inconscientes. Com os homens, especialmente, todo um conjunto de ânsias emocionais parece se entrelaçar com o que querem, ainda que não o saibam nem o admitam.

Bill confirmou que precisava de cada vez mais encontros sexuais para obter a mesma excitação. As ânsias consumiam seus pensamentos durante o dia, e depois o afastavam do convívio com a esposa e os filhos à noite. As sessões no seu computador em casa se transformaram na leitura de e-mails das mulheres que ele conhecia online. "Preciso abri-los", disse ele desconsolado. "Se os ignorar, fico obcecado. Então termino papeando online, talvez me masturbando. E dou um jeito de encontrar alguém no final do dia — sempre que acho que ela vai fazer o que eu quero."

"E o que você quer?", perguntei aproveitando a deixa.

"Quero que ela seja dominante, mas calorosa e amorosa ao mesmo tempo. É uma mistura difícil de encontrar em uma prostituta."

"Imagino que sim", disse eu. Seu dilema soava terrivelmente familiar.

"Quero que ela assuma o controle e saiba o que eu quero, que saiba colocar a minha cabeça entre os seus peitos e que beije a minha testa enquanto acaricia o meu pau. Quero que sussurre num tom maternal, me diga para relaxar, cuide de mim." A voz dele tremia de vergonha. "Muitas dessas mulheres não querem fazer isso. Elas me olham como se eu fosse... asqueroso."

Independentemente do que se diga sobre a situação de Bill, não o achei asqueroso por desejar experimentar tais aspectos da feminilidade, mesmo que isso estivesse mesclado com sexo e prostitutas. Na verdade, sua necessidade era bela.

"As prostitutas só querem saber de grana", reclamou. "Não há sedução de verdade. Elas não entendem. Querem o dinheiro primeiro, nada de beijos ou afeto. Tenho que eliminá-los. Às vezes, vou e pago pelo que quero. Mas ainda assim parece mecânico. Posso fazer diversas tentativas em uma noite."

"E isso o satisfaz? Você se sente pleno?"

"Na verdade, não. A coisa acaba quando me canso. Tentar conseguir que uma prostituta seja amorosa é como tentar tirar leite de pedra. Em geral, fico puto em gastar tanto dinheiro. Me sinto enganado por essas piranhas."

A inflexão raivosa de Bill me deixou preocupada, mas eu a deixei de lado porque não quis me desviar do que ele se esforçava para contar. Em vez disso, espelhei sua frustração. "Então, você está à procura de uma interação amorosa com mulheres que não lhe dão isso."

"É, acho que sim. Estou procurando algo caloroso... é, é isso mesmo. Nunca tinha posto um rótulo, mas é isso. Nunca soube o que era o afeto, então nem tinha percebido que era isso o que eu estava procurando."

Naquele momento, aquele homem vinte anos mais velho que eu parecia uma criança infeliz que eu precisava consolar. Aquilo me deixou totalmente surpresa, a vontade de ser afetuosa depois de ouvir uma história de infidelidade — tema que costumava evocar o meu asco mal contido. Pedi-lhe que falasse mais.

"Você me desarma", disse ele, como se tivesse descoberto algo pela primeira vez.

"Por que diz isso?"

"Não acredito que estou contando isso a você."

"Sinto-me honrada, Bill", e estava sendo sincera.

"Sinto-me... exposto."

"Você *está* exposto. Como se sente a respeito?"

"Incomodado, mas você me deixa à vontade."

"Fico contente. E estou contente por você se permitir sentir-se incomodado e ainda assim se abrir comigo. *Isso* é coragem, Bill."

Minha compaixão perdurou depois que ele foi embora. Fiquei com os olhos marejados pensando em como ele tinha se aberto comigo. Arrumei o divã, lavei minha xicara de chá e tranquei a porta do consultório. A maturidade deve ser isso, pensei.

Algo em Bill despertou uma resposta feminina primitiva em mim, então, na sessão seguinte pedi a ele que falasse sobre sua mãe. Ele a descreveu como uma pessoa egocêntrica e alcoólatra. "Ela dava festas, tinha namorados e sempre parecia glamourosa e feliz e eu sentia que estava atrapalhando. No dia seguinte ela sempre estava de ressaca e se deitava pela casa de camisola e ficava irritada quando eu a perturbava." Quando ele se sentia muito mal, ia para o closet da mãe, pegava uma camisola longa de cetim e a usava para se confortar.

A mãe de Bill cuidava das suas necessidades diárias, mas a interação entre eles era mínima. "Não havia afeto, orientação, conforto... nem", ele calou-se abruptamente, talvez por hábito, como teve de fazer no passado quando suas necessidades não eram atendidas e ele sabia que seria inútil tentar que a mãe as atendesse. Em vez disso, contou-me que recentemente tinha ido à sua casa da infância e caminhou pelo imóvel vazio enquanto os antigos sentimentos vinham à tona. A solidão. A sensação de estar de fora olhando para dentro.

"Minha mulher também não é muito carinhosa, mas temos uma química ótima e uma boa ligação intelectual", disse Bill. Ele ficou desanimado ao se ouvir dizendo aquilo. "Mas ela é russa", acrescentou, como se isso explicasse o temperamento dela.

"Como é o sexo com a sua mulher?"

"Na verdade é ótimo. Provavelmente eu a assedio pedindo sexo demais, fazemos sexo pelo menos quatro ou cinco vezes por semana. É muito físico, não é muito emocional. Eu costumava reclamar e queria mais sexo, mas agora eu a deixo em paz."

"Parece que há um padrão aqui."

"De encontrar mulheres iguais à minha mãe?"

"De tentar fazer uma mulher emocionalmente indisponível demonstrar amor por você."

"Como estou tentando fazer...?"

"Você paga prostitutas para lhe darem algo que a maioria não quer dar, e fica com raiva disso."

"Ora, ao menos elas fazem bem a parte da dominação."

"Na verdade, você diz a elas exatamente como dominá-lo, o que significa que você está no controle. O que mais lhe agrada em ser dominado?"

"Só quero que alguém assuma o comando e me diga o que fazer. Mas gentilmente."

"Era isso o que você precisava da sua mãe?"

"Era."

"Então você tem uma necessidade frustrada de amor materno."

O desejo de Bill de ser dominado não era masoquista; ele queria ser cuidado. Mas a necessidade não era tão literal. Ele queria a *essência* da mãe, as qualidades femininas que ambos os gêneros possuem, mas que associamos principalmente às mães: cuidado, apoio e segurança mesclada à fortaleza interior. Embora Bill tivesse dinheiro suficiente para estar praticamente aposentado, na questão dos relacionamentos ele era um sem-teto, um insolvente. Era triste que ele não conseguisse satisfazer uma necessidade tão básica da existência humana. Sem essas ofertas femininas, todos somos sem-teto no mundo.

"Preciso desse amor. É intenso. Não consigo ter o bastante", disse Bill. "Talvez seja por isso que faço tanto sexo com a minha mulher."

Chegáramos ao ponto em que suas mensagens se misturavam. Por que um homem que queria amor o buscava sexualmente? Quando tem sede, você come um sanduíche? Quando está cansado, bebe um copo de água? Este é outro caso em que os homens aprendem que *não* é legal serem emo-

224 OS HOMENS NO MEU DIVÃ

cionais, mas é legal serem sexuais. Portanto, a expressão das necessidades e a expectativa de satisfação ocorrem sexualmente.

Isso turva a água. Em vez de a sexualidade ser uma expressão livre do amor, da vida e do erotismo, ela é carregada de outras expectativas. A ligação que Bill fazia entre amor e sexo era neurótica. A explicação de "alta libido" ou "eu simplesmente adoro sexo" de muitos compulsivos é, na verdade, dependência disfarçada de desejo. O que temos é carência emocional, alguém que quer garantias de ser amado. É como dizer: "Você me ama? Você me ama? Tem certeza? Não acredito. Diga de novo."

A adicção sexual é conhecida como um transtorno de intimidade. Li pesquisas que informam que 78% dos viciados em sexo provêm de famílias classificadas como "rigidamente desarticuladas", o que, traduzido do jargão psicológico, significa que há uma desconexão profunda e eles sentem-se cronicamente alienados. Os que sofrem isso são como urubus, harpias, gaviões, constantemente ciscando restos. Eles comem qualquer coisa. As mulheres que percebem essa carência nos homens se afastam logo. Infelizmente, em um casamento essa insegurança devoradora dificilmente é erótica. Algumas mulheres cedem, porém, e fazem sexo por obrigação devido à sua própria dependência. A esposa de Bill era assim. Ela pensava que, se cedesse às suas exigências sexuais na esteira da sua carência voraz, ele não a trairia. Ela não sabia que essa estratégia não funciona com os viciados em sexo.

Saí de férias. Para Guanajuato. Oba. Fui com Rami. Estávamos visitando a cidade mais romântica do México, uma cidade tão obcecada com o romance que toda noite há seresteiros vagando pelas ruas tortuosas, cantando canções de amor, e os locais os seguem tomando vinho e cantando junto. O passeio termina no Callejón del Beso, o beco do beijo onde todos comemoram o ato de beijar. Aquela era a cidade para mim. Se houvesse uma cidade alma gêmea, seria essa. Eu queria casar na grandiosa igreja colonial espanhola de abóbada rosada no centro da cidade. Claro, esqueci meus grandes planos de rompimento e entramos na fase mais calma e estável do nosso relacionamento.

BILL 225

Rami chegara a preencher os papéis do divórcio, por conta própria. Fiquei atônita. Eu tinha aceitado que o acordo entre ele e a esposa de se separarem em vez de se divorciarem era exclusivamente financeiro. A decisão de se divorciar significava que ele estava a ponto de ter uma perda financeira importante, e eu sabia o quanto aquilo significava para Rami, pois ele tinha trabalhado muito duro para construir seu patrimônio. Sua história era uma destas fábulas do imigrante que realiza o sonho americano. Ele cresceu em um campo de refugiados e veio para os Estados Unidos com uma passagem de avião que lhe foi entregue a título de empréstimo, e que ele levou um ano para pagar. Chegou a Nova York com 67 dólares na carteira e foi morar em um apartamento de dois quartos em Bay Ridge, no Brooklyn, com outros oito sujeitos. Trabalhou muito como empregado em uma delicatessen de Manhattan e economizou até poder comprar a sua própria delicatessen junto com um colega de trabalho. Eles compraram uma loja, fizeram a reforma e ganharam dinheiro como ele nunca tinha visto na vida. Anos depois, ele era dono de várias lojas e propriedades. Já não precisava trabalhar, mas continuava usando a mesma carteira e sempre guardou 67 dólares nela, para se recordar de que, no pior dos casos, terminaria empatado — o que era um bom lembrete, já que ele podia ser ainda mais impetuoso do que eu. Compreendi a gravidade da sua decisão e respeitei o seu sacrifício, a entrega, e a generosidade que havia naquela atitude. Para ele, era um passo sério em direção à confiança no nosso relacionamento.

Algumas semanas depois, Bill me contou que sua mulher suspeitava de que ele a estivesse traindo e tinha pedido para vir a uma sessão conosco. Ele me advertiu que ela pensava que os psicoterapeutas eram charlatões que exploravam o sofrimento alheio por dinheiro. "Acho que ela quer ter certeza de que estou fazendo terapia", disse, "em vez de estar com uma mulher".

Eu encorajo os pacientes a incluírem o cônjuge no processo do tratamento. Também queria que fossem honestos, mas Bill já tinha falseado a verdade. Ele dissera a Natasha que fazia terapia para tratar uma depressão de grau baixo. É difícil conhecer uma esposa, mais ainda quando ela não sabe o que está

226   OS HOMENS NO MEU DIVÃ

acontecendo. Alguns terapeutas não trabalham com casais individualmente. Não há responsabilidade quando cada paciente guarda segredos do outro. Natasha era uma mulher de meia-idade cujo comportamento digno quase encobria o seu nervosismo. Ela usava uma blusa simples de botões engomada e calças confortáveis. Os cabelos eram louros na altura do queixo. Era visível que estava fora do seu elemento no consultório; ela caminhou pelo corredor com uma vigilância protetora, como se estivesse entrando no esconderijo de uma bruxa.

Natasha deu um sorriso forçado e um aperto de mão fraco e observou atentamente o consultório enquanto se acomodava no divã.

Embora fosse cética com relação a psicoterapias, quando baixou a guarda percebi uma afetuosidade básica que não encaixava na avaliação de Bill. Na verdade, seu rosto rosado e fresco parecia bondoso.

Natasha não falou muito nos primeiros minutos, mas seus olhos estabeleceram uma conversa intensa comigo. Ela me observava e depois desviava o olhar para Bill quando eu olhava para ela. Às vezes nos olhava de cima, depois se recolhia, os olhos vazios, perdida em algum pensamento. "Conte-me do que vocês falam aqui", pediu calmamente a Bill.

"Depressão."

"Está ajudando?"

"Está."

"Em casa você está tão distante — isso quando está lá. Você passa tanto tempo fora. Esqueceu os seus filhos?" Ela caiu no choro. Empurrei a caixa de lenços de papel na sua direção.

"Estou lá toda noite para colocá-los na cama", disse Bill.

"E depois você sai." Ela tinha posto a mão em cima da mão dele como para entrelaçá-las, mas ele não segurou a mão dela. Ela o fitava com um olhar que dizia muito; era o olhar de uma mulher que sabe — e implora para ouvir a verdade; um olhar de medo desesperado combinado com a tentativa deliberada de expressar ternura para fazê-lo se abrir.

Bill passou os olhos rapidamente pela sala. "Passo o tempo com amigos. Quero aproveitar a aposentadoria. Trabalhei muito. Deixe-me ter esse tempo."

"Não tenho bons pressentimentos quanto a isso", disse ela.

Eles ficaram em silêncio, em um impasse. Bill não deu respostas verdadeiras e não respondeu às tentativas da mulher de alcançá-lo. Era doloroso testemunhar aquilo. A intuição, este dom divino que as mulheres têm, era uma fonte de tormento diante do rosto impassível da mentira de Bill, e deixava Natasha confusa quanto ao seu compasso interno. Ela me olhou com olhos pedintes e um ligeiro ar de desprezo, como se soubesse que eu sabia de algo e se ressentisse de que ele contasse a mim, aquela estranha, aquela mulher jovem, a terapeuta, tudo o que mais importava sobre o seu destino. Eu não conseguia suportar aquilo. Queria contar tudo a Natasha. Mas não podia. Fiquei brava com Bill pelo dano colateral causado pelo seu egoísmo. Era como se estivesse assistindo à desintegração da autoconfiança de uma mulher, às suas percepções arrancadas, à verdade perdida em uma distorção difusa.

Como outros clientes infiéis, Bill demonstrou certa culpa e remorso, e teve a percepção e a honestidade de reconhecer que estava agindo contra seu próprio sistema de valores. Contudo, isso não o fez mudar.

Pensei em como as pessoas comuns são corrompidas. É um processo lento e insidioso que começa fora da consciência, uma voz suave que aponta que algo é ignorado enquanto se metamorfoseia silenciosamente até tornar-se uma força poderosa, aparentemente espontânea e intrusiva que habita os ossos e o sangue da pessoa. Rodopiando, essa força ocupa o corpo e o leva a se mover contra os mais altos ideais, a moral e os compromissos da pessoa, e a lealdade aos parceiros diminui. A voz fica ainda mais forte e grita: "Eu preciso", "Eu quero", e se torna uma compulsão cega. Alguns são corrompidos pela avareza, outros pela solidão, inveja, autodesprezo ou ciúmes.

Bill tinha sido corrompido por sua necessidade de amor.

Eu nunca sabia o que esperar de Bill quando ele chegava, mas não estava preparada para a bomba que ele soltou algumas semanas depois.

"Acho que estou me apaixonando", disse. "Respondi a um anúncio no Craigslist e fui a um bar no Bronx. E aí entrou uma jovem latina deslumbrante."

"Nossa", disse eu.

228   OS HOMENS NO MEU DIVÃ

"Vai ficar melhor", ele acrescentou.

Dava para imaginar. Seria ela a garota que o dominaria e cuidaria dele ao mesmo tempo por vontade própria?

"Levei-a a um motel sórdido em Yonkers", prosseguiu ele. "Quando estávamos no quarto, ela me disse que era um homem. Você pode acreditar?"

Fiquei sem palavras, então deixei-o falar. Já estávamos naquilo havia tempo suficiente para ele responder automaticamente a todos os "E como você se sentiu com isso?" que eu poderia ter perguntado.

"Juro que ela era tão linda que eu não podia saber. Eu teria ficado muito puto, mas havia algo cativante nela. Houve um clique entre a gente. Sentamos na cama e conversamos por horas. Ela me contou que trabalhava como prostituta apenas para juntar dinheiro para uma operação de mudança de sexo. Encorajei-a a ir à escola. Tenho passado muito tempo com ela: para sexo e às vezes só para estar juntos. Até dou uma carona para ela ir atender aos outros clientes, só para passar mais tempo no carro com ela."

Seu rosto estava incandescente. "O que é diferente nela?", perguntei.

"Carla me trata como se realmente se importasse comigo. Ela ouve, e me vê de um modo que nenhuma outra mulher me viu. Ontem, ela disse que eu pareço solitário e perdido. Não tinha reparado, mas acho que ela tem razão. Lá estou eu, conversando com essa garota/garoto, de apenas 20 anos, falando da minha angústia sobre o vazio de tudo, e ela entende. Não ligo se é um homem."

"Ela realmente percebeu qual é a sua necessidade específica", disse eu. Que manobra brilhante. Aquela prostituta entendeu que o que Bill procurava não era sexo.

"Acho que ela é muito esperta. Fico pensando que, se ela tivesse nascido em Connecticut em vez do Bronx, se não tivesse de se preocupar em apanhar dos garotos do bairro por agir como um gay, o que teria sido da sua vida se tivesse tido oportunidade de viajar ou de ter uma educação melhor. Sabe, Carla não sabe quem são Nietzsche, Steinbeck ou Proust. Nunca ouviu falar do presidente Roosevelt, de Trujillo ou da história do país dos seus pais, a República Dominicana. Nunca saiu de Nova York, mas posso lhe dizer que é tão astuta, tão esperta, que eu valorizo mais a

BILL 229

sua opinião do que a dos meus amigos. Se a sua inteligência crua pudesse ser cultivada de alguma maneira, quão diferente teria sido a sua vida?"

Bill não sabia se devia se referir a Carla como homem ou mulher, se o seu comportamento era verdadeiro ou uma encenação. Só sabia que tinha encontrado alguém que achava que podia *vê-lo*, e isso o trouxera de volta à vida. Parecia haver também um tema nas histórias sobre Carla. Ele passava muito tempo tentando convencê-la a entrar em uma universidade. Não conseguia acreditar que ela nunca tivesse considerado a opção da educação superior. Ele começou a comprar livros de história, literatura, poesia. Comprava o dia dela e a levava a cafés para que lesse. Parecia que, em Carla, ele tinha encontrado um propósito que o tirou dos seus dilemas existenciais. Por meses eu tinha tentado puxá-lo para fora de um mundo onde sentia-se perdido e inútil, entediado e sem inspiração. Nossas discussões filosóficas abstratas não levaram a nada. Coube a Carla ajudá-lo a encontrar um sentido na vida.

Bill fez planos para pagar a cirurgia de mudança de sexo e criar um fundo para os estudos universitários de Carla. Eu não sabia como ele conseguiria fazer isso, devido aos seus problemas financeiros, para não falar de Natasha e as crianças. Talvez a coisa toda fosse mais uma manifestação da compulsão que o trouxera até mim, mas eu tinha a sensação de que suas motivações de fundo estavam mudando.

Ao compartilhar suas experiências, Carla tirou Bill do fundo do poço autocentrado das suas ânsias e frustrações. Agora ele via o mundo para além de Connecticut, do golfe, dos country clubs e das viagens a Bermuda. O não familiar o despertou para o panorama maior, e, embora Bill ficasse consternado ao ouvir sobre os embates de Carla, não tinha o impulso de fazer ouvidos moucos às verdades sombrias que ela relatava. Em vez disso, foi revigorado, e sua mente subitamente tornou-se fértil de ideias e soluções. Ele queria participar da vida. Causar impacto. Sentir-se útil. Além do mais, estava muito menos preocupado com sexo.

Agora, sua mente estava ereta e potente.

Infelizmente, não demorou para que o frenesi em mudar subitamente a vida de Carla chegasse a um fim. Ele entrou no consultório em pânico.

"Natasha fuçou as minhas mensagens de texto e descobriu que eu não tenho ido exatamente aonde digo que vou. Aí, remexeu na minha escrivaninha e descobriu que eu tenho um celular e um cartão de crédito secretos com contas de motéis, sites pornô e presentes. Tivemos uma briga terrível e ela ameaçou ir embora com as crianças."

Não quis ser insensível, mas o meu primeiro pensamento foi, só ameaçou?

"Você não contou a ela o que estava acontecendo?"

"Não posso contar a ela toda a verdade", balbuciou ele, arrasado. "Fiquei tão mal que saí correndo de casa e dirigi por três horas para a casa da minha mãe. Pensei que teria um ataque de nervos. Mas, quando cheguei, ela não estava em casa."

Bill se encolheu, arrasado e mais uma vez sentindo os anos de dor acumulada que a viagem impulsiva à casa da mãe trouxera à tona.

"Compreendo, Bill. Você por fim a procurou e mais uma vez não encontrou a mãe de que precisava tão desesperadamente."

"Então me lembrei do abuso sexual."

O quê? Por que ele não falou disso antes? Mantive a compostura, pois sabia como ele reagiria a qualquer indício de julgamento.

"Não gosto de falar disso, mas um amigo da minha mãe me molestou quando eu tinha 12 anos."

Bill parecia implodir, mas não podia deixá-lo se fechar. "O que aconteceu para fazê-lo me contar isso?"

"Fico me perguntando se sou gay. Fiz sexo com Carla uma noite, e agora isso está trazendo essas recordações à tona. Quando o amigo da minha mãe fez sexo comigo, acho que devo ter gostado. Há anos tento entender isso."

"Deve ter sido assustador e confuso", disse eu. "Você pode me dizer do que gostou?"

"O modo como ele prestava atenção em mim. Ele era muito amistoso, me levava a partidas de beisebol. Era como o pai que nunca tive."

"Isso faz sentido, Bill. Você precisava desesperadamente de uma figura paterna."

"Eu não entendia muito bem a parte sexual. Acho que sabia que estava errado, mas eu estava confuso. Ele era afetuoso. Não parecia ser um cara mau." Bill apertou os lábios. "Talvez eu até gostasse de ser tocado por ele. Então, eu não sei..."

"Essa resposta não é incomum", disse-lhe. "Não significa que você *quisesse* a relação sexual. O amigo da sua mãe se aproveitou da sua incapacidade de entender aquilo completamente. E, mesmo que você gostasse, isso não significa nada quanto à sua orientação sexual."

Bill continuava confuso. "Mas não posso dizer se fiz sexo com a Carla porque sou gay ou se só gosto de estar com ela. Não costumo fantasiar com homens. Quando ando na rua, só reparo nas mulheres."

Com o tempo, Bill decidiu que tinha tendências bissexuais causadas em parte pelo seu drama infantil. Mais do que o abuso sexual, ele se afligiu porque a mãe não o protegera. Na verdade, ela permitira que o abusador cuidasse dele e passasse tempo sozinho com ele. Às vezes ela se trancava no quarto enquanto seus convidados bagunceiros vagavam pela casa, dormiam no sofá ou no chão e usavam drogas diante de Bill. Aquilo marcou fortemente a sua psique. "Por que remexer no passado na psicoterapia?" Isso levou Bill a compreender as conclusões a que tinha chegado sobre as mulheres naquele momento de formação. Sua mãe era inconsistente, então ele aprendeu a nunca confiar totalmente em uma mulher. A ideia se solidificou a ponto de ele ser incapaz de ver que, na verdade, sua esposa *era* muito disponível, emocional e sexualmente. Tudo o que ele precisava fazer era se permitir receber o que ela tinha a oferecer.

Mais tarde, perguntei-lhe o que o impedia de obter o que queria — o carinho de Natasha. Sua resposta foi furada: "Ela está ocupada com as crianças."

"Desculpe, mas não engulo essa", respondi. "Ela veio a uma sessão e tentou chegar até você. Ela é o mais próximo de uma mulher *disponível* que você tem. Pare com isso. O que realmente o impede de se aproximar dela?"

"É ela", insistiu.

"Bem, ela não está aqui, então vamos olhar para você. O que acha que aconteceria se você fosse totalmente fiel a Natasha a partir de agora?"

232 OS HOMENS NO MEU DIVÃ

Ele confessou, em pânico, que temia que ela não suprisse as suas necessidades.

"Quer dizer que você não confia nela?"

"Bem..."

"Você tampouco confiou em mim."

Creio que as percepções básicas de Bill estavam distorcidas, como se ele olhasse no espelho que engorda e emagrece da casa dos horrores. "A sua ânsia de amar é tão grande e distorcida, e as mulheres tão franzinas e contidas. É isso que trabalhamos. Esses medos poderosos e a sua necessidade desesperada de amor. Esse é o legado do abuso."

Ter um insight leva o paciente só até certo ponto. Quando aprendem a aceitar o medo dos relacionamentos, precisam aprender a lidar com tais medos. Só então a transformação começa. É um longo processo. Para alguns, leva a vida inteira. A recuperação passa por reconhecer os medos quando eles surgem e praticar a não reatividade. É um exercício cognitivo. Você se conduz por ele e respira através do medo. Bill e eu trabalhamos nisso por meses e praticamos a tolerância do desconforto enquanto ele dava pequenos passos para se reconectar com Natasha.

Como parte do processo, ele contou tudo a ela, e a honestidade corajosa — por fim — permitiu que ela também se aproximasse. Bill nunca mais falou com Carla, embora fosse grato pelo encontro entre eles, por tê-lo ajudado a entender o que era mais importante: que a sua vida poderia ter outro propósito. Carla o inspirou a transformar o vazio existencial em paixão por ajudar as pessoas. Ele decidiu ser voluntário em uma organização que ajudava crianças de baixa renda a se prepararem para concorrer à uma vaga na universidade. E criou um fundo de bolsa universitária para Carla e um fundo anual em sua homenagem.

Na nossa sessão final, Bill chorou.

"Quero agradecer a você por ter sido genuinamente carinhosa e compassiva comigo", disse. "Não importa o que eu dissesse, me senti aceito por você. Você me fez sentir um ser humano que podia ser amado. Quero que saiba que foi isto que me trouxe a cura."

Enxuguei minhas lágrimas e respirei profundamente. Estava maravilhada em ver que, de todas as intervenções que empreguei, a estratégia mais eficaz tinha sido simplesmente dar ao paciente um amor humanista. Isso foi particularmente pertinente com Bill porque ele nunca tinha sido capaz de confiar plenamente em uma mulher. Para mim, nunca tive de passar pelo movimento da empatia com ele; minha presença na conversa era sincera e certamente o motivo de a relação ser sanadora. Na psicoterapia, isso se chama "experiência emocional corretiva". Na sua relação com o terapeuta, o paciente experimenta novos sentimentos tão poderosos que rompe com suposições antigas, ilusões e conclusões sobre as pessoas e o mundo. Mas não é uma mudança no plano conceitual/intelectual; trata-se de uma mudança interior, causada por uma experiência.

O resultado disso é esperança.

A última sessão

Refletindo sobre cada caso que apresento neste livro, percebi que, para mim, o mais esclarecedor sobre o meu primeiro ano de trabalho com os homens foi a dissolução dos mitos que ouvia as mulheres contarem umas às outras tentando compreender os homens. Tais fábulas alcançam proporções tão épicas que soam verdadeiras, embora no fundo você saiba que são simplificações grosseiras. Em primeiro lugar, há o estereótipo onipresente de que os homens separam sexo de amor. Persiste o clichê de que só querem sexo, querem sexo o tempo todo e o que querem é sexo genital. Por fim, há a teoria de que tudo isso é causado por um impulso biológico masculino para semear esperma por toda parte. Muitas de nós simplesmente aceitamos que os homens são assim. Contudo, quando falava com homens que agiam segundo esses mitos, bastavam algumas sessões para revelar que as motivações sexuais masculinas na verdade não diferiam muito das motivações femininas.

Para os homens, não é tão fácil separar o sexo do amor. Percebi que o amor é uma parte tão central da nossa humanidade que não podemos nos separar da necessidade de dá-lo e recebê-lo. A necessidade de amor permeia tudo o que fazemos, inclusive o sexo. Reparei que os homens que buscam experiências desconexas, parceiras anônimas, encontros sem sentido em bares, trabalhadoras do sexo, o que seja, continuam queixando-se de que querem mais paixão, o que difere da luxúria por exigir o eu presente. É daí que tiro as ideias para melhorar a intimidade; não são projeções minhas, elas saem direto da boca dos homens insatisfeitos. Eles pedem isso. Acho que as pessoas querem que o sexo seja importante, especial.

Não estou dizendo que o sexo *sempre* deve ser expressão do amor, ou que sexo sem amor seja ruim ou errado. Na verdade, quero aproveitar para dizer

236 OS HOMENS NO MEU DIVÃ

que reconheço que há argumentos legítimos a favor do sexo sem ligação: há um escape da identidade e a capacidade de desfrutar do lado puramente carnal da natureza pessoal, sem a bagagem que acompanha os laços emocionais com alguém. Esse tipo de interação traz prazer genuíno. Porém, a realidade é que os homens no meu divã não glamourizam isso. Fui muito cuidadosa em não impor meus ideais de amor aos pacientes. Eram eles que inevitavelmente levavam a conversa para lá, independentemente do motivo que os tinha trazido ao consultório. Acho que isso ocorre porque a maior parte do sexo ocorre no contexto de um relacionamento e, portanto, este permeia o ato sexual. E mesmo sem um relacionamento ainda há carências emocionais humanas por trás do carnal que invadem o sexo — é onde a coisa fica mais fascinante para mim.

Para os meus pacientes, o sexo tornara-se um substituto do amor. O que não obtinham emocionalmente e não se atreviam a pedir, buscavam por meio do sexo. O sexo supria os esforços do ego: o desejo de ser especial, importante, poderoso, desejado. O sexo tomava o lugar de tudo o que a mãe ou a esposa ou a prostituta não ofereciam. Porém, em grande parte era um substituto do que não conseguiam reunir em si próprios. Em vez de aprender a cuidar de si mesmos, recorriam à fantasia, criavam roteiros e procuravam uma atriz para interpretar um papel. E o papel muda segundo as necessidades do momento. Esses homens esperam que as mulheres com quem estão intuam o que querem e se tornem aquilo para eles. Nada disso tem relação com a mulher real.

Isso não é amor, pois o ato, com todo o seu drama e intensidade, na verdade não é mais profundo do que a interação que se pode ter com a balconista de uma lanchonete.

Certa vez tive um paciente que era um compositor famoso. Na primeira sessão ele me disse: "Escrevo canções de amor para viver, mas não acredito no amor. Só faço isso pelo dinheiro."

Achei muito significativo que aquela fosse a primeira afirmação que ele desejava fazer. De tudo o que poderia ter escolhido para revelar sobre si, era por aí que queria começar.

A ÚLTIMA SESSÃO   237

"É tudo ilusão", prosseguiu. "Feromônios, dopamina, tudo se resume ao sexo. Procriação. O amor é uma fantasia romântica."

Ele não podia ser mais blasé.

"Você gostaria que o amor fosse real?", perguntei.

"Não, prefiro viver na realidade."

"E a realidade se limita à biologia?"

"Bem, sim. Quando alguém fala que ama, o que está realmente dizendo é, 'Esta pessoa me faz sentir bem comigo mesmo'. Mas isso é só aprovação. Não me entenda mal, eu gosto de aprovação. Na verdade, vivo para isso. Mas ela nunca é consistente; por isso, agora eu me sinto um merda. Minha ex-namorada é um pé no saco."

"Então, se tudo é biologia, aceitemos isso. Comemoremos isso!"

Ele se levantou e caminhou pelo consultório. "Não posso ficar parado", disse. "Odeio esse negócio de 'vamos sentar para um bla-bla-blá psicológico'. Isso ajuda? Estou aqui para ser ajudado." Então ele se sentou novamente, desta vez no banquinho aos meus pés, e me fitou de perto, em silêncio, como se tentasse apreender algo a meu respeito. Olhei-o de volta, as sobrancelhas erguidas, um tanto irritada.

Então ele se levantou de repente e começou a caminhar novamente.

"Você é boa de olhar, sabia?"

"Você está se desviando do assunto", respondi. "Pensei que tinha vindo buscar ajuda."

"Desculpe, tenho déficit de atenção e tomei café demais. Não sei o que estou dizendo, estou perdido. Sou muito confuso."

"Você estava dizendo que o amor é só biologia, e eu estava dizendo, 'E daí? Aproveite'."

"Não, isso é a porra de um cara vazio", respondeu, voltando ao divã.

"Então, o que você quer?"

"Quero que *signifique* alguma coisa."

"Então deixe que signifique alguma coisa."

"Mas ele não tem sentido."

"Acho que você tem razão. Você é uma confusão existencial!"

238 OS HOMENS NO MEU DIVÃ

"Se você está querendo me dizer para abandonar o café e Kierkegaard, sinto muito, meu bem, esse é o meu mundo."

"Meu bem?"

"Desculpe, desculpe, doutora", disse ele com um sorriso sedutor.

Nós rimos.

"Você já sentiu amor alguma vez?", perguntei.

"Sim. Acho. Pensei que amava a minha ex. Eu tinha todos aqueles sentimentos que a gente pensa que constituem o amor."

"Então, alguns sentimentos *realmente* existem."

"Acho que sim. Mas provavelmente são só reações químicas." Ele tirou o celular do bolso e brincou com ele.

"Ela o decepcionou?"

"Isso é uma porra de um eufemismo."

"Então ela o decepcionou e agora você menospreza a ideia do amor. Você desvaloriza *tudo*?"

"Se o meu empresário ligar, preciso atender", disse ele.

"Você precisa ser amado?"

"Sim."

Como a maioria de nós não entende o amor, não sabemos o que esperar dele. Eu não sabia o que tinha acontecido naquele relacionamento, mas evidentemente as expectativas dele tinham sido frustradas, o que resultou naquela crise filosófica. Contudo, eu sabia que é difícil negar a fome que temos pelo que chamamos amor, e sabia que a experiência do desejo era real para ele. E se os imperativos biológicos e a necessidade de aprovação fizerem parte do processo? Ele tinha perdido a essência maior do amor, a soma das partes.

"O amor é maior do que simplesmente o amor romântico entre duas pessoas", disse eu. "Ele é expansivo. Podemos amar os animais, a natureza, crianças, amigos. Temos uma necessidade inata de dar e receber, e podemos fazê-lo de muitos modos, além de apenas estarmos ligados a uma pessoa, um objeto amoroso. De certo modo, podemos amar tudo que nos cerca."

Ele não respondeu com palavras, simplesmente tinha uma expressão de incredulidade, então eu prossegui.

A ÚLTIMA SESSÃO   239

"Diga-me uma coisa que você ame."

"Tocar guitarra."

"Do que você gosta quando toca guitarra?"

"Eu me perco no som. Não é um esforço."

"Não o ponha em palavras. Pense nisso em silêncio."

"Ok."

"Você consegue *sentir* como gosta disso?"

"Isso é estranho. O que você quer que eu faça?"

"Vamos lá..."

Ele fez uma pausa. "Ok, é. Sinto um calor."

"Hum... bom..."

"Agora pense em outra coisa que você ame."

"A minha irmã mais nova."

"Fique aí. Deixe isso crescer dentro de você."

Os olhos dele ficaram úmidos.

"Você acaba de gerar isso. Você pode cultivar todo o amor que quiser, a qualquer momento."

Prosseguimos por um tempo, e soube do seu amor por muitas coisas, inclusive pelo seu cachorro Sherman, já falecido, e por picolé com recheio cremoso. Sentia-me incomodada porque percebia a sua arrogância mesmo quando tentava seguir minhas instruções. Sem dúvida devia achar que eu era uma Poliana no que se referia ao amor. Mas ele estava tão desesperadamente infeliz que seguia o que eu propunha. Então, repetimos o exercício mais de uma vez, nomeando muitas pessoas e atividades, e ele conseguiu gerar a sensação de amor e mantê-la, o que provou a minha afirmativa de que era possível cultivar o sentimento do amor. Quis que ele admitisse que ao menos isso era real, concreto. Ele podia confiar naquele sentimento no seu corpo. Ele admitiu que aquilo era bom.

Vimo-nos uma última vez, e ele deixou o tratamento abruptamente para fazer uma turnê pela Europa. Na última sessão ele chegou falando que tinha de ir, mas que não estava animado porque nada o deixava animado. "O mundo não faz sentido." Mas talvez ele tivesse vindo para que eu lhe desse uma chama de esperança antes de terminarmos.

240   OS HOMENS NO MEU DIVÃ

"Doutora, pode definir o amor para mim?"

Estava desprevenida e titubeei. "Bem, o amor que glamourizamos é uma sensação prazerosa e visceral, mas amar é uma capacidade que inclui uma série de comportamentos e sentimentos..."

Ele levantou as mãos. "Doutora, pare, por favor. É mesmo? Isso é o que você diz às pessoas? Acho que você precisa inventar algo melhor. Algo mais fácil de lembrar, um pequeno mantra e, por favor, menos clínico."

Ele tinha razão, aquilo soava chatíssimo.

"Está bem, está bem", respondi. "Amor é reconhecer a beleza em tudo e todos à sua volta, e você precisa de amor para encontrar a sua inspiração novamente, para criar, compor canções."

Um mês depois, ele enviou um e-mail de Bruxelas. Era de agradecimento. Ele escreveu também: "Tenho uma última pergunta. E se eu nunca mais encontrar o amor?"

Respondi: "Tenho certeza de que vai encontrar. Se há algo de que tenho certeza, é que todos precisamos dar e receber amor. Isso não morre quando um relacionamento acaba. O amor é maior do que uma pessoa."

Ele também escreveu que, depois de pensar na nossa última conversa, tinha descartado Sartre e começado a ler Rumi.

Para minha satisfação, essa mudança de pensamento sobre o amor acontecia frequentemente. Na verdade, muitos caras me diziam: "Já não procuro o amor, quero ser o amor." Às vezes eu ficava maravilhada com esta evolução das expressões populares, como "As mulheres são todas putas", para "Eu me perguntava se era amado. Hoje me pergunto se amei alguma vez". Eu não podia acreditar que homens proferissem frases assim. O foco estava mudando do que podiam obter para o que podiam oferecer, e fiquei muito contente.

Rami e eu estávamos estáveis havia algum tempo, então decidimos pôr fim àquela coisa de longa distância. Para o nosso relacionamento funcionar, um de nós tinha de se mudar. Então, ao estilo Rami, ele apareceu na minha porta e anunciou: "Vou me mudar para Nova York." Ele tinha colocado

A ÚLTIMA SESSÃO 241

alguns pertences no carro e dirigido da Flórida até lá. "Você é o amor da minha vida", proclamou. "Não importa o preço, vamos ficar juntos."

Fiquei exultante. Finalmente, a tensão sobre quem se mudaria acabara e eu teria Rami e Nova York. Disse adeus às minhas amigas na Times Square e alugamos um apartamento no Upper West Side. Eu o encontrava para jantar todos os dias, e dormíamos juntos todas as noites. A realização dos meus desejos, contudo, durou aproximadamente dois meses. Vou poupar vocês dos detalhes e dizer apenas que o resto foi mais ou menos assim: ele comprou um anel de noivado. Nós brigamos. Ele devolveu o anel e comprou um Rolex para si. Nós brigamos. Ele jogou o Rolex no rio Hudson. Ele se mudou de volta para a Flórida.

Fiquei sozinha em Nova York pela primeira vez em um apartamento próprio.

Aquilo não foi um rompimento, e não havia ressentimentos. Simplesmente voltamos ao arranjo de longa distância. Rami tinha saudades do seu casarão na Flórida; disse que não podia viver como as pessoas de Manhattan.

Pensei no que ele dissera deitada no meu apartamento estúdio, um espaço tão apertado que da cama eu podia abrir a porta da geladeira. Descobri que eu também podia dar um upgrade no meu padrão de vida; por quanto tempo viveria com uma cozinha do tamanho de uma cabine telefônica e com camundongos passeando por ali enquanto eu dormia? (Eu deixava os sapatos e as chaves por perto para jogar neles no meio da noite.)

Então lembrei da promessa que tinha feito de voltar para a Flórida depois de um ano em Nova York — e do motivo pelo qual não voltaria. Tínhamos problemas de confiança. Eu não me sentia segura, então não estava preparada para correr o risco. Em vez disso, tinha decidido permanecer em Nova York, em vez de enfrentar a ansiedade de ir morar com Rami. Isso é maluco, pensei. Eu havia desafiado os meus pacientes a serem ousados e corajosos com as pessoas que amavam. Decidi que era hora de correr riscos.

Liguei para Rami e disse que ia me mudar para a Flórida. Transferi meus pacientes a outro profissional, aluguei meu apartamento, me despedi dos amigos.

242 OS HOMENS NO MEU DIVÃ

"Você enlouqueceu?", perguntaram quando os chamei para um bar de vinhos no Upper West Side para comunicar minha decisão. Apesar da sua consternação, sentia-me muito em paz, com o tipo de calma que sentimos ao pular do muro e finalmente tomar uma decisão. Rami e eu estávamos animados com os planos para a nossa nova vida juntos.

Alguns dias depois, ele ligou quando eu estava empacotando as minhas coisas.

"Talvez fosse melhor você ter o seu próprio espaço, em vez de se mudar para a minha casa", sugeriu.

"O quê? Por quê?"

"E se a gente ficar entediado?", perguntou. "Não quero me sentir preso." Ele desfiou um monte de palavras e frases sem sentido que soavam como desculpas esfarrapadas. Fiquei tão assombrada que mal conseguia ouvi-lo.

"Talvez você devesse assinar algum documento declarando que não sou financeiramente responsável por você", balbuciou ele.

Larguei o telefone, caí no chão do estúdio semivazio e chorei.

Rami tinha refugado, como o taxista Mohinder disse que ele faria quando eu estivesse disponível de verdade.

Eu tinha acreditado que, se desse aquele passo, nós encontraríamos uma estabilidade. Percebi que, ao me conter todos aqueles anos, eu havia criado a distância ideal na qual Rami se sentia confortável — embora ele sempre culpasse a *mim* por estarmos longe.

De repente me ocorreu. Ai, meu Deus. O meu consultório! Eu tinha acabado de passar meus pacientes para outra pessoa. Também precisava deixar o apartamento em duas semanas. Tinha mudado a minha vida inteira pelo que acreditava ser uma decisão corajosa diante do amor.

Quando me recompus, reservei uma passagem de imediato para um lugar aonde sempre quisera ir: a Califórnia. Em questão de dias, eu aluguei um quarto em uma casa linda em frente à praia e voltei a Nova York para empacotar o resto das minhas coisas. Decidi colocar tudo em caixas de papelão e enviar para mim mesma. Enquanto endereçava as caixas a San Diego, não fiquei surpresa quando Rami tocou à porta querendo conversar.

A ÚLTIMA SESSÃO

Desta vez, eu me limitei a pedir-lhe que colocasse as caixas para mim nos correios. Estavam pesadas demais, disse eu.

E foi isso.

Sim, fiquei magoada com Rami. As mentiras, as paqueras, a rejeição. Contudo, não acho que eu tenha sido tola com a decisão de me mudar ou de amar aquele homem. Porque a minha lealdade é com a integridade do amor. Sim, ele me decepcionou, mas aquilo se deveu à sua dificuldade de amar. Tenho orgulho da minha coragem e do meu compromisso com o amor, e, embora muitas vezes não o entenda bem, cada vez que o pratico ele me leva a um lugar mais elevado.

Uma das perguntas mais comuns que os pacientes — homens e mulheres que tiveram frustrações amorosas — fazem é: por que fazê-lo de novo? Por que eu deveria me abrir? Essas pessoas tentam reconciliar o fato de que a possibilidade de sofrer por amor sempre existe, mas continuam precisando dele. Mas ceder ao medo e rejeitar as relações não são atitudes que as protegem, porque a alternativa é terminar sozinhas e, ainda assim, sofrer. Então, respondo honestamente: sim, você vai se machucar, e é por isso que uma das lições mais importantes no amor é ser capaz de aceitar que o sofrimento é parte do processo — embora haja beleza nas mais difíceis emoções do amor.

Eu não podia me tornar uma pessoa ressentida ou cética; esse nunca seria o meu estilo. Não perdi o gosto pelo romance; em vez disso, adquiri uma perspectiva mais rica e realista como resultado do trabalho com homens. Cada vez que concluía que Rami era um vilão, ele me mostrava a sua tremenda capacidade para a bondade. Essa dicotomia ocupou a minha mente por um longo tempo, até eu perceber que não era confusa, e sim parte da natureza humana. Isso foi libertador e me colocou em um plano além do julgamento. Posso ter precisado terminar com ele dez vezes, mas passar por aquele processo foi como o desafio de enfrentar as verdades dos meus pacientes do sexo masculino. Tive de superar as inseguranças que eles despertavam em mim para chegar a um lugar de compaixão e compreensão.

244 OS HOMENS NO MEU DIVÃ

Demorei e trabalhei muito, mas aqueles caras me ensinaram a ser paciente, corajosa e tolerante. Nunca pensei que essas virtudes fossem tão deslumbrantes e encantadoras como as minhas paixões românticas, mas elas são os pilares que permitem que as partes divertidas do amor persistam. Comecei incapaz de responder às perguntas dos homens sobre a natureza do amor, mas, mediante a minha ligação com cada um deles, nós fomos capazes de definir um amor que terminou sendo a cura para pacientes e terapeuta.

Post-scriptum

Rami retornou à sua amada vida de solteiro e às viagens, mas agora constrói orfanatos em países em desenvolvimento.

Eu tenho um consultório particular em Los Angeles e estou casada com um homem que me trouxe mais felicidade do que a minha imaginação fantasiosa jamais concebeu. Ele é de Iowa.

Agradecimentos

BRANDY:

A ideia deste livro surgiu no Natal, durante uma viagem solitária de carro de Los Angeles a uma pequena cidade do deserto, pouco depois da minha chegada de Nova York. A paisagem nua sempre acalma a minha mente, e as ideias para o livro surgiram tão rapidamente que parei à beira da estrada e escrevi o esboço em um estacionamento do Walgreens. Quero agradecer a Sue Schrader e Matt Johnston, meus primeiros amigos na Califórnia, que depois de lerem o rascunho me estimularam a seguir em frente e escrever o livro. Sua crença no que eu tinha a dizer foi importante para me fazer avançar. Obrigada a ambos.

Também quero agradecer sinceramente a Rami, cujo nome troquei porque ele não quis ter os detalhes do nosso relacionamento divulgados. Além disso, o livro é claramente escrito do meu ponto de vista. Contudo, liguei para ele diversas vezes pedindo o seu consentimento para contar cada uma das histórias sobre ele. Sua única resposta foi: "Não se esqueça de escrever que ainda a amo." Minha resposta: "É sério, este livro vai ser publicado!" Ele continuava tipicamente magnânimo de espírito, dizendo que apoiava o livro e que eu dissesse a verdade. Mas sempre acrescentava: "Só deixe que o leitor saiba o quanto eu a amo." Espero que o seu pedido tenha sido satisfeito, apesar da revelação das partes mais angustiantes do nosso relacionamento.

Também gostaria de expressar minha gratidão a David Rensin. Foi uma honra para uma autora de primeira mão trabalhar com um profissional aclamado. Ele assumiu um projeto arriscado com uma autora desconhecida porque, como disse várias vezes, acreditava no material. Sou profundamente grata pelo interesse na psicologia do sexo, sua reverência inquebrantável

248 OS HOMENS NO MEU DIVÃ

pelos pacientes representados no livro e sua capacidade de humanizar os esforços deles. David também foi um guia paciente e afetuoso que me deu espaço para me aventurar no ofício de escrever. Ele teve uma capacidade assombrosa de fazer com que eu me abrisse. No início, eu resisti a compartilhar minha história pessoal, mas ele sondou, apoiou, seduziu e me enrolou até eu deixar sair a mulher por trás da fachada profissional. E ele esteve lá a cada passo para me apoiar quando eu ficava ansiosa ao contar a verdade sobre as minhas ansiedades. Ele me fez ser vulnerável e autêntica, assim como eu fiz com meus pacientes.

Ao meu agente literário, Brian DeFiore, obrigada por sua crença inabalável neste livro durante seus altos e baixos, e a Denise Silvestro, da Berkley Books, agradeço por apostar em mim.

Agradeço a Suzie Peterson, Amy Alkon e Stephanie Willen por sua leitura e edição cuidadosas.

Brian Pike, da Creative Artists Agency: obrigada por seu interesse entusiástico no livro e por sua visão autêntica para uma série televisiva baseada no material.

Obrigada às minhas queridas amigas que apoiaram este projeto. Susy Coyle, uma voz de sabedoria e insight. Karen Sandoval, por me dizer que a minha vulnerabilidade não era vergonhosa, mas bela. Amy Reichenbach, fonte constante de humor, desafios e inspiração. Outros amigos que me apoiaram e estimularam: Beth e Lara Reichenbach, Wendy McCarty, Mary Van Lent, Steve Smith, Robert Slusarenko, Jamie Cook-Tate.

Aos meus pacientes, sobre os quais escrevi ou não, obrigada pela honra de me permitirem fazer parte das suas jornadas. Sua participação no meu processo de aprendizagem continuará a render, pois meus futuros pacientes estarão em melhores mãos graças a vocês.

À minha mãe, Irene Dunn: fui amada por você e, portanto, minha capacidade de amar tornou-se uma ferramenta poderosa para a cura dos outros. Agradeço a Robert Dunn, Brian Dunn e Carla Spooner por seus comentários bem-humorados.

Por fim, o meu amor e agradecimento a Francis Engler, meu marido. No dia daquela viagem solitária pelo deserto eu recusei uma viagem com

AGRADECIMENTOS 249

você, uma decisão fatal que nos manteve separados por dois longos anos. Decidi escrever este livro para ocupar o tempo e afastar a dor da saudade. Seu apoio incondicional à minha decisão de escrever o livro e sua confiança inquebrantável de que eu podia fazê-lo me deixaram plena e inspirada. As lições que aprendi neste livro e as perguntas que fiz sobre o amor me levaram a você.

DAVID:

Agradeço a Brian DeFiore, cuja fé, desde o início, no meu entusiasmo em trazer Brandy a bordo e trabalhar com ela para criar este livro incomum só se compara à sua orientação firme para vê-lo concluído.

Pelo apoio moral, a amizade, a torcida e os ouvidos para as minhas falações sobre o livro durante dois anos — mesmo que alguns tenham tido que se fortalecer tomando uns drinques —, agradeço a Cynthia Price, Amy Alkon (por mais do que ela imagina), Nancy Rommelmann, Lisa Kusel, Zorianna Kit, Sara Grace, Erika Schickel, Steve Randall, Jane Ayer, Joseph Mailander, Lisa Strum Sweetingham, Greg Critser, Eric Estrin, Bill Zehme, Denise Silvestro e sua equipe excelente na Berkley, Judd Klinger, Roman Genn, Joe Rensin, Jill Stewart, Jane e Gary Peterson, Paul Peterson, George e Charlotte Clinton, Gravtee, SA Jennifer Laurie (sempre), Steve Oney e Francis Engler. Se tiver me esquecido de mencionar alguém foi por acaso, e provavelmente porque não tenho dormido o suficiente.

Sou muito grato à dra. Brandy Engler por confiar em mim como parceiro. Ela subiu a bordo sem medo e compartilhou sua vida e seus amores para dar uma dimensão singular a este livro. Ela também alimentou a minha curiosidade insaciável e a minha paixão inquieta por sair dos trilhos e divagar em discussões filosóficas sobre a psicologia do sexo, do amor e dos relacionamentos — *quando devíamos estar trabalhando*. Confesso que queria saber o que ela pensava sobre o que eu pensava, e saqueei seu conhecimento desavergonhadamente. O que recebi de Brandy foi um ponto de vista isento, desafiador e consistentemente novo. Está tudo no livro, então acho que, no final, nós trabalhamos.

Recomendo sentar no divã dela.

Por fim, como sempre, meu amor e gratidão à minha mulher, Suzie Peterson, e ao meu filho, Emmett Rensin. A bênção de tê-los na minha vida é a minha recompensa terrena. As pessoas podem me contar de tudo, mas vocês dois significam tudo para mim.

Este livro foi composto na tipografia Minion Pro,
em corpo 11/15, e impresso em
papel off-white no Sistema Cameron da
Divisão Gráfica da Distribuidora Record.